Kreutzkam/Geiselmann/Geiselmann

Zwangsvollstreckung

ReFaWi

Herausgegeben

von

Sabine Jungbauer

Zwangsvollstreckung

Übungsfälle für Rechtsfachwirte

von

Johannes Kreutzkam

JOAR und Fachhochschuldozent a.D., Hildesheim

Marc-Philipp Geiselmann

Dipl.-Rechtspfleger (FH)

Stefan Geiselmann

Dipl.-Rechtspfleger (FH)

6., neu bearbeitete Auflage

C.F. Müller

Bibliografische Information der Deutschen Nationalbibliothek
Die Deutsche Nationalbibliothek verzeichnet diese Publikation in der Deutschen Nationalbibliografie; detaillierte bibliografische Daten sind im Internet über http://dnb.d-nb.de abrufbar.

978-3-8114-0711-4

E-Mail: kundenbetreuung@cfmueller.de
Telefon: +49 89 2183 7923
Telefax: +49 89 2183 7620
www.cfmueller.de

Satz: Strassner ComputerSatz, Heidelberg
Druck: CPI Clausen & Bosse, Leck

Vorwort der Herausgeberin

Liebe Leserin,
lieber Leser,

da speziell auf die Bedürfnisse der angehenden Rechtsfachwirte zugeschnittene Literatur auf dem Markt nicht zu finden war, entstand 2007 die Idee zu dieser Buchreihe. Sie hat sich inzwischen etabliert und erscheint nun wiederholt in aktualisierter und erweiterter Auflage. Die Autoren haben etliche Gesetzesänderungen eingearbeitet sowie neue Fälle mit Lösungen für Sie erstellt, so dass Sie sich noch intensiver auf die Prüfung oder auch schwierige Fälle in der Kanzlei vorbereiten können. Denn die Buchreihe hat nicht nur bei angehenden Rechtsfachwirten Anklang gefunden. Sie wird auch von qualifizierten Mitarbeitern in RA-Kanzleien sehr geschätzt, die mit einfachen Fragestellungen nicht mehr zufrieden sind und sich vertieftes Wissen aneignen möchten. Doch bevor Sie sich an das Üben begeben, erlauben Sie bitte noch einige – wichtige – Hinweise.

Für geprüfte Rechtsfachwirte (bis zum Jahr 2001 Bürovorsteher/Geschäftsleiter im RA-Büro) existiert bis heute kein einheitlicher Rahmenlehrplan. Lediglich den Prüfungsordnungen der einzelnen Kammern können Sie die Prüfungsinhalte entnehmen. Dabei ist festzustellen, dass gerade Themen wie Mandantenbetreuung oder Büroorganisation und Büroverwaltung unterschiedliche inhaltliche Vorstellungen hervorrufen und bei den einzelnen Kammern auch unterschiedliche Schwerpunkte gesetzt werden.

Da die Anforderungen an Rechtsfachwirte auch einem Wandel unterliegen, der eng mit den praktischen Anforderungen verknüpft ist, wäre es müßig an dieser Stelle einzelne Unterschiede – auch wenn sie bekannt sind – darzustellen. Sie sollten sich selbst genau erkundigen, welche Themengebiete konkret in Ihrem Kammerbezirk geprüft werden, vor allem, wenn Sie sich entschlossen haben, Ihre Ausbildung zum Rechtsfachwirt in einem Fernstudien-, Online- oder Präsenzseminar außerhalb Ihres Kammerbezirks zu absolvieren. Die Kammern stellen die Prüfungsordnungen auf Wunsch zum Download bereit oder versenden diese auch.

Im Moment steht auf dem Prüfstand, ob die Verordnung über die Prüfung zum anerkannten Abschluss Geprüfter Rechtsfachwirt/Geprüfte Rechtsfachwirtin eine Neuordnung erfährt. Dies wäre nach meiner Auffassung angebracht und sinnvoll. So fehlt insbesonders bis heute eine entsprechende Verordnung für Patentanwaltsfachangestellte. Besonders wünschenswert wäre es aber, wenn den oft kurzen Begriffen der Prüfungsordnung mit Rahmenlehrplänen Leben eingehaucht würde, so dass Interessierte wissen, worauf sie sich einlassen, wenn sie diese Fortbildung anstreben. Bis es aber soweit ist, wird wohl noch einige Zeit vergehen, denn die Bestrebungen stecken noch in den „Kinderschuhen“. Vor dem nächsten oder auch übernächsten Auflagenturnus ist erfahrungsgemäß nicht mit einer neuen Verordnung zu rechnen.

Bis dahin kann diese auf die heutige Verordnung ausgerichtete Buchreihe Ihnen helfen, sich gezielt auf Ihre Prüfung vorzubereiten. Den Besuch eines Kurses – gleich welcher Art – können und sollen sie nicht ersetzen. Beachten Sie bitte, dass in den einzelnen Kammerbezirken die Beantwortung von Fragen im Gutachtenstil gefordert wird.

Es würde den Rahmen dieser Reihe sprengen, hier alle Unterschiede aufzugreifen und darzustellen.

In jedem Fall aber werden die Bücher Ihnen helfen, auch schwierigere Fallgestaltungen zu lösen. Damit ein konsequentes Üben möglich ist, wurden die Lösungen zu den Fällen in einem eigenen Kapitel dargestellt. Mein Tipp für Sie: Öfter mal „nur einen Fall lösen" bringt weitaus mehr als das Vorhaben, dieses Buch an einem Wochenende durchzuackern. Die Erfahrung zeigt, dass solche Mammutvorhaben meist nicht umgesetzt werden, und das „schlechte Gewissen" danach ist furchtbar. ☺

In der „Juristerei" gibt es manchmal mehr als eine Lösung. Aus diesem Grund stellen die Lösungen in dieser Buchreihe Lösungsvorschläge dar. Sollten Sie Fehler entdecken oder Anregungen haben, so sind die Autoren und ich als Herausgeberin dankbar für Ihre Hinweise.

Und seien Sie bitte nachsichtig, wenn sich mal ein Tipp- oder Rechenfehler eingeschlichen hat. Solche lassen sich auch bei größter Sorgfalt nicht immer vermeiden.

An dieser Stelle möchte ich nicht versäumen, dem C.F. Müller Verlag dafür zu danken, dass er diese Buchreihe ermöglicht hat. Mein Dank gilt auch Frau Enzmann vom C.F. Müller Verlag für ihre immer freundliche Unterstützung. Das große positive Feedback, das wir erhalten haben, bestätigt unsere Arbeit, und die Fortentwicklung dieser Buchreihe liegt mir als Herausgeberin sehr am Herzen.

Danken möchte ich auch allen Kollegen und Kolleginnen, die mit mir ihre Erfahrungen geteilt haben und mir mit konstruktiven Anregungen zur Seite standen.

Nun bleibt mir noch, Ihnen für Ihre Abschlussprüfung die Daumen zu drücken. Letztendlich gehört auch ein Quäntchen Glück ebenso zum Erfolg, wie der Fleiß beim Lernen.

München, im September 2018

Sabine Jungbauer
Herausgeberin

Vorwort der Autoren

Liebe Leserinnen und Leser,

mit diesem „Arbeitsbuch Übungsfälle" richten wir uns nicht nur an Studierende zum/zur gepr. Rechtsfachwirt (in), sondern auch an angehende Rechtspfleger(innen) und Mitarbeiter(innen) von Rechtsanwälten, Banken und mit Inkasso befassten Institutionen, die schnell einen grundlegenden Überblick über den Bereich der allgemeinen und speziellen Zwangsvollstreckung erhalten möchten.

Das Buch ist aus praktischen Skripten entstanden und unterscheidet sich damit von herkömmlichen Handbüchern. Ziel dieser Übungsfälle ist es, den Praktikern und Theoretikern eine effiziente Lernhilfe zu überlassen, die thematisch aufbereitet die wesentlichen Kernbereiche der Zwangsvollstreckung auch anhand von Fällen knapp und prägnant erklärt und durch die vielen praktischen Fälle eine wertvolle Hilfe für die schriftlichen und mündlichen Prüfungen im Bereich der gesamten Zwangsvollstreckung darstellt. Für die praktische Tätigkeit werden Wege und geeignete Lösungen aufgezeigt, die eine umfassende Beurteilung erlauben.

Die Zielsetzung des Buches, den Lesern einen breiten Überblick über den Bereich der Zwangsvollstreckung zu geben, sollte nicht davon ablenken, dass es natürlich unerlässlich ist, weitere Literatur im Auge zu behalten.

So finden „Neueinsteiger" zur Auffrischung und Vertiefung ebenfalls auch „Prüfungsvorbereitungsbücher für Rechtsanwaltsfachangestellte" in den unterschiedlichen Rechtsgebieten (BGB, Gebührenrecht u.s.w.) beim C.F. Müller Verlag.

An dieser Stelle geht wiederum ein herzlicher Dank an Sabine Jungbauer, die diese Buchreihe für Rechtsfachwirte „ins Rollen" brachte und erreichte, dass auch angehende Juristen dieses Buch zur Schnellinformation heranziehen.

Als langjährige Referenten in der Aus- und Fortbildung von Rechtsfachwirtinnen und Rechtsfachwirten, Rechtspflegern sowie von Mitarbeiterinnen und Mitarbeiter von Rechtsanwälten kennen wir die praktischen Probleme. Wir freuen uns, dass ein junger angehender Rechtspfleger uns diesmal mit seinen „frischen Kenntnissen" und Hinweisen unterstützt hat.

Hildesheim, im April 2018

Johannes Kreutzkam
Stefan Geiselmann
Marc-Philipp Geiselmann

Inhaltsverzeichnis

E. Musterklausuren

Abkürzungsverzeichnis

2. KostRMoG	2. Kostenrechtsmodernisierungsgesetz
ALG II	Arbeitslosengeld II (Hartz IV)
AnfG	Anfechtungsgesetz
AZ	Aktenzeichen
BGB	Bürgerliches Gesetzbuch
BGH	Bundesgerichtshof
EStG	Einkommensteuergesetz
EU	europäische Union
eV	eidesstattliche Versicherung
FamFG	Gesetz über das Verfahren in Familiensachen und in den Angelegenheiten der freiwilligen Gerichtsbarkeit
FGG	Gesetz der freiwilligen Gerichtsbarkeit
GG	Grundgesetz
GKG	Gerichtskostengesetz
GV	Gerichtsvollzieher
GVGA	Geschäftsanweisung für Gerichtsvollzieher (Fassung Stand 1.9.2013)
GvKostG	Gerichtsvollzieherkostengesetz
KFB	Kostenfestsetzungsbeschluss
LG	Landgericht
LuftfzRG	Gesetz über Rechte an Luftfahrzeugen
MietRÄndG	Mietrechtsänderungsgesetz
PfÜB	Pfändungs- und Überweisungsbeschluss
RA	Rechtsanwalt
RAin	Rechtsanwältin
Rpfl	Rechtspfleger
RPflG	Rechtspflegergesetz
RVG	Rechtsanwaltsvergütungsgesetz
SGB	Sozialgesetzbuch
SvEV	Sozialversicherungsentgeltverordnung
VV RVG	Vergütungsverzeichnis
VZ	Vermögensverzeichnis
WEG	Wohnungseigentumsgesetz
ZPO	Zivilprozessordnung
ZV	Zwangsvollstreckung
ZVA	Zwangsvollstreckungsauftrag
ZVG	Zwangsversteigerungsgesetz
ZwVwV	Zwangsverwalterverordnung

Bearbeitungshinweise

In diesem Buch sind Übungsfälle dargestellt, die Ihnen bei der Vorbereitung auf die Abschlussprüfung zur gepr. Rechtsfachwirtin/gepr. Rechtsfachwirt behilflich sein können, aber auch qualifizierten Mitarbeitern eine gute Lernhilfe bieten. Da jedoch kein einheitlicher Bundesrahmenlehrplan für Rechtsfachwirte existiert, unterscheiden sich in den einzelnen Kammerbezirken die Auffassungen, wie an eine Lösung heranzugehen ist. So kann für den einen Prüfer so manche Lösung zu kurz erscheinen, für den anderen ist sie jedoch zu umfangreich. Dieses Problem kann auch dieses Buch nicht lösen. Es kann lediglich versucht werden, eine möglichst große Spannbreite an Übungsfällen mit unterschiedlichem Schwierigkeitsgrad und verschiedenen Lösungsanforderungen darzustellen.

Bitte erkundigen Sie sich bei Ihrem Dozenten, welche konkreten Anforderungen an die Lösungen in der Abschlussprüfung gestellt werden.

Diese Bearbeitungshinweise sollen Ihnen helfen, Ihre Übungsfälle korrekt zu lösen und zu lernen sowie aus der Aufgabenstellung den geforderten Umfang zu erkennen. Lautet die Aufgabe „Erläutern Sie kurz unter Angabe der gesetzlichen Vorschriften ...“ wird von Ihnen auch nur eine kurze Lösung verlangt. Sie sollten hier auf keinen Fall 2 bis 3 Seiten schreiben, da Sie sonst in große zeitliche Bedrängnis kommen können, was die Lösung der übrigen Fälle betrifft. Achten Sie aber bitte immer darauf, dass Sie die gesetzlichen Bestimmungen vollständig angeben (Paragraph mit Absatz, Satz und Nummer), auch bei „kurzen“ Lösungen.

Lautet die Aufgabenstellung z.B.: „Erörtern Sie gutachtlich ...“ oder „Beurteilen Sie die Rechtslage ...“, wird von Ihnen meist eine intensive Beleuchtung der nachfolgenden Punkte verlangt:

I. Verfahrensrechtliche Einordnung
II. Antragsbegehr
III. Zuständigkeit (örtlich, sachlich, funktionell)
IV. Allgemeine Verfahrensvoraussetzungen
V. Allgemeine Vollstreckungsvoraussetzungen
VI. Besondere Vollstreckungsvoraussetzungen
VII. Vollstreckungshindernisse
VIII. Verfahrensfehler
IX. Prüfung der möglichen Einwendungen

Sie finden im Aufgaben- und Lösungsteil unter A und B sowohl Fälle, die im Gutachtenstil zu lösen sind als auch (überwiegend) Fälle, die kurz und prägnant zu lösen sind. Teil C des Werks behandelt Fälle wie sie beispielsweise mit Lösung im Gutachtenstil gefordert werden.

Legen Sie sich – bevor Sie beginnen – Papier, Stift, Gesetzestext und Taschenrechner zurecht. Selbst wenn Sie glauben, die Lösung zu kennen, bietet sich ein „schneller Blick“ in das Gesetz immer an, denn hier finden Sie alle tatbestandlichen Voraussetzungen, um eine Bestimmung anwenden zu können. Selten hat man gesetzliche Bestimmungen wortwörtlich im Kopf, selbst wenn man sie gut kennt.

Das Kapitel „Fragen und Antworten" gibt Anregungen, wie man z.B. in einer Lerngruppe sich gegenseitig abfragen kann, um „warm zu werden" und dadurch ein wenig eine mündliche Prüfungssituation zu simulieren.

Im Rahmen Ihrer Ausbildung werden Sie feststellen, dass Sie immer wieder neue Sachen dazu lernen und Gesetze geändert werden. So ist zum 1.1.2013 das **Gesetz zur Reform der Sachaufklärung in der Zwangsvollstreckung** vom 29.7.2009 (veröffentlicht im BGBl. I, S. 2258[1]) in seinen wesentlichen Teilen in Kraft getreten, wodurch es zu erheblichen Änderungen im Bereich der Vollstreckung gekommen ist. Da auch die Abgabenordnung eng an die ZPO geknüpft war, was Zwangsvollstreckungsmaßnahmen betrifft, sind auch hier Änderungen vorgenommen worden, die sich ebenfalls im BGBl. I, S. 2258[2] finden.

Infolge der zuvor erwähnten Vollstreckungsreform wurde zum 1.9.2013 auch die Geschäftsanweisung für die Gerichtsvollzieher (GVGA) aufgrund notwendig gewordener Ergänzungen geändert. Teilweise haben sich die einzelnen Vorschriften der GVGA in der „alten" Fassung (Stand 1.8.2012) mit Inkrafttreten der „neuen" Fassung erheblich verschoben.

Es kann also passieren, dass mitten in Ihrer Ausbildung Gesetzesänderungen in Kraft treten oder beschlossen werden. Diesen sollten Sie sich bereits beim Lernen und Vorbereiten auf die Prüfung nicht verschließen. Versuchen Sie während Ihrer Ausbildung auch Aufsätze in verschiedenen Zeitschriften zu lesen, die sich mit aktuellen Gesetzesänderungen befassen.

---

1 Siehe http://www.gesmat.bundesgerichtshof.de/gesetzesmaterialien/16_wp/zwangsvollstreckung/bgbl120092258.pdf.

2 Siehe http://www.gesmat.bundesgerichtshof.de/gesetzesmaterialien/16_wp/zwangsvollstreckung/bgbl120092258.pdf.

A. Übungsfälle

I. Übungsfälle zu den allgemeinen Voraussetzungen der Zwangsvollstreckung

Fall 1

Nennen Sie acht Verfahrensgrundsätze der Einzelzwangsvollstreckung und beschreiben Sie diese kurz.

Fall 2

Nennen Sie acht Titel unter Angabe der gesetzlichen Bestimmungen, die für die Vollstreckung keiner Klausel bedürfen?

Fall 3

In welchen Fällen wird eine einfache Klausel erteilt?

Benennen Sie diese unter Angabe der gesetzlichen Vorschriften.

Fall 4

Der Tenor des Urteils lautet:

„Der Beklagte wird verurteilt, den PKW Audi A 3, Fahrgestell-Nummer, C270 386, Farbe: Silbermetallic, an den Kläger zu übereignen, Zug um Zug gegen Zahlung von 20.000 €".

a) Welche Klausel muss aus welchem Grund erteilt werden?
b) Wer ist zuständig für die Erteilung der Klausel?

Fall 5

Nennen Sie die Voraussetzungen für den Beginn der Sicherungsvollstreckung nach § 720a ZPO.

Fall 6

Welche Rechtsbehelfe stehen dem Gläubiger bei Nichterteilung der Klausel zur Verfügung?

Beschreiben Sie diese unter Angabe der gesetzlichen Vorschriften.

Fall 7

Der Tenor des Urteils lautet:

„1. Der Beklagte wird verurteilt, an die Klägerin 48.000,00 € nebst Zinsen in Höhe von 5 Prozentpunkten über dem Basiszinssatz seit 19.11.2017 zu bezahlen.

2. Der Beklagte wird verurteilt, das Grundstück, eingetragen im Grundbuch des Amtsgerichts München, Blatt 1, Flurstück 1, mit der postalischen Anschrift, Musterstraße 1, 80339 München, sowie die hierauf aufstehenden Gebäude zu räumen und geräumt einschließlich sämtlicher Schlüssel an die Klägerin herauszugeben.
3. Der Beklagte hat die Kosten des Rechtsstreits zu tragen.
4. Das Urteil ist für die Klägerin gegen Sicherheitsleistung in Höhe von 110 % des zu vollstreckenden Betrags vorläufig vollstreckbar."

In der Urteilsbegründung steht am Ende:

„Die vorläufige Vollstreckbarkeit hat ihre Rechtsgrundlage in § 709 Satz 1 und 2 ZPO."

Sie sind vom Mandanten beauftragt worden, bereits vor Rechtskraft des Urteils die Räumung zu veranlassen. Welches Problem könnte bezüglich der Räumung entstehen? Was müssen Sie zur Lösung des Problems veranlassen?

Fall 8

Im Büro ist das Anwaltsprogramm ausgefallen. Da erscheint am 19.3.2018 der Schuldner Traum, der gerade im Lotto gewonnen hat, in Ihrem Büro und möchte die gesamte Forderung bezahlen. Erstellen Sie daher aus folgender Aktenlage ein Forderungskonto mit Hilfe der kaufmännischen Zinsformel.

- Vollstreckbarer Titel des Landgerichts Frankfurt am Main, Aktenzeichen 4 O 121/16, wonach der Beklagte 6.500 € nebst 8 % Zinsen seit dem 12.1.2016 an den Kläger zu zahlen hat.
- Kostenfestsetzungsbeschluss in Höhe von 1.592,43 € zzgl. Zinsen in Höhe von 5 Prozentpunkten über dem Basiszinssatz seit dem 20.1.2016.
- Am 18.3.2016 wurde der Gerichtsvollzieher mit der Zwangsvollstreckung in das bewegliche Vermögen beauftragt. Es wurde eine Sachpfändung und die Abgabe einer Vermögensauskunft beantragt. Eine gütliche Einigung wurde ausgeschlossen.
- Termin zur Abgabe der Vermögensauskunft wurde bestimmt auf den 5.4.2016. Der Gerichtsvollzieher berechnet insgesamt 75 € für den erfolglosen Vollstreckungsversuch und die Vermögensauskunft.
- Die Pfändung in das Konto des Schuldners, welche am 28.5.2016 beantragt wurde, verlief erfolglos.
  - An Kosten für die Zustellung des Pfändungs- und Überweisungsbeschlusses an den Drittschuldner sind 26,50 € gemäß Gerichtsvollzieherrechnung vom 4.6.2016 und
  - an den Schuldner 19,80 € gemäß Gerichtsvollzieherrechnung vom 6.6.2016 entstanden.

Fall 9

Sie haben einen Titel gegen den Sänger Farin Urlaub erwirkt und geben diesen an den Gerichtsvollzieher zur Zustellung. Nun wendet der Künstler ein, dass er ja nicht wirklich Farin Urlaub heiße, sondern Jan Ulrich Max Vetter.

Ist die Zustellung wirksam?

Fall 10

Solveig hat einen Titel gegen Jennifer auf Zahlung von 5.000 € erwirkt. Das Urteil ist vorläufig gegen Sicherheitsleistung vollstreckbar und Solveig hat sich entschlossen, um gleich mit der Zwangsvollstreckung beginnen zu können, Sicherheit zu hinterlegen. Jennifer will kein Rechtsmittel gegen das Urteil einlegen und es wird nach Ablauf der Rechtsmittelfrist rechtskräftig. Den Titel hat Solveig nach Erlass des Pfändungs- und Überweisungsbeschlusses schon zurückerhalten.

Was kann Solveig tun, um so schnell als möglich, wieder an das hinterlegte Geld zu kommen?

Fall 11

Welches Gericht ist im Fall 9 sachlich und örtlich zuständig und wer funktionell?

Fall 12

Gläubigerin Traurig hat einen Titel gegen Schuldner Windig auf Zahlung eines Betrages in Höhe von 6.000 € erwirkt, der gegen Sicherheitsleistung in Höhe von 7.000 € vorläufig vollstreckbar ist. Nun erhält Gläubigerin Traurig jedoch nur eine Bürgschaft in Höhe von 3.000 € und möchte wenigstens eine Teilvollstreckung vornehmen.

Berechnen Sie die Höhe des zulässig zu vollstreckenden Teilbetrages.

Fall 13

Der Gläubiger August Lustig hat gegen den Schuldner Hans Ernst einen vollstreckbaren Titel erwirkt. Gläubiger Lustig beauftragt seinen Rechtsanwalt Fröhlich mit der Zwangsvollstreckung aus diesem Titel. Rechtsanwalt Fröhlich übersendet daraufhin einen Zwangsvollstreckungsauftrag nebst Originaltitel per Post an den Gerichtsvollzieher, doch dort kommt weder der Auftrag, noch der Titel an.

a) Was kann der Gläubiger bzw. sein Prozessbevollmächtigter nun tun?
b) Formulieren Sie einen entsprechenden Antrag mit Begründung.
c) Wer ist für die Entscheidung über diesen Antrag funktionell zuständig?

Fall 14

Der Gläubiger Anton hat gegen den Schuldner Suff eine vollstreckbare Ausfertigung eines Urteils auf Zahlung von 4.000 € erlangt. Am Tag, an dem er die Zwangsvollstreckung beginnen möchte, liest er in der Zeitung die Todesanzeige für Schuldner Suff.

Was kann Anton tun, um trotzdem an sein Geld zu kommen?

Fall 15

Kläger Treu führt, vertreten durch RA Schlau, erfolgreich einen Prozess gegen den Beklagten Reich über 15.000 €. Noch vor der mündlichen Verhandlung bespricht RA Schlau mit seinem Mandanten, wie im Falle des Obsiegens gegen Reich vorgegangen werden soll. Dabei stellt sich heraus, dass Treu nicht in der Lage ist, Sicherheit bar zu leisten.

Stellen Sie **ausführlich drei** Möglichkeiten dar, die RA Schlau dem Kläger Treu aufzeigen kann.

Fall 16

Rechtsfachwirtin Fleißig soll aus folgendem gerichtlich protokolliertem Vergleich vollstrecken:

„Die Beklagte hat an den Kläger 1.000 € in monatlichen, ab April 2018 jeweils am 3. eines jeden Monats fällig werdenden Raten von 100 € zu bezahlen. Kommt sie mit einer Rate länger als 2 Tage in Verzug, so ist der gesamte Restbetrag sofort zur Zahlung fällig und vollstreckbar."

Was kann Frau Fleißig tun, um die Zwangsvollstreckung zu betreiben?

Fall 17

Rechtsfachwirtin Rosi beantragt beim Amtsgericht Frankfurt am Main, den durch ihre Kanzlei für den Mandanten Gutgläubig erwirkten Schuldtitel, welcher nachfolgenden Tenor trägt, mit einer Zwangsvollstreckungsklausel zu versehen.

„Der Beklagte verpflichtet sich, an den Kläger zum Ausgleich der Klageforderung einen Betrag in Höhe von 1.200 € zu zahlen. Zahlt er bis zum 1.4.2018 diesen Betrag nicht, so verpflichtet er sich, weitere 800 € zu bezahlen. Die Gerichtskosten trägt der Beklagte. Die außergerichtlichen Kosten trägt jede Partei selbst."

a) Wer bearbeitet den jeweiligen Antrag?
b) Wie wird das Gericht entscheiden?
c) Kann der Gerichtsvollzieher aus diesem Titel vollstrecken und wenn ja, was muss er gegebenenfalls beachten?

Fall 18

Herr Abreißer hat sich gegenüber Herrn Aufbauer verpflichtet, ein auf dem Grundstück des Herrn Abreißers in der Winzerstraße 1 in 55516 Mainz stehendes Gebäude abzureißen, sobald die baurechtlich erforderliche Abbruchgenehmigung erteilt werde. Nunmehr verklagte Herr Aufbauer den Herrn Abreißer auf diese künftige Leistung. Mit Urteil vom 16.1.2018 wurde Herr Abreißer verurteilt, das Gebäude in der Winzerstraße 1, in 55516 Mainz, abzubrechen, sobald die Abbruchgenehmigung erteilt sei. Unter welchen Voraussetzungen kann Herr Aufbauer eine vollstreckbare Ausfertigung des Urteils erhalten?

Fall 19

Sie beabsichtigen, gegen den Freistaat Sachsen aus einem Urteil auf Zahlung von 50.000 € zu vollstrecken.

Was haben Sie zu beachten?

Fall 20

Der Schuldner stellt zur Abwendung der Zwangsvollstreckung dem Gläubiger eine schriftliche, unwiderrufliche und unbedingte Bankbürgschaft in beglaubigter Abschrift zu.

Was wird der Gläubigervertreter monieren?

Fall 21

Bernadette Schuster übergibt Rechtsfachwirtin Sarah Pfiffig einen Vollstreckungsbescheid, welcher der Schuldnerin Stefanie Hatnix am 5.10.2017 unter der Anschrift Ganghoferstraße 32 in München wirksam zugestellt wurde. Die titulierte Darlehensforderung beläuft sich auf einen Betrag von 450 € zuzüglich Zinsen in Höhe von 5 %-Punkten über dem Basiszinssatz seit dem 20.7.2017. Bernadette Schuster bittet Sarah Pfiffig, gegen Stefanie Hatnix die Zwangsvollstreckung mit dem Ziel der Abgabe der Vermögensauskunft einzuleiten. Sie hat bereits das Gehalt von Stefanie Hatnix bei deren Arbeitgeber, der ihr bekannt war, gepfändet. Allerdings hat dieser ihr mitgeteilt, dass Stefanie Hatnix nicht mehr bei ihm beschäftigt und vor einem Vierteljahr Hals über Kopf verschwunden sei – wohin wisse er auch nicht. Für die Gehaltspfändung sind weitere Kosten in Höhe von 65 € entstanden. Bernadette Schuster teilt Sarah Pfiffig mit, dass sie bislang nicht in Erfahrung bringen konnte, wohin Stefanie Hatnix verzogen ist. Das Einwohnermeldeamt in München konnte ihr auch nicht weiterhelfen. Bernadette Schuster legt Sarah Pfiffig ein Schreiben der Stadt München vor, wonach Stefanie Hatnix nach wie vor unter der Anschrift Ganghoferstraße 32 in München gemeldet ist.

a) Welche Möglichkeiten hat Sarah Pfiffig, um den Aufenthaltsort von Stefanie Hatnix in Erfahrung zu bringen? Welche Voraussetzungen müssen hierfür ggf. vorliegen?

b) Unterstellt, die unter Punkt a) geschilderten Voraussetzungen lägen nicht vor; wie könnte Sarah Pfiffig weiter vorgehen?

c) Könnte Sarah Pfiffig den Gerichtsvollzieher auch ohne Vollstreckungsauftrag mit der Aufenthaltsermittlung beauftragen?

Fall 22

a) Welche Formvorschriften sind beim Antrag auf Erlass eines Pfändungs- und Überweisungsbeschlusses zu beachten?

b) Welche Möglichkeit (Form des Vollstreckungsantrags) besteht bei der Vollstreckung eines Vollstreckungsbescheides im Hinblick auf den Erlass eines Pfändungs- und Überweisungsbeschlusses?

II. Übungsfälle zur Gerichtsvollziehervollstreckung

Fall 23

Schuldner Schlurig ist von Erfurt nach Düsseldorf gezogen. Dort wird er durch Gerichtsvollzieher Fleißig zur Abgabe der Vermögensauskunft geladen. Zu diesem Termin ist er jedoch nicht erschienen, so dass Haftbefehl gegen ihn erlassen wurde. Schlurig erfährt, dass ein Haftbefehl gegen ihn existiert. Nun bittet er seinen Anwalt um Hilfe und teilt ihm mit, dass er bereits vor einem halben Jahr vor dem Gerichtsvollzieher Stock in Erfurt die Vermögensauskunft abgegeben habe. Diese wurde auch beim Zentralen Vollstreckungsgericht in Meiningen hinterlegt.

a) Welches Rechtsmittel steht dem Schuldner nun zur Verfügung?

b) Was ist zu veranlassen?

Fall 24

Nach Durchführung eines Vollstreckungsauftrages erhalten Sie vom Gerichtsvollzieher die Kostenrechnung. Diese erscheint Ihnen überhöht.

a) Wo können Sie prüfen, ob die Kosten richtig angesetzt wurden?

b) Was können Sie tun, wenn sich die Rechnung tatsächlich als fehlerhaft herausstellt?

Fall 25

Der Gläubiger Gustav Eilig übersendet dem Gerichtsvollzieher einen Vollstreckungsbescheid über 8.000 € mit einem Gerichtsvollzieherauftrag gem. GVGF. Im amtlichen Formular, unter Punkt K5, bittet er die Münzsammlung des Schuldners Gierig pfänden, denn dann wird Gierig sicher bezahlen, da er an der Sammlung sehr hängt.

Beurteilen Sie **ausführlich**, ob damit ein ordnungsgemäßer Vollstreckungsauftrag vorliegt.

Fall 26

Gläubiger Schlau hat gegen den Schuldner Windig, der Jura-Student im 3. Semester ist, einen Vollstreckungsbescheid erwirkt, wonach Windig einen Betrag in Höhe von 1.091,30 € nebst Zinsen und Kosten an Schlau zu zahlen hat. Schlau beauftragt nunmehr den Gerichtsvollzieher mit der Zwangsvollstreckung. Die Gerichtsvollzieherin hat in der Wohnung des Windig, nachdem der Gläubiger Schlau einen Durchsuchungsbeschluss erwirkt hat, einen Computer mit Monitor und Drucker vorgefunden und für den Gläubiger gepfändet. Windig ist mit der Pfändung nicht einverstanden.

a) Was kann Schuldner Windig zweckmäßiger Weise tun?

b) Hat ein Rechtbehelf/Rechtsmittel Aussicht auf Erfolg? Begründen Sie Ihre Antwort!

Fall 27

Gläubiger Anton Brav hat Sie aufgrund eines vollstreckbaren Titels mit der Zwangsvollstreckung gegen Schuldner Sträflich beauftragt. Telefonisch teilt Ihnen Gläubiger Brav mit, dass er erfahren habe, dass Schuldner Sträflich seinen wertvollen Oldtimer bei einem Freund untergestellt habe.

Durch welche Maßnahmen könnte Brav eine Befriedigung aus diesem Oldtimer erhalten?

Fall 28

Der Gerichtsvollzieher Fleißig findet im Rahmen eines Vollstreckungsversuches am 6.10.2017 beim Schuldner Schlau in der Wohnung in der Erbengasse 1, in 60486 Frankfurt am Main, ein Gemälde von Claude Monet mit dem Titel „Eisenbahnbrücke in Argenteuil". Der Gerichtsvollzieher schätzt den Verkaufswert hierfür auf 17.000 €. Mit dieser Schätzung ist der Schuldner nicht einverstanden, da er der Auffassung ist, dass das Bild einen wesentlich höheren Wert hat.

a) Was kann der Schuldner tun, damit das Gemälde nicht zu einem Schleuderpreis veräußert wird?

b) Formulieren Sie einen entsprechenden Antrag des Schuldners.

c) Wie könnte das Gemälde durch den Gerichtsvollzieher verwertet werden?

Fall 29

Gleicher Sachverhalt wie in Fall 28. Allerdings wird der Antrag b) des Schuldners abgelehnt. Welches Rechtsmittel kann der Schuldner einlegen?

Fall 30

Gläubiger Goodwill hat gegen Kaufmann Schieber einen Titel über 17.000 € erwirkt. Um den drohenden Vollstreckungszugriff zu vereiteln, hat Schuldner Schieber seine gesamten Waren, die sich in seinem Ladenlokal befinden, darunter einen Louis-Seize Sekretär, aus dem Jahre 1790, mit einem Wert von ca. 8.000 €, seiner Freundin, Christine Schmuggel, verkauft und mit dieser vereinbart, dass der Kaufpreis jeweils erst bei Abverkauf der Ware fällig wird. Als der Gerichtsvollzieher im Ladenlokal eintrifft, informiert ihn Christine Schmuggel sofort über den Warenübergang.

a) Darf der Gerichtsvollzieher, nachdem er von Christine Schmuggel über diese Umstände informiert wurde, in die Waren vollstrecken? (Kurze Antwort)

b) Welche Möglichkeit hat Goodwill um den Louis-Seize Sekretär, aus dem Jahre 1790, zu pfänden?

Fall 31

Rüstig ist vom LG Frankfurt am Main verurteilt worden, für Bauarbeiten, die Fleißig in Spanien für ihn ausgeführt hat, einen Betrag in Höhe von EGP (ägyptische Pfund) 100.000 auf ein Konto des Fleißig in Ägypten zu zahlen.

Wie kann Fleißig das Urteil vollstrecken lassen?

Fall 32

Handelsvertreter Super hat von Gustav ein Auto gekauft. Der Kaufvertrag wurde aber aufgrund einer Anfechtung nichtig. Gustav erstreitet deshalb ein Urteil, wonach Super zur Herausgabe des Autos verurteilt wird.

Als Gustav die Zwangsvollstreckung gegen Super betreibt, wendet dieser ein, dass er das Auto für seinen Beruf als Handelsvertreter benötige. Mit Erfolg?

Fall 33

Der Gerichtsvollzieher Flink wird von Ihnen mit der Zwangsvollstreckung in den Räumen des Schuldners Debitori beauftragt und fertigt darüber ein Pfändungsprotokoll und sendet Ihnen dieses zu.

a) Aus welchen Normen ergibt sich, dass und wie der Gerichtsvollzieher ein Pfändungsprotokoll zu erstellen hat?
b) Sie stellen fest, dass das Pfändungsprotokoll nicht leserlich geschrieben ist, was können Sie unternehmen?

Fall 34

Gustav Schnell hat einen Zahlungstitel gegen Anton Debitori. Aufgrund dieses Titels pfändet der Gerichtsvollzieher Fink eine in der Wohnung des Anton Debitori in Erfurt stehende Stereoanlage. Kurz nach der Pfändung der Anlage meldet sich der Bruder des Schuldners, Bertram Debitori bei Gerichtsvollzieher Fink. Er weist durch einen Kaufvertrag nach, dass er die Stereoanlage für 5.000 € gekauft habe und diese ihm gehöre. Er habe die Anlage seinem Bruder nur leihweise überlassen.

Erörtern Sie **gutachterlich**, was Bertram Debitori unternehmen kann, um seine Stereoanlage zurückzuerhalten.

Fall 35

Das AG Frankfurt am Main verurteilt Bruno am 7.10.2017 rechtskräftig 5.000 € nebst Zinsen in Höhe von 5 Prozentpunkten über dem Basiszinssatz seit dem 30.7.2017 an Kaufmann zu zahlen. Nach Zustellung der vollstreckbaren Ausfertigung des Titels begibt sich Gerichtsvollzieher Neu im Auftrag von Kaufmann am 11.11.2017 um 6.30 Uhr zum Schuldner Bruno in die Wohnung und pfändet dort nach gründlicher Durchsuchung ein Radio mit einem Wert von ca. 200 €. Hiergegen legt Bruno Beschwerde ein und trägt wahrheitsgemäß vor, Kaufmann habe ihm zugesagt, vor dem 11.12.2017 keinerlei Zwangsvollstreckungsmaßnahmen durchzuführen. Außerdem ist Bruno der Auffassung, dass die Vollstreckung zur Nachtzeit erfolgte, die Wohnung durchsucht wurde und die Pfändung eines Radios nicht erlaubt sei.

a) Beurteilen Sie **gutachterlich** die Rechtslage.
b) Was kann Bruno unternehmen, um künftige Vollstreckungen vor dem 11.12.2017 zu verhindern?

Fall 36

Der in Dresden wohnende Handelsvertreter Wilhelm Hubertus kommt am 15.10. 2017 in die Kanzlei Schön & Partner und trägt dem dort tätigen Rechtsfachwirt Flink folgenden Sachverhalt vor:

„Am 11.10.2017 ist Obergerichtsvollzieher Schmitz bei mir erschienen und hat meinen PKW Ford, den ich zur Ausübung meiner beruflichen Tätigkeit als freier Handelsvertreter benötige, gepfändet. Den Verkehrswert hat der GV auf 10.000 € festgesetzt.

Darüber hinaus hat der GV den Brillantring meiner Ehefrau gepfändet und dessen Verkehrswert auf einen Betrag in Höhe von 6.000 € festgesetzt.

Betrieben wurde die Zwangsvollstreckung auf Grundlage eines Vollstreckungsbescheides, der am 16.8.2017 über eine Hauptforderung in Höhe von 20.000 € nebst Zinsen und Verfahrenskosten gegen seine Mutter Erna Hubertus erlassen und dieser am 20.8.2017 zugestellt worden ist. Seine Mutter ist jedoch am 27.8.2017 verstorben. Er ist zwar Alleinerbe seiner Mutter, hat jedoch dem ihm gleichzeitig mit der Pfändung zugestellten Vollstreckungsbescheid seinen Namen nicht entnehmen können. Im Übrigen hat er im Nachlass seiner am 27.8.2017 verstorbenen Mutter eine Quittung datierend vom 20.8.2017 gefunden, in dem der Gläubiger Übel den Erhalt eines Teilbetrages von 8.000 € auf die dem Vollstreckungsbescheid zugrundeliegende Forderung bestätigt hat."

a) Welche rechtliche Möglichkeit besteht für Handelsvertreter Wilhelm Hubertus im Hinblick darauf, dass er im Vollstreckungsbescheid nicht namentlich genannt ist?
b) Welche rechtliche Möglichkeit besteht für Handelsvertreter Wilhelm Hubertus im Hinblick darauf, dass er durch Vorlage der Quittung den Nachweis einer auf die Hauptforderung geleisteten Teilzahlung von 8.000 € führen kann?
c) Welches Gericht ist hierfür zuständig? (ohne Angabe von §§)
d) Welche rechtliche Möglichkeit besteht für Handelsvertreter Wilhelm Hubertus im Hinblick darauf, dass sein von ihm aus beruflichen Gründen benötigter PKW gepfändet wurde?
e) Welches Gericht ist dafür sachlich, funktionell und örtlich zuständig? (ohne Angabe von §§)
f) Welche rechtliche Möglichkeit besteht für die Ehefrau des Handelsvertreters Hubertus, die Eigentümerin des gepfändeten Brillantringes ist?
g) Welches Gericht ist dafür sachlich, funktionell und örtlich zuständig? (ohne Angabe von §§)

Fall 37

Der Arbeitgeber Untätig wurde vom Arbeitsgericht München verurteilt, für seinen Arbeitnehmer Flott ein qualifiziertes Zeugnis auszustellen. Der Arbeitgeber Untätig erfüllt diesen Anspruch trotz mehrerer schriftlicher Aufforderungen nicht.

a) Welche Möglichkeit haben Sie, diesen Anspruch zu vollstrecken?
b) Formulieren Sie einen solchen Antrag.

Fall 38

Gunda Gruß ist Grundstücksnachbarin von Silvia Schlau. Frau Gruß macht gegenüber Frau Schlau im Klagewege das sich aus einer Grunddienstbarkeit ergebende Recht geltend, auf einem Weg über das Grundstück der Schlau zu ihren dahinter liegenden Hausgrundstücken gehen und fahren zu dürfen. Der Weg war durch Unterspülungen nicht mehr passierbar. In einem später rechtskräftig gewordenen Urteil des Landgerichts München wurde Frau Schlau verurteilt, den näher bezeichneten Streifen am Rande ihres Grundstücks fachgerecht mit Waschbetonplatten, die von Gruß zur Verfügung gestellt werden, zu befestigen. Welche Möglichkeit haben Sie, dieses Urteil zu vollstrecken?

Fall 39

In einem zivilgerichtlichen Klageverfahren wurde die Berufungsfrist versäumt. Das Gericht hat auf Antrag Wiedereinsetzung in den vorigen Stand gewährt.

Welche Möglichkeit steht dem Berufungskläger zu, die Zwangsvollstreckung gegen ihn zu verhindern?

Fall 40

Der Schuldner ist Eigentümer eines reinrassigen Oldenburgers (Pferd), welches er sich zur Ausübung seines Hobbys Reiten hält. Der Gläubiger möchte das Pferd pfänden lassen.

Der Schuldner ist der Auffassung, dass dies nicht möglich ist. Zu Recht? Bitte begründen Sie Ihre Antwort **kurz**.

Fall 41

Der Gerichtsvollzieher hat beim Schuldner Wertsachen gepfändet und einen Versteigerungstermin anberaumt. Der Schuldner möchte auf keinen Fall, dass es zur Versteigerung kommt, da unter den gepfändeten Wertsachen auch Erbstücke sind, die für ihn einen hohen ideellen Wert haben.

Was kann der Schuldner tun?

Fall 42

Kathi Engels hat gegen ihre ehemals beste Freundin Jessica Schulze einen titulierten Schmerzensgeldanspruch in Höhe von 2.500 € und beauftragt RA Wolf mit der Zwangsvollstreckung. Kathi weiß aus „sicherer Quelle“, dass Jessica kürzlich von ihrer Großmutter eine wertvolle Goldkette geerbt hat; diese soll über den GV gepfändet und verwertet werden. Kathi weist RA Wolf gleichzeitig daraufhin, dass sie auf jeden Fall damit rechne, dass Jessica Schulze dem GV den Zutritt zu ihrer Wohnung verweigern wird und bittet RA Wolf, dies bei Auftragserteilung zu berücksichtigen. Sie wolle auf keinen Fall, dass Jessica vorgewarnt wird und Jessica die Kette dann „verschwinden“ lassen kann.

a) Was kann RA Wolf tun, um eine Durchsuchungsverweigerung von Jessica Schulze zu verhindern? Was hat er hierbei zu beachten?

(Kurze Antwort)

b) Kann RA Wolf bzw. Kathi Engels auf die Pfändung dieser bestimmten Goldkette bestehen?

Fall 43

Franz hat am 15.3.2017 die Vermögensauskunft abgegeben.

a) Ab wann ist er zu einer erneuten Abgabe verpflichtet?

b) In welchen Fällen ist dies schon vorher möglich?

Fall 44

RA Meister hat für seinen Mandanten Christian Greiser, Gerichtsvollzieher Schmidt mit der Abnahme der Vermögensauskunft bei Gisela Krebs beauftragt. Christian Greisers Forderung beläuft sich auf einen Hauptforderungsbetrag von 6.000 € zuzüglich Zinsen und angefallener Vollstreckungskosten. Der Gerichtsvollzieher bestimmt einen Termin zur Abgabe der Vermögensauskunft, zu dem Gisela Krebs unentschuldigt nicht erscheint.

Welche Möglichkeiten hat RA Meister, damit er doch noch hilfreiche verwertbare Informationen für seinen Mandanten erhält? (Kurze Antwort)

Abwandlung:

Nachdem Gisela Krebs die Eintragungsanordnung von Gerichtsvollzieher Schmidt zugestellt wurde, erhebt sie fristgerecht Widerspruch und vereinbart vor der Entscheidung über den Widerspruch eine Ratenzahlung mit Greiser.

Wie wird das Vollstreckungsgericht über den Widerspruch entscheiden, nachdem der Abschluss der Ratenzahlungsvereinbarung nachgewiesen wurde?

Fall 45

Welche Informationen kann ein Gläubiger über die Auskünfte Dritter zum Vermögen des Schuldners erhalten?

Fall 46

Gundula Graf erbt von ihrem Vater Otto Graf ein Wohnhaus im Wert von 200.000 € sowie Barvermögen in Höhe 25.000 €. Nachdem Otto Graf den Lebensunterhalt seiner Tochter gesichert sehen wollte, hat er testamentarisch verfügt, dass der gesamte Nachlass unter Testamentsvollstreckung gestellt und seiner Tochter Gundula lediglich ein monatlicher „Unterhaltsbetrag“ für ihre Lebensführung ausbezahlt wird. Nun machen mehrere Gläubiger gegen Gundula Graf ihre Ansprüche geltend, nachdem sie in der Vergangenheit weit über ihre finanziellen Verhältnisse gelebt hat. Können die Gläubiger erfolgreich in den Nachlass vollstrecken?

III. Übungsfälle zur Forderungspfändung

Fall 47

Der Schuldner Bös wurde im Rahmen eines Schadenersatzprozesses verurteilt an den Gläubiger Gütlich einen Betrag in Höhe von 10.000 € wegen einer im Titel bezeichneten vorsätzlich begangenen unerlaubten Handlung zu zahlen. Gläubiger Gütlich beauftragt Sie nun, das monatliche Gehalt des Schuldners in Höhe von 2.000 € zu pfänden. Gläubiger Gütlich berichtet Ihnen, dass der Schuldner zwei Kinder im Alter von 5 und 8 Jahren hat und die Ehefrau des Schuldners nicht arbeitet. Weiter hat er erfahren, dass der Schuldner Kindergeld von der Agentur für Arbeit Gera erhält.

Erläutern Sie **kurz** unter Angabe der gesetzlichen Vorschriften, wie vorzugehen ist.

Fall 48

Erklären Sie anhand der gesetzlichen Vorschriften die Begriffe Vorratspfändung, Dauerpfändung und Vorpfändung.

Fall 49

Am 7.10.2017 kommt ein Mandant (natürliche Person) entsetzt zu Ihnen ins Büro und teilt Ihnen mit, dass sein Girokonto, auf dem regelmäßig sein Lohn eingeht, gepfändet wurde.

Was ist dem Mandanten zu raten, wenn sich herausstellt, dass die Pfändung rechtmäßig ist?

Fall 50

Schuldner Ahnungslos kommt am 8.10.2017 mit folgendem Fall in Ihr Büro und bittet um Hilfe:

„Mein Girokonto wurde mit Zustellung eines Pfändungs- und Überweisungsbeschlusses an meine Bank am 30.9.2017 gepfändet; auf diesem Konto gehen jedoch nur Sozialleistungen in Form von Arbeitslosengeld II (Hartz IV) ein. Was muss ich tun, damit ich an mein Geld komme?"

Was wäre dem Schuldner Ahnungslos vorzuschlagen?

Fall 51

Emma Meyer hat ihr Girokonto in ein Pfändungsschutzkonto umwandeln lassen Sie ist für zwei Kinder unterhaltspflichtig ist und lebt zusammen mit ihrem neuen Lebensgefährten in einem Haushalt. Die Sozialhilfe für die Bedarfsgemeinschaft wird in voller Höhe auf das Konto der Emma Meyer überwiesen. Zusätzlich erhält sie Kindergeld in Höhe von 388 €.

a) Berechnen Sie den derzeitigen[3] Sockelfreibetrag, den Emma Meyer erhalten würde. Begründen Sie kurz die Berechnung unter Angabe der gesetzlichen Vorschriften.

b) Was muss Emma Meyer tun, um den vollen erhöhten Sockelbetrag zu erhalten?

Fall 52

Anna Traurig erscheint in Ihrem Büro und teilt Ihnen mit, sie habe aufgrund eines Vollstreckungsbescheides – der wegen einer Honorarforderung erlassen wurde – einen Pfändungs- und Überweisungsbeschluss gegen den Schuldner Treulos erwirkt. Aufgrund dessen erhielt Anna Traurig vom Arbeitgeber Schnell GmbH, bei dem sie das Arbeitseinkommen gepfändet hatte, die Mitteilung, dass bereits eine vorrangige Pfändung bestünde und daher nichts gezahlt werden könne.

Erklären Sie Anna Traurig **ausführlich** die Rechtslage und schlagen Sie vor, was man nur im Hinblick auf die Lohnpfändung in einem solchen Fall noch veranlassen könnte.

Fall 53

Herr Ernst ruft bei Ihnen im Büro an und teilt Ihnen mit, dass er erfahren habe, dass auf dem Konto des Schuldners Theo in zwei Tagen ein höherer Geldbetrag eingehen wird. Er möchte, dass etwas unternommen wird, bevor der Schuldner Theo sein Konto leer räumen kann. Die einfache Ausfertigung des Versäumnisurteils des Gläubigers Ernst gegen den Schuldner Theo ist am heutigen Tag bei Ihnen im Büro eingegangen.

Was veranlassen Sie jetzt? Erklären Sie **kurz** anhand der gesetzlichen Vorschriften, worum es sich bei der von Ihnen zu veranlassenden Maßnahme handelt.

Fall 54

Nach erfolglos durchgeführter Zwangsvollstreckung und Abnahme der Vermögensauskunft durch den Gerichtsvollzieher beim Schuldner Ärmlich erhalten Sie eine Abschrift des Vermögensverzeichnisses. In diesem gibt Schuldner Ärmlich an, auf einem Sparbuch mit der Nr. 123456 bei der Sparkasse Gera, Berliner Straße 1, 07580 Gera ein Sparguthaben in Höhe von 3.100 € zu haben.

Wie können Sie das Sparguthaben vollstrecken?

Fall 55

Sie haben im Auftrag der Gläubigerin Monika Baumann eine Forderung in Höhe von 5.000 € beim Kreditinstitut Deutsche Bank AG (somit der Drittschuldnerin) des Schuldners Jörg Sorglos gepfändet.

a) Welche Angaben muss die Drittschuldnerin Ihnen gegenüber machen, benennen Sie diese unter Angabe der gesetzlichen Vorschrift.

b) Was können Sie tun, wenn die Drittschuldnerin die geforderte Erklärung nicht abgibt?

---

3 Achtung: Betrag kann sich durch Änderung der Pfändungsfreigrenzen ändern.

c) Hat der Gläubiger eine Möglichkeit in den Besitz der Kontoauszüge des Schuldners zu gelangen?

d) Der Schuldner gibt an, dass er die Kontoauszüge verbrannt hat. Gibt es noch eine Möglichkeit an Informationen zu kommen?

Fall 56

Wann und inwieweit sind die nachfolgenden Bezüge pfändbar?

a) Der Arbeitnehmer erhält für 25 Jahre Treue zum Betrieb eine Prämie in Höhe von 4.000 €.
b) Der Arbeitnehmer erhält eine Vergütung für geleistete Überstunden.
c) Der Arbeitnehmer erhält Weihnachtsvergütung in Höhe von 1.300 € (brutto).

Fall 57

Fräulein Findig kommt ins Büro der Rechtsanwältin Klug und hält einen Vollstreckungsbescheid sowie einen Pfändungs- und Überweisungsbeschluss gegen Schuldner Krauskopf in der Hand. Sie erklärt, dass sie das Arbeitseinkommen des Schuldners gepfändet habe. Der Schuldner Krauskopf verdient monatlich als Gebäudetechniker einen Betrag in Höhe von 1.500 € (netto) und ist verheiratet. Nun habe die Gläubigerin Findig erfahren, dass der Schuldner Krauskopf zusätzlich von seinem Arbeitgeber eine Dienstwohnung (deren monatlichen Wert sie aufgrund der ortsüblichen Mieten auf monatlich 600 € schätzt) gestellt bekommt. Sie fragt nun an, ob und wenn ja, wie man eventuell zusätzlich noch pfänden könne. Rechtsanwältin Klug schickt Fräulein Findig direkt zu Ihnen und bittet Sie, der Gläubigerin zu helfen.

Erklären Sie kurz anhand der gesetzlichen Vorschriften die Sachlage und stellen Sie sofern erforderlich einen entsprechenden Antrag.

Fall 58

Gläubiger K hat bei den Mietern des Schuldners D Mietzahlungen gepfändet. Die Mieter überweisen aufgrund der erfolgten Pfändung die gesamte Bruttomiete an Gläubiger K. Schuldner D ist hiermit nicht einverstanden, da er schließlich seinerseits gewisse Beträge für die Instandhaltung des Mietobjekts und zum Kauf von Heizöl für das Mietobjekt aufwenden muss.

Kann er sich gegen die Überweisung der Bruttomiete verwehren?

Fall 59

Gustav Schlau lässt eine Werklohnforderung des Schlurig gegen Dubiosi pfänden und sich an Zahlung statt überweisen. Im Rechtsstreit des Schlau gegen Dubiosi auf Zahlung der Werklohnforderung erhebt Dubiosi erfolgreich die Einrede der Verjährung. Schlau möchte nun in andere Vermögenswerte des Schlurig vollstrecken. Daraufhin wendet Schlurig ein, dass Schlau bereits durch die Überweisung der Werklohnforderung befriedigt sei.

Erfolgt diese Einwendung zu Recht?

Fall 60

Ein Betrag von 121 € wird vom gepfändeten Lohn des Schuldners einbehalten, nachdem der Gläubiger einen Antrag auf Zusammenrechnung mehrerer Einkünfte gestellt und das Gericht die Pfändbarkeit dieses Betrags durch Beschluss festgestellt hat. Der Schuldner wird nochmals Vater, so dass nach seiner Ansicht nun sein gesamtes Einkommen pfändungsfrei bleiben muss. Der Drittschuldner hält sich jedoch an den durch das Vollstreckungsgericht erlassenen Beschluss und behält weiter 121 € ein.

a) Was haben Sie für den Schuldner zu veranlassen?

b) Können vom Drittschuldner, die nach Ansicht des Schuldners, zu viel einbehaltenen 121 € vom Gläubiger verlangt werden?

Fall 61

Florian Kocherscheidt legt RA Rabe einen Vollstreckungsbescheid des Amtsgerichts Coburg vom 4.3.2018 vor, wonach ihm gegen Ralf Schulz ein Schmerzensgeldanspruch in Höhe 6.500 € zusteht. Die Forderung resultiert aus einer vorsätzlich begangenen unerlaubten Handlung, nachdem Ralf Schulz Florian Kocherscheidt auf dem Oktoberfest brutal zusammengeschlagen hatte. Die vorsätzlich begangene unerlaubte Handlung ist im Vollstreckungsbescheid auch als solche bezeichnet. Florian Kocherscheidt beauftragt RA Rabe, den Lohn von Ralf Schulz bei der Firma Stahl-Betonbau GmbH zu pfänden. Der alleinstehende Ralf Schulz verdiene sehr gut, aber soweit er dies wisse, ist er trotzdem völlig überschuldet und dessen Lohn bereits mehrfach gepfändet worden. Florian Kocherscheidt bittet RA Rabe um Überprüfung, ob er dennoch erfolgreich gegen Ralf Schulz vollstrecken kann. Welche Auskunft wird RA Rabe erteilen und zu welchem weiteren Vorgehen ist Florian Kocherscheidt gegebenenfalls anzuraten?

Fall 62

Hedwig Kling ist ihrem Scheidungsanwalt Meier noch einen Teil von dessen Anwaltsvergütung in Höhe von 2.250 € schuldig; insoweit liegt bereits ein rechtskräftiger Kostenfestsetzungsbeschluss nach § 11 RVG vor. Hedwig Kling geht einer Arbeitstätigkeit nach und hat die drei ehelichen Kinder zu versorgen. Ihren Lebensunterhalt bestreitet sie neben ihren eigenen Einnahmen in Höhe von monatlich 1.200 € netto lediglich von ihrem Unterhalt, den sie von ihrem geschiedenen Ehemann erhält. Der Unterhalt wurde zwischen den Ehegatten vergleichsweise so geregelt, dass Hedwig Kling über einen Zeitraum von drei Jahren jährlich zum 1. Februar (letztmalig zum 1.2.2018) einen Unterhaltspauschalbetrag in Höhe von jeweils 21.000 € erhält. Weitere Vermögenswerte sind bei Hedwig Kling nicht vorhanden; vielmehr befindet sie sich zunehmend in finanziellen Schwierigkeiten und hat RA Meier bereits im September 2017 mitgeteilt, dass sie die Möglichkeit eines außergerichtlichen Schuldenbereinigungsverfahrens in Betracht ziehe.

Welche Vollstreckungsmöglichkeit ergibt sich für RA Meier im Dezember 2017? Hedwig Kling hat sich bei RA Meier bezüglich der Durchführung eines Schuldenbereinigungsverfahrens nicht mehr gemeldet. Formulieren Sie den eventuell zu stellenden Antrag (keine Begründung).

Fall 63

Gustav Schmitz schuldet Julia Groß eine nicht titulierte Kaufpreisforderung in Höhe von 1.000 €, die seit dem 25.8.2014 zur Zahlung fällig ist. Julia Groß ist zwischenzeitlich selbst in finanzielle Schwierigkeiten geraten, so dass ihr durch Gläubiger Günther Reichert am 20.4.2017 ein Vollstreckungsbescheid über 800 € zuzüglich Zinsen und Kosten zugestellt worden ist. In der Folge pfändet Reichert den Anspruch von Julia Groß an Gustav Schmitz auf Zahlung des Kaufpreises; die Forderung wird ihm wirksam zur Einziehung überwiesen. Der PfÜB wurde Gustav Schmitz am 16.8.2017 zugestellt, Julia Groß am 19.8.2017. Am 3.1.2018 fordert Reichert Gustav Schmitz unter Fristsetzung auf, zum einen die bislang unterbliebene Drittschuldnererklärung abzugeben und den ausstehenden Kaufpreis umgehend an ihn zu bezahlen. Daraufhin erhebt Gustav Schmitz die Einrede der Verjährung und verweigert die Zahlung. Julia Groß verlangt nunmehr von Günther Reichert Schadenersatz, denn schließlich hat er ihre Forderung wirksam gepfändet und hätte ihrer Ansicht nach dafür sorgen müssen, dass „er zu seinem Geld kommt“. Ist die Schadensersatzforderung von Julia berechtigt? Begründen Sie Ihre Antwort kurz anhand der gesetzlichen Vorschriften. Verjährungshemmende oder zum Neubeginn führende Tatbestände liegen nicht vor.

Fall 64

Das Arbeitseinkommen des Schlossers Herbert Schreiber (verheiratet mit Urte, 2 Kinder (Sylvia, geboren 13.5.2005; Mark 17.6.2006) ist gepfändet worden durch Pfändungs- und Überweisungsbeschluss zugunsten des Immobilienmakler Ingo Thyske aus München wegen 12.900 € Provisionsforderungen; Zustellung des Beschlusses an den Arbeitgeber des Herbert Schreiber: 27. Juli 2017.

Das Einkommen des Herbert Schreiber, der gemeinsam mit seiner Frau und den Kindern in Ulm wohnt, wird von seinem Arbeitgeber für September 2017 wie folgt berechnet/angegeben:

Bruttovergütung	4.700,00 €
In dieser Bruttogrundvergütung sind	
Überstundenentgelt	400,00 €
Schmutzzulage	100,00 €
Urlaubsgeld	500,00 €
enthalten.	

Für Lohnsteuer, Solidaritätszuschlag, Kirchensteuer, Krankenkasse, Pflegeversicherung, Arbeitslosenversicherung und Rentenversicherung führt der Arbeitgeber insgesamt 1.400 € ab; (bei einem Bruttoeinkommen von 3.900 € wären 1.200 € abzuführen.)

Aufgabe: Berechnen Sie den pfändbaren Betrag.

IV. Übungsfälle zur Immobiliarvollstreckung

Die Daten wurden aus übungstechnischen Gründen gewählt. Alle angegebenen Tage sollen Werktage sein.

Fall 65

Welche Aufgaben hat ein Zwangsverwalter zu erfüllen? Nennen Sie 4 Aufgabenbereiche!

Fall 66

Sie haben einen Titel gegen den Inhaber einer Bäckerei erwirkt, der mit seiner Ehefrau Gütergemeinschaft vereinbart hat. Das Gesamtgut wird vom Ehemann verwaltet.

Ist es möglich, eine Zwangssicherungshypothek auf dem Hausgrundstück der Eheleute eintragen zu lassen? Bitte begründen Sie Ihre Antwort.

Fall 67

Welche Ziele verfolgen

a) die Zwangshypothek,
b) die Zwangsversteigerung und
c) die Zwangsverwaltung?

Fall 68

Nennen Sie die vier Punkte, die immer erfüllt sein müssen, wenn z.B. eine Zwangshypothek im Grundbuch eingetragen werden soll.

Fall 69

Beantworten Sie folgende Fragen zur Zwangshypothek:

a) Wer erhält den Hypothekenbrief nach Eintragung im Grundbuch?
b) Der Mindestbetrag einer Zwangshypothek beträgt ... Euro.
c) Können mehrere Schuldtitel zur Erreichung des Mindestbetrages für die Einreichung zusammengerechnet werden?
d) Können mehrere Grundstücke eines Schuldners mit einer Gesamtzwangshypothek belastet werden?
e) Kann aus einem nur gegen Sicherheitsleistung vorläufig vollstreckbarem Urteil auch ohne die Sicherheit zu leisten eine Zwangshypothek eingetragen werden?
f) Was versteht man im Grundbuchrecht unter dem Begriff „rangwahrende Wirkung"?

Fall 70

Im Grundbuchauszug von Hildesheim Blatt 2007 finden Sie in Abt. II und III nachstehende Eintragungen (hier etwas gekürzt):

Abt. II		
Spalte 1	Spalte 2	Spalte 3
1	1	Wohnungsrecht für die Witwe Erna Kraft in Hildesheim. Gem. Bewilligung vom 6.6.1995. Eingetragen am 12.8.1995 Meyer Müller
2	1	Die Zwangsversteigerung des Grundstücks ist angeordnet (1 K 123/06). Eingetragen am 4.6.2016 Meyer Müller
Spalte 4		Spalte 5
1		Dem Recht Abt. III Nr. 1 ist der Vorrang eingeräumt. Eingetragen am 5.7.2009 Meyer Müller
1		Dem Recht Abt. III Nr. 2 ist der Vorrang eingeräumt. Eingetragen am 1.11.2009 Meyer Müller
1		Dem Recht Abt. III Nr. 3 ist der Vorrang eingeräumt. Eingetragen am 9.3.2010 Meyer Müller

Abt. III			
Spalte 1	Spalte 2	Spalte 3	Spalte 4
1	1	50.000 €	Fünfzigtausend Euro Grundschuld für die Volksbank Hildesheim ...... eingetragen im Range vor dem Recht Abt. II Nr. 1 am 5.7.2009 Meyer Müller
2	1	25.000 €	Fünfundzwanzigtausend Euro Grundschuld für das Bankhaus Eilig in Hildesheim ...... eingetragen im Range vor dem Recht Abt. II Nr. 1 am 1.11.2009 Meyer Müller
3	1	80.000 €	Achtzigtausend Euro Darlehn für die Sächsische Landesbank in Dresden ...... eingetragen im Range vor dem Recht Abt. II Nr. 1 am 9.3.2010 Meyer Müller
4	1	40.000 €	Vierzigtausend Euro Grundschuld für den Landwirt Hans Meiser in Hannover ...... eingetragen am 18.4.2011 Meyer Müller
Spalte 5		Spalte 6	Spalte 7
1		50.000 €	Dem Recht Abt. III Nr. 3 ist der Vorrang eingeräumt. Eingetragen am 9.3.2010 Meyer Müller

a) Wie ist die Rangfolge der eingetragenen Rechte?

b) Welche Bedeutung hat das Rangverhältnis für das geringste Gebot in der Zwangsversteigerung?

Fall 71

Wie gestaltet sich im vorliegenden Fall das geringste Gebot – nur bestehenbleibende Rechte – wenn

a) die Stadtkasse wegen Ansprüchen auf Entrichtung der öffentlichen Lasten des Grundstücks wegen der aus den letzten zwei Jahren rückständigen Beträgen die Zwangsversteigerung betreibt?

b) die Gläubigerin III/2 – Bankhaus Eilig – die Zwangsversteigerung allein betreibt?

c) die Gläubigerin III/1 – Volksbank – die Zwangsversteigerung allein betreibt?

d) ein Gläubiger ohne dingliche Sicherung die Zwangsversteigerung betreibt?

Fall 72

Nach dem Schluss der Zwangsversteigerung folgt die Verhandlung über den Zuschlag. Hierbei ist vom Gericht zu prüfen, ob evtl. Verfahrensmängel vorliegen oder ob der Zuschlag gem. §§ 74a oder 85a ZVG versagt werden muss.

Welche Bedeutung haben diese Vorschriften?

Fall 73

Welche Wirkungen hat der Zuschlagsbeschluss

a) für den Ersteher?

b) für eventuelle Mieter?

Fall 74

Theophil Tollpatsch betreibt auf seinem Betriebsgrundstück unter der Firma „Tollpatsch Baumarkt e.K." einen Heimwerkermarkt und Baustoffhandel, in welchem er neben dem Verkauf auch einen Mietservice für Bau- und Gartenmaschinen unterhält. Da seine Geschäfte wegen starker Konkurrenz seit einiger Zeit sehr schlecht laufen, ist er unter anderem nicht mehr in der Lage, seiner Lieferantin, der Firma Holzmichel GmbH, die erfolgten Baumateriallieferungen zu bezahlen.

Die Firma Holzmichel GmbH, vertreten durch Rechtsanwalt Dr. Hans Moser, beauftragt auf Grund des inzwischen erwirkten Vollstreckungsbescheides über eine Gesamtforderung von 22.350 € nebst Zinsen Gerichtsvollzieher Matthes Schlappmann mit der Mobiliarvollstreckung in das Vermögen des Schuldners.

Matthes Schlappmann lässt sich vom Schuldner die Geschäftsbücher zeigen und pfändet anschließend **für die Firma Holzmichel GmbH (Gläubigerin 1):**

1. drei Kreissägen, Marke: „Kreisch – Super 3000 XL" aus der umfangreichen Sägenkollektion der Werkzeugabteilung des Baumarkts

2. einen verschlissenen Rasenmähertraktor aus der Mietserviceabteilung, der zur Abgabe an den Altmetallhändler Emil Schrottkowski zum Schrottpreis auf dem Hinterhof des Baustoffhandels steht.

Ferner stellt er fest, dass von dem ihm aus früheren Zwangsvollstreckungen wohlbekannten Baumarktkunden Bernhard Rattatatong ein gemieteter Presslufthammer nicht fristgemäß zurückgebracht worden ist.

Den noch unerledigten Vollstreckungsauftrag von **Ilse Rattatatong (Gläubigerin 2)**, der geschiedenen Ehefrau des Bernhard Rattatatong, auf Zahlung von 650 € monatlichen Unterhalts auf Grund eines rechtskräftigen Beschlusses des Familiengerichts, holt Matthes Schlappmann schnell aus seinem Büro ab und stattet Bernhard Rattatatong einen Besuch auf dessen Grundstück ab.

Dort pfändet er für die **Firma Holzmichel GmbH (Gläubigerin 1)**:

1. den von Firma Tollpatsch Baumarkt e.K. gemieteten kleinen Gartenbagger

und für Ilse Rattatatong (Gläubigerin 2)

2. den von der Firma Tollpatsch Baumarkt e.K. gemieteten Presslufthammer.

Beide Geräte lässt er sogleich in seine Pfandkammer abtransportieren, nachdem Bernhard Rattatatong (Dritter, § 809 ZPO) seine Freude darüber zum Ausdruck gebracht hat, die Geräte nach erfolgreichem Abriss seines Balkons nicht selbst zurückbringen zu müssen.

Kurz darauf protestiert die Global-Bad-Bank-AG, für die auf dem Betriebsgrundstück des Theophil Tollpatsch eine Grundschuld von 375.000 € auf Grund einer vollstreckbaren notariellen Urkunde eingetragen ist, gegen die vorgenommenen Pfändungen.

Beurteilen Sie die einzelnen Pfändungsmaßnahmen und die Auswirkungen der eingetragenen Hypothek für die Global-Bad-Bank AG unter Angabe der gesetzlichen Bestimmungen!

Falls Verfahrens- oder Rechtsverstöße vorliegen, geben Sie bitte an, **welche** rechtlichen Maßnahmen von wem **wogegen** ergriffen werden können!

Fall 75

Die Daten wurden aus übungstechnischen Gründen gewählt. Alle angegebenen Daten sollen Werktage sein.

Im Grundbuch von Hannover Nr. 4308 ist der Schuldner Peter Säumig als Eigentümer des Grundstücks Flurstück 21 eingetragen. In Abt. II finden sich keine Belastungen, in der Abt. III sind folgende Rechte in nachstehender Rangfolge eingetragen:

- **Grundschuld III/1** der A Bank zu 10.000 €, verzinslich mit 15 % jeweils zum 1. Tag eines Kalenderjahres für das vorangegangene Kalenderjahr
- **Grundschuld III/2** der B Bank zu 30.000 €, verzinslich mit 10 % jeweils kalenderhalbjährlich im Voraus
- **Grundschuld III/3** der C Bank zu 5.000 €, verzinslich mit 12 %, ohne Fälligkeitsangabe
- **Grundschuld III/4** der D Bank zu 100.000 €, verzinslich mit 5 % fällig jeweils kalenderhalbjährlich nachträglich

Der Gläubiger Geschwind betreibt die Zwangsversteigerung aus dem Recht III/3 zu 5.000 € einschließlich der Zinsen seit 1.1.2015.

Der Anordnungsbeschluss wird am 2.2.2015 dem Schuldner zugestellt, das Ersuchen um Eintragung des Zwangsversteigerungsvermerks geht am 1.2.2015 beim Grundbuchamt Hannover ein und wird am 3.2.2015 vollzogen.

Mit Beschluss vom 2.5.2015 setzt das Gericht den Verkehrswert auf 100.000 € fest. Der Versteigerungstermin findet am 16. September 2015 statt.

Zum Termin gehen folgende Anmeldungen ein:

Die Stadt Hannover meldet Grundsteuer seit 1.1.2015 mit 450 € an, die jährliche Grundsteuer beträgt 120 €.

Der Gläubiger B meldet die Hauptsache mit 30.000 € einschließlich 10 % Zinsen seit 1.7.2014 an.

Aufgaben:

a) Wie wird das vorläufige, geringste Gebot zum Versteigerungstermin aussehen? Hierbei sind Auslagen für den Sachverständigen, die Veröffentlichungen und Zustellungen mit 2.000 € anzunehmen.

   Im Termin wird dem Gerd Pieper, geb. 23.9.1962, wohnhaft Liebesgrund 7, 31134 Hildesheim, der Zuschlag für ein Gebot von 35.000 € erteilt.

b) Termin zu Verteilung des Erlöses wird auf 1. Dezember 2015 bestimmt.

   Erstellen Sie den vorläufigen Teilungsplan auf der Grundlage der Anmeldungen zum Versteigerungstermin. Hierbei sind die Auslagen wieder mit 2.000 € zu berücksichtigen. Welcher Gläubiger erhält in Ausführung des Teilungsplans welche Beträge?

V. Übungsfälle zur Teilungsversteigerung

Fall 76

Geringstes Gebot

Albert (A), Bertha (B) und Cäsar (C) sind Miteigentümer eines Grundstücks zu je 1/3.

Die Bruchteile sind unterschiedlich belastet – siehe nachstehende Übersicht.

Welche Rechte bleiben im Geringsten Gebot bestehen, wenn A, B oder C die Teilungsversteigerung zum Zwecke der Aufhebung der Gemeinschaft betreiben?

	A (1/3)	B (1/3)	C (1/3)
III/1	100.000,00	100.000,00	100.000,00
III/2	20.000,00		
III/3	–	40.000,00	40.000,00
III/4	60.000,00	60.000,00	
II/1	–		(Reallast)

Fall 77

Erhöhung des geringsten Gebots, § 182 Abs. 2 ZVG

Felix und Mausi Bachmann sind Miteigentümer eines Grundstücks je zur Hälfte. Auf dem Anteil des Felix ist eine Grundschuld über 150.000 € nebst Zinsen zur Sicherung eines Darlehns in gleicher Höhe eingetragen. Der Anteil von Mausi ist völlig unbelastet.

Felix (oder ein Pfändungsgläubiger) betreibt die Teilungsversteigerung.

Wie ist das geringste Gebot (bestehen bleibende Rechte bzw. Bargebot) zu berechnen?

(fiktive Zahlen)

Kosten	betragen insgesamt:	5.000 €
Grundsteuern	betragen insgesamt:	1.000 €
Zinsen III/1	betragen	30.000 €

Fall 78

Der Teilungsplan bei Teilungsversteigerung einer Bruchteilsgemeinschaft

Die Teilungsversteigerung wurde von der Kauffrau Else Berg aufgrund des Pfändungs- und Überweisungsbeschlusses des Amtsgerichts Hildesheim vom 3.6.2016, zugestellt an Schuldner (Riedel) und Drittschuldnerin (Meyer) am 30.6.2016. Grundlage ist ein persönlicher Anspruch aus dem Urteil des Landgerichts Hildesheim vom 2.4.2016.

ZPO §§ 829, 835, 857 (Aufhebung einer Bruchteilsgemeinschaft)

Der Gläubiger des Miteigentümers eines Grundstücks kann dessen Anspruch auf Aufhebung der Gemeinschaft sowie auf Teilung und Auszahlung des Erlöses gemäß §§ 857, 829 ZPO pfänden und sich überweisen lassen, § 835 ZPO (Fortführung von BGHZ 90, S. 207 und 154, S. 64).
BGH, Beschl. v. 20. Dezember 2005, Az.: VII ZB 50/05, Rpfleger 2006, S. 204 = MDR 2006, S. 832 – siehe auch BGH, Beschl. v. 20.3.2014 IX ZB 67/13.

Tag der ersten Beschlagnahme: 7. Oktober 2016
Tag der Zuschlagsverkündung: 16. Mai 2017
Verteilungstermin: 1. Juli 2017

Berechnung der wiederkehrenden Leistungen (§ 56 ZVG):

a) die bestehen bleiben, bis zum 15. Mai 2017

b) die erlöschen, bis zum 30. Juni 2017

Ersteher: Malermeister Walter Bartels mit einem Bargebot in Höhe von 70.000 €
Festgesetzter Verkehrswert: 400.000 €

Feststellung der Rangordnung im Grundbuch:

	Riedel (1/2)	Meyer (1/2)
II/1	Vermerk über den Ausschluss der Aufhebung der Gemeinschaft (1010 BGB)	Vermerk über den Ausschl. der Aufhebung der Gemeinsch. (1010 BGB)
II/2	Reallast (Wert: 30.000 €)	-------------
III/1	Grundschuld (200.000 €)	Grundschuld (200.000 €)
III/2	------------	Hypothek (25.000 €)

Welche Rechte bleiben bestehen? Wie ist der Teilungsplan auszuführen? Wie erfolgt die Befriedigung der Beteiligten?

Fall 79

Antragsrecht eines Miterben

Die Eheleute Hans Meiser und Mia Meier waren zu je 1/2 Eigentümer eines Grundstücks. Hans Meiser ist inzwischen verstorben und von seinen beiden Kindern aus 1. Ehe, Johann und Luis, beerbt worden. Der Sohn Luis (alternativ: ein Pfändungsgläubiger) möchte die Gemeinschaft am gesamten Grundstück durch Teilungsversteigerung aufheben.

a) Hat der Miterbe ein „großes Antragsrecht"?

b) Was geschieht mit dem im GB eingetragenen Rechten?

VI. Übungsfälle zum Rechtsschutz im Vollstreckungsverfahren

Fall 80

Lena hat von ihrer Oma Geld geerbt, da sie sich jedoch schon vorher erheblich verschuldet hatte, hat sie ein Verbraucherinsolvenzverfahren durchlaufen. Zwischenzeitlich ist ihr am 21.10.2017 Restschuldbefreiung erteilt worden und sie hat sich mit dem Teil des Erbes, das sie behalten durfte, auch eine selbständige Existenz als Hochzeitsplanerin aufgebaut. Nun aber pfändet plötzlich am 10.12.2017 der Gläubiger Schläfrig aufgrund eines bestandskräftigen Urteils aus dem Jahre 2010 ihren nagelneuen Pkw Audi Cabrio weiß (Preis: 50.000 €), den sie als Hochzeitsauto für ihre Brautpaare nutzt.

Lena kommt völlig aufgelöst zu Ihnen ins Büro und teilt Ihnen mit, dass sie der Meinung ist, dass man ihr das Auto nicht wegnehmen könne, weil sie es zur Ausübung ihrer Berufstätigkeit benötige. Außerdem sei der Titel des Gläubigers Schläfrig eine Insolvenzschuld, von der sie durch die Restschuldbefreiung befreit wäre. Schläfrig poche aber darauf, dass es sich bei seiner Forderung um Schadensersatz wegen eines Betruges handle und er von der ganzen Insolvenz nichts gewusst habe.

a) Kann Lena mit einem Rechtsbehelf die Unpfändbarkeit des Autos geltend machen? Hat sie Recht damit, dass das Auto gänzlich unpfändbar ist, wenn sie es notwendig für ihren Beruf braucht?
b) Mit welchem Rechtsbehelf kann Lena die Restschuldbefreiung geltend machen?
c) Angenommen, Gläubiger Schläfrig wusste wirklich nichts von der Restschuldbefreiung und seine Forderung stammt wirklich aus einem Betrug: Darf er aus der Forderung dann noch weiter vollstrecken?

Fall 81

Der Buchautor Sturm erfährt, dass in der nächsten Woche aufgrund seiner Buchvorlage ein Film in den Kinos anläuft. Allerdings wurde der Buchautor hierüber nicht informiert und ist dafür, dass er die Vorlage für den Film geliefert hat, weder im Vornoch im Abspann des Filmes benannt.

Wie kann der Buchautor die Premiere des Films verhindern bzw. erreichen, dass sein Name eingefügt wird? Nennen Sie die Merkmale des durchzuführenden Verfahrens.

Was kann Dreamfilm als Verbreiter des Films vorbeugend tun und was, wenn das Verfahren bereits abgeschlossen ist?

Fall 82

Am 1.8. hat das Landgericht Gera den Schuldner aufgrund der mündlichen Verhandlung vom 17.7. zur Zahlung an den Gläubiger verurteilt. Nach Rechtskraft hat der Gläubiger aus dem Urteil die Zwangsvollstreckung betrieben. Der Schuldner erhebt nunmehr Vollstreckungsgegenklage mit der Begründung, er habe am 15.8. die Aufrechnung mit einer Gegenforderung erklärt, die ihn seit dem 1.2. gegen den Gläubiger zugestanden habe.

Ist die Klage begründet?

Fall 83

Antonio hat eine Kaufpreisforderung gegen Sorglos in Höhe von 15.500 €. Von Bekannten erfährt Antonio nun, dass Sorglos seine Eigentumswohnung auflöst und nach Brasilien auswandern will.

Welche Möglichkeit hat Antonio nun, gegen Sorglos vorzugehen?

Fall 84

Johann Bauer betreibt mehr oder weniger erfolgreich eine Landwirtschaft im Allgäu und erzielt über den Verkauf von Milch monatliche Einnahmen in Höhe von 1.800 €. Johann Bauer ist seiner Ehefrau Elvira, die Johann in seiner landwirtschaftlichen Tätigkeit tatkräftig unterstützt, zum Unterhalt verpflichtet. Daneben muss Johann Bauer von diesen Einkünften einen Arbeiter mit monatlich 400 € bezahlen. Für die Wartung und Erhaltung der Stallanlagen wendet Johann Bauer monatlich durchschnittlich weitere 300 € auf. Nachdem Johann Bauer seine Verbindlichkeiten nicht mehr erfüllen kann, werden durch Gläubiger Alois Pfiffig die Milchgeldansprüche von Johann Bauer an die Molkerei gepfändet. Was kann Johann Bauer gegebenenfalls gegen die Pfändung unternehmen? (Kurze Antwort unter Nennung der gesetzlichen Vorschriften)

Fall 85

Der 67-jährige überschuldete Karl erhält von seiner privaten Altersvorsorge-Versicherung eine monatliche lebenslange Altersrente in Höhe von 985 € ausbezahlt. Die Möglichkeit einer Kapitalabfindungszahlung und Bestimmungsrechte Dritter sind vertraglich ausgeschlossen. Eine etwaige Verfügung (Abtretung, Verpfändung oder Kündigung) über die Ansprüche ist vertraglich ebenfalls unwiderruflich ausgeschlossen. Läuft Karl Gefahr, dass seine Rente gänzlich gepfändet wird, nachdem diese kein „Arbeitseinkommen" im eigentlichen Sinn darstellt (kurze Antwort)? Weitere Einnahmen, insbesondere durch die gesetzliche Rentenversicherung, bezieht Karl nicht.

Fall 86

Heinz Ahrens wird durch das Oberlandesgericht München in zweiter Instanz verurteilt, an Thomas Schuster einen Betrag in Höhe von 75.000 € nebst Zinsen zu bezahlen. Das Urteil ist für Schuster gegen Sicherheitsleistung in Höhe von 120 % des zu vollstreckenden Betrages vorläufig vollstreckbar; die Revision wurde zugelassen. RA Hansen, Prozessbevollmächtigter von Heinz Ahrens, rät diesem, Revision beim BGH einzulegen, nachdem diese nach seiner Ansicht durchaus Aussicht auf Erfolg verspricht. Ahrens stimmt zu, nicht zuletzt weil die Zahlung des Urteilsbetrages seinen wirtschaftlichen Ruin bedeuten würde, denn seit geraumer Zeit laufen die Geschäfte mehr als schlecht.

Während des laufenden Revisionsverfahrens leistet Schuster in vorgeschriebener Form Sicherheit und leitet die Vollstreckung gegen Ahrens ein. RA Hansen beantragt beim BGH die einstweilige Einstellung der Zwangsvollstreckung nach § 719 ZPO. Hat der Einstellungsantrag Aussicht auf Erfolg?

B. Lösungsvorschläge

I. Lösungsvorschläge zu den allgemeinen Voraussetzungen der Zwangsvollstreckung

Lösungsvorschlag Fall 1

Dispositionsmaxime:

Der Gläubiger bestimmt Beginn, Art und Ausmaß des Vollstreckungszugriffs und hat die Herrschaft über seinen vollstreckbaren Anspruch. Die Zwangsvollstreckung endet daher, wenn der Gläubiger dies verlangt. Dies ermöglicht jederzeit die Rücknahme des Antrags, oder die Einstellung des Verfahrens.

Verhandlungsgrundsatz:

Der Verhandlungsgrundsatz besagt, dass nur Gegenstand des Verfahrens ist, was von den Parteien beigebracht wird und dass das Gericht zu unstreitigen Sachverhalten keinen Beweis erheben darf.

Dezentralisierung:

Die Zwangsvollstreckung ist je nach Vollstreckungsart verschiedenen Organen übertragen.

Formalisierung:

Die Vollstreckungsorgane haben nur die formalen Voraussetzungen der Zwangsvollstreckung und nicht die materielle Rechtslage.

Beschleunigung:

Der Beschleunigungsgrundsatz soll einen möglichst schnellen Zugriff auf das Schuldnervermögen ermöglichen. Er ist leider nur schwach ausgeprägt. Der Beschleunigungsgrundsatz kommt in §§ 720a, 806b und § 845 ZPO zum Ausdruck.

Beschränkter Zugriff:

Der Vollstreckungszugriff ist auf das Schuldnervermögen beschränkt, (§ 803 Abs. 2, § 811, § 850 ZPO).

Priorität:

Ganz überwiegend ist der frühere Zugriff privilegiert (§ 804 Abs. 3 ZPO). Der Gerichtsvollzieher muss bei mehreren vorliegenden Titeln verschiedener Gläubiger die Pfändung zugleich für alle bewirken (Gruppenprinzip).

Effektive Verwertung:

Das Pfändungsgut darf nicht verschleudert werden, sondern muss vom Vollstreckungsorgan möglichst optimal verwertet werden (§§ 812, 813, 817a ZPO bei der Mobiliarvollstreckung und §§ 30d, 74a, 85, 85a ZVG bei Grundstücken).

Lösungsvorschlag Fall 2

1. Vollstreckungsbescheid, § 796 ZPO
2. Arrest, § 929 Abs. 1 ZPO

3. Einstweilige Verfügung, § 929 Abs. 1 ZPO i.V.m. § 936 ZPO
4. Kostenfestsetzungsbeschluss der auf das Urteil gesetzt ist, § 105 Abs. 1 i.V.m. § 795a ZPO
5. Pfändungsbeschluss als Grundlage der Wegnahme eines Hypothekenbriefes, § 830 Abs. 1 S. 1 und 2 ZPO
6. Überweisungsbeschluss als Grundlage für die Herausgabe von Urkunden, § 836 Abs. 3 ZPO
7. Haftbefehl, § 802g ZPO
8. Einstweilige Anordnungen, § 53 Abs. 1 FamFG

Lösungsvorschlag Fall 3

- § 724 ZPO

  Der Titel oder die Vollstreckung aus dem Titel dürfen nicht bedingt sein § 726 Abs. 1 ZPO und eine Umschreibung auf eine im Titel nicht genannte Person § 727 ZPO ist nicht erforderlich.

- § 726 Abs. 1 ZPO (Umkehrschluss)

  Die Vollstreckung hängt von der Leistung einer Sicherheit ab.

- § 726 Abs. 2 ZPO

  Die Vollstreckung hängt von einer Zug um Zug zu bewirkenden Leistung des Gläubigers an den Schuldner ab und die vom Schuldner zu erbringende Leistung besteht nicht in der Abgabe einer Willenserklärung.

- § 751 Abs. 1 ZPO

  Die Vollstreckung ist vom Eintritt eines Kalendertages abhängig.

- § 798 ZPO

  Bei selbständigen Kostenfestsetzungsbeschlüssen, die erst nach einer Wartefrist vollstreckbar sind, sowie bei den weiter in § 798 ZPO aufgeführten Titeln.

Lösungsvorschlag Fall 4

a) Es muss eine qualifizierte Klausel erteilt werden. Die qualifizierte Klausel muss im vorliegenden Fall erteilt werden, weil die Leistung des Schuldners in der Abgabe einer Willenserklärung – nämlich der Übereignung eines PKW (§ 929 BGB) – liegt. Hier greift § 726 Abs. 2, 2 HS ZPO i.V.m. § 894 S. 2 ZPO.

b) Zuständig ist hierbei der Rechtspfleger nach § 20 Nr. 12 RPflG.

Prüfungstipp: Es ist wichtig, sich auch für die Zwangsvollstreckung im BGB gut auszukennen. Insbesondere muss im vorliegenden Fall erkannt werden, dass vom Beklagten die Abgabe einer Willenserklärung verlangt wird. Hier treffen also auch die §§ 116–118 und 122 BGB zu.

Lösungsvorschlag Fall 5

- Der Titel ist gegen Sicherheitsleistung für vorläufig vollstreckbar erklärt worden.
- Der Schuldner muss zu einer Leistung von Geld verurteilt worden sein.
- Das Urteil muss mindestens zwei Wochen vor Beginn der Sicherungsvollstreckung zugestellt worden sein, § 750 Abs. 3 ZPO.
- Die Klausel muss nur in den Fällen des § 750 Abs. 2 ZPO zugestellt werden.[4] Dies mit der Systematik des Gesetzes begründet. Ist bei einer normalen Vollstreckung die Zustellung einer vollstreckbaren Ausfertigung nicht notwendig – wie bei einer Klauselerteilung nach § 724 ZPO –, so wird die Klauselzustellung auch bei einer Sicherungsvollstreckung nicht hiervon abhängen.

> **Prüfungstipp:** Bitte beachten Sie bei den Vorbereitungen zu Ihrer Prüfung, dass es sicher in vielen Fällen verschiedene Auffassungen geben wird. Sofern Sie sich einer Auffassung anschließen, müssen Sie diese immer genau und gut begründen können.

Lösungsvorschlag Fall 6

- Befristete Erinnerung nach § 573 ZPO. Diese ist binnen einer Notfrist von zwei Wochen ab Zustellung einzulegen, wenn der Urkundsbeamte der Geschäftsstelle die Klausel nicht erteilt. Zuständig für die Entscheidung über die Erinnerung ist gem. § 573 Abs. 1 S. 1 ZPO das Prozessgericht, welchem der Urkundsbeamte angehörig ist. Die Erinnerung kann gem. § 573 Abs. 1 S. 2 ZPO zu Protokoll der Geschäftsstelle erklärt oder gem. § 573 Abs. 1 S. 2 schriftlich eingereicht werden. Anwaltszwang besteht hierbei nicht.
- Sofortige Beschwerde nach § 567 ZPO. Diese ist binnen einer Notfrist von zwei Wochen ab Zustellung einzulegen, wenn der Rechtspfleger die Klausel nicht erteilt, siehe § 11 Abs. 1 RPflG. Die Beschwerde ist schriftlich gem. § 569 Abs. 2 S. 1 ZPO einzulegen, wenn Anwaltszwang im vorausgehenden Verfahren herrschte. Gab es im Verfahren zuvor keinen Anwaltszwang, kann auch die Beschwerde gem. § 569 Abs. 3 ZPO zu Protokoll der Geschäftsstelle erklärt werden.
- Erteilt der Notar die Klausel nicht, ist die Beschwerde nach § 54 BeurkG i.V.m. § 64 FamFG (unbefristet) möglich. Hierbei ist gemäß § 64 Abs. 2 S. 1 FamFG die Schriftform oder elektronische Form (§ 14 FamFG) bei Einlegung der Beschwerde zu wahren. Weiter besteht die Möglichkeit gem. § 64 Abs. 2 S. 1 FamFG die Beschwerde zur Niederschrift der Geschäftsstelle zu erklären.

Lösungsvorschlag Fall 7

Dem Urteil fehlt der Ausspruch der vorläufigen Vollstreckbarkeit gem. § 708 Nr. 7 ZPO für die Räumung (wenn allein die Abwendungsbefugnis gefehlt hätte, wäre dies nicht das Problem des Gläubigers, sondern des Schuldners gewesen, aber so fehlt schon der Ausspruch der vorläufigen Vollstreckbarkeit an sich)! Diese Erklärung ist von Amts wegen anzuordnen und hierbei bestimmt das Gericht, ob ein Urteil vorläufig vollstreckbar ist oder nicht. Enthält also ein Urteil mehrere Forderungen, ist ggf. über

4 *BGH* Beschl. v. 5.7.2005, Az. VII ZB 14/05 = Rpfleger 2005, S. 547 = MDR 2005, S. 1433.

die vorläufige Vollstreckbarkeit unterschiedlich zu erkennen. Ohne besonderen Ausspruch – hier wäre ein solcher nach § 708 Nr. 7 ZPO notwendig gewesen – sind jedenfalls nur sofort rechtskräftig werdende Urteile auch sofort vollstreckbar.

Der Ausspruch nach § 709 S. 1 und 2 ZPO reicht nicht aus, um die Räumung durchzuführen, da § 709 ZPO nur sogenannte „andere Urteile" – also Urteile die nicht unter § 708 ZPO fallen – auffängt. Weil im Urteil auf die vorläufige Vollstreckbarkeit gemäß § 709 S. 1 und 2 ZPO abgestellt wird, ist die vorläufige Vollstreckbarkeit nur für Punkt 1.) des Urteils ausgesprochen, denn in § 709 S. 2 ZPO wird ausdrücklich auf die Zwangsvollstreckung wegen Geldforderungen abgestellt. Darunter fällt insbesondere die Räumung nach §§ 885, 885a ZPO jedoch nicht.

Der vorliegende Titel ist daher der „vorläufigen Vollstreckung" bezüglich der Räumung derzeit nicht zugänglich.

Um eine vorläufige Vollstreckbarkeit des Urteils zu erreichen, müsste daher (als sicherster Weg) eine Ergänzung des Urteils gem. § 716 ZPO i.V.m. § 321 ZPO innerhalb einer Frist von zwei Wochen ab Urteilszustellung beantragt werden.

Erläuterung: Teilweise wird bejaht, dass die Berichtigung des Urteils wegen „offensichtlicher Unrichtigkeit" gem. § 319 ZPO erfolgen kann (vgl. dazu *LG Saarbrücken* Beschluss vom 24.10.2008, Az. 17 KFH O 44/08); *LG Berlin,* Beschluss vom 13.8. 2012, Az. 67 S 466/11). Für den vorliegenden Fall wird jedoch die Anwendung des § 716 ZPO empfohlen, da § 319 ZPO meist äußerst eng ausgelegt wird und es häufig zu Abweisung solcher Anträge kommt. Dann aber kann die Urteilsergänzungsfrist schon abgelaufen sein und es muss die Rechtskraft des Urteils abgewartet werden, um den Räumungsanspruch zu vollstrecken. Von daher wird eher zu § 716 ZPO geraten.

Lösungsvorschlag Fall 8

Kaufmännische Zinsformel:

$$\frac{\text{Kapital} \times \text{Jahreszinssatz} \times \text{Laufzeit in Tagen}}{100} \times 360 = \text{Zinsertrag}$$

(Der Zinsmonat ist mit 30 Tagen, das Zinsjahr mit 360 Tagen anzusetzen)

Zwangsvollstreckungsauftrag vom 18.3.2016

6.500,00 €	Hauptforderung
96,78 €	8 % Zinsen vom 12.1.2016 bis 18.3.2016 (67 Zinstage)
1.592,43 €	festgesetzte Kosten im Kostenfestsetzungsbeschluss
10,70 €	Zinsen vom 20.1.2016 bis 18.3.2016 (59 Zinstage) Basiszinssatz gem. § 247 Abs. 1 BGB zzgl. 5 Prozentpunkte: 4,12 %
8.199,91 €	Summe = Gegenstandswert; § 25 Abs. 1 Nr. 1 RVG

Kostenrechnung des RA für den Zwangsvollstreckungsauftrag der Sachpfändung vom 18.3.2016:
Gegenstandswert: 8.199,91 €

152,10 €	0,3 Verfahrensgebühr, Nr. 3309 VV RVG
20,00 €	Auslagenpauschale, Nr. 7002 VV RVG
172,10 €	Zwischensumme
32,70 €	19 % Umsatzsteuer, Nr. 7008 VV RVG
204,80 €	Summe

Kostenrechnung des RA für den Antrag auf Abgabe der Vermögensauskunft:
Gegenstandswert: 2.000 € § 25 Abs. 1 Nr. 4 RVG

45,00 €	0,3 Verfahrensgebühr, Nr. 3309 VV RVG
9,00 €	Auslagenpauschale, Nr. 7002 VV RVG
54,00 €	Zwischensumme
10,26 €	19 % Umsatzsteuer, Nr. 7008 VV RVG
64,26 €	Summe

Kostenrechnung des Gerichtsvollziehers für den Sachpfändungsauftrag und den Antrag auf Abgabe der Vermögensauskunft

75,00 €	Gerichtsvollzieherkosten

Pfändungs- und Überweisungsbeschluss vom 28.5.2016

6.500,00 €	Hauptforderung
119,89 €	8 % Zinsen vom 12.1.2016 bis 4.4.2016 (83 Zinstage)
1.592,43 €	Kostenfestsetzungsbeschluss
13,79 €	Zinsen vom 20.1.2016 bis 4.4.2016 (75 Zinstage) 4,12 %
8.226,11 €	Zwischensumme
75,00 €	Gerichtsvollzieherkosten Sachpfändung und Vermögensauskunft
204,80 €	RA-Gebühren Sachpfändungsauftrag
64,26 €	RA-Gebühren Vermögenauskunft
8.570,17 €	Summe = Gegenstandswert; § 25 Abs. 1 Nr. 1 RVG

Kostenrechnung des RA für den Pfändungs- und Überweisungsbeschluss:
Gegenstandswert: 8.570,17 €

152,10 €	0,3 Verfahrensgebühr, Nr. 3309 VV RVG
20,00 €	Auslagenpauschale, Nr. 7002 VV RVG
172,10 €	Zwischensumme
32,70 €	19 % Umsatzsteuer, Nr. 7008 VV RVG
204,80 €	Gebühr des Rechtsanwalts
26,50 €	Gerichtsvollzieherkosten vom 4.6.2016
19,80 €	Gerichtsvollzieherkosten vom 6.6.2016
251,10 €	Zwischensumme
20,00 €	Gerichtskosten PfÜB, Nr. 2111 Kost.-Verz. GKG
271,10 €	Gesamtsumme Kosten PfÜb

Forderungskonto

6.500,00 €	Hauptforderung
1.145,44 €	8 % Zinsen vom 12.1.2016 – 18.3.2018 (793 Zinstage)
1.592,43 €	festgesetzte Kosten
142,01 €	Zinsen vom 20.1.2016 – 18.3.2018 (779 Zinstage) 4,12 %
9.379,88 €	Zwischensumme
204,80 €	RA Kosten Zwangsvollstreckungsauftrag
64,24 €	RA Kosten Vermögensauskunft
75,00 €	Gerichtsvollzieherkosten
204,80 €	RA Kosten Pfändungs- und Überweisungsbeschluss
20,00 €	GK Kosten Pfändungs- und Überweisungsbeschluss GKG KV 2111
46,30 €	GV Kosten Pfändungs- und Überweisungsbeschluss
9.995,02 €	Gesamtsumme

Erläuterung: Erst nach Ermittlung aller aufgelaufenen Kosten, kann ein vollständiges Forderungskonto erstellt werden. Eine Forderungsaufstellung muss regelmäßig nach Grund und Höhe so eindeutig sein, dass die Forderung bestimmt nachvollziehbar ist.[5]

> **Prüfungstipp:** Es ist wichtig, für jede einzelne Zwangsvollstreckungsmaßnahme den Gegenstandswert gesondert zu errechnen, da es bei der Berechnung der Kosten zu einem Gebührensprung in der Tabelle kommen kann, so dass auch eine höhere Vergütung entsteht.

> **Prüfungstipp:** Gemäß § 247 Abs. 2 BGB ist die Deutsche Bundesbank[6] verpflichtet, den aktuellen Stand des Basiszinssatzes im Bundesanzeiger zu veröffentlichen. Sie können daher jederzeit, den aktuellen Stand im Bundesanzeiger nachlesen. Für den Fall eines Ausfalls der Computersysteme sollten Sie jedoch immer die Liste mit den Basiszinssätzen ausgedruckt vorhalten.

Erläuterung: Für den Antrag auf Abgabe der Vermögensauskunft ist seit 1.8.2013 der Gegenstandswert mit einem Betrag von maximal 2.000 € anzusetzen, im Zuge des KostRMoG. Bitte beachten Sie jedoch, dass dieser Wert bei Abgabe der eidesstattlichen Versicherung vor dem 1.8.2013 noch maximal 1.500 € betragen hat.

Die Zinsen werden bei Zahlung bis zum Tag vor der Zahlung verzinst. (Eine Schuld wird bis zur Zahlung verzinst).

Hinsichtlich der Vollstreckungsmaßnahmen wurden Hauptforderung und Kostenforderung bis einschließlich dem Tag der Antragstellung verzinst, da bis zu diesem Tag keine Zahlung erfolgte.

5 *LG Kassel* Beschl. v. 12.2.2002, Az. 3 T 141/02, *AG Paderborn* DGVZ 1989, S. 63 und DGVZ 1969, S. 76 und 1968, S. 150.

6 Siehe http://www.bundesbank.de/presse/zinssaetze.

Lösungsvorschlag Fall 9

Der Künstlername hat einen Individualcharakter, wenn der Wahlname einen wirklichen Namen darstellt, sich bereits in der Öffentlichkeit durchgesetzt hat und die Person an Stelle des bürgerlichen Namens für einen größeren Kreis kennzeichnet. Dem Künstlernamen kommt dann die Kennzeichnungskraft des § 750 Abs. 1 ZPO zu. Somit wäre die Zustellung wirksam.

Lösungsvorschlag Fall 10

Solveig kann sich einen Rechtskraftvermerk gem. § 706 ZPO erteilen lassen. Mit dem Titel, der den Rechtskraftvermerk trägt, kann sie nun – da die Veranlassung zur Sicherheitsleistung entfallen ist – einen Antrag auf Freigabe der Sicherheit gem. § 715 S. 1 i.V.m. § 109 Abs. 3 ZPO stellen.

Lösungsvorschlag Fall 11

Örtlich und sachlich ist das Gericht zuständig, das Gericht, das die Bestellung der Sicherheit angeordnet oder zugelassen hat, § 109 Abs. 1 ZPO. Funktionell ist der Rechtspfleger zuständig, § 20 Nr. 3 RPflG.

Lösungsvorschlag Fall 12

Die Teilvollstreckung mit Teilsicherheitsleistung ist in § 752 ZPO geregelt. Die Höhe der Sicherheitsleistung bemisst sich nach dem Verhältnis des Teilbetrages zum Gesamtbetrag. Somit wäre, um die Höhe des zu vollstreckenden Betrages auszurechnen, gem. § 48 Abs. 1 S. 6 GVGA, folgende Formel anzuwenden:

$$\frac{\text{vollstreckbarer Teilbetrag}}{\text{Teilsicherheitsleistung}} = \frac{\text{vollstreckbarer Gesamtbetrag}}{\text{Gesamtsicherheitsleistung}}$$

löst man diese Formel nach dem vollstreckbaren Teilbetrag auf, lautet die Formel

$$\frac{\text{Teilsicherheitsleistung} \times \text{vollstreckbarer Gesamtbetrag}}{\text{Gesamtsicherheitsleistung}} = \text{vollstreckbarer Teilbetrag}$$

Im vorliegenden Fall somit:

$$\frac{3.000\ € \times 6.000\ €}{7.000\ €} = 2.571{,}43\ €$$

Gläubigerin Traurig könnten somit einen Teilbetrag in Höhe von 2.571,43 € vollstrecken.

Lösungsvorschlag Fall 13

a) Der Gläubiger (kein Anwaltszwang gem. § 78 Abs. 3 ZPO) bzw. dessen Prozessbevollmächtigter kann gem. § 733 Abs. 1 ZPO eine weitere vollstreckbare Ausfertigung beantragen.

b)

> *In Sachen*
>
> *August Lustig ./. Hans Ernst*
>
> *Az.: ...*
>
> *zeige ich an, dass ich den Gläubiger, Herrn August Lustig, anwaltlich vertrete. Ordnungsgemäße Bevollmächtigung wird versichert. Namens und im Auftrag des Gläubigers beantrage ich,*
>
> > *dem Gläubiger eine weitere vollstreckbare Ausfertigung des Urteils des ... vom ..., Az.: ..., zum Zwecke der Zwangsvollstreckung zu erteilen.*
>
> *Begründung:*
>
> *Der Gläubiger hat am ... bereits eine vollstreckbare Ausfertigung des Urteils vorbezeichneten Urteils erhalten. Diese wurde mit normaler Post an die zuständige Gerichtsvollzieherverteilungsstelle zur Einleitung der Zwangsvollstreckung übermittelt. Die Gerichtsvollzieherverteilerstelle hat dem Unterzeichner mit Schreiben vom ... gegenüber mitgeteilt, dass weder der Zwangsvollstreckungsauftrag noch der Titel im Original angekommen sind.*
> *Beweis: Schreiben der Gerichtsvollzieherverteilerstelle vom ...*
>
> *Die vollstreckbare Ausfertigung ist somit auf dem Postweg verloren gegangen und es wird eine weitere Ausfertigung zur Einleitung der Zwangsvollstreckung benötigt.*
>
> *Unterschrift*
> *Rechtsanwalt*

c) Für die Erteilung kann einerseits gem. § 20 Nr. 12 RPflG der Rechtspfleger zuständig sein, andererseits, wenn eine entsprechende Landesverordnung existiert, auch der Urkundsbeamte der Geschäftsstelle, § 36b Abs. 1 Nr. 3 RPflG.

Lösungsvorschlag Fall 14

Nach § 750 Abs. 1 ZPO ist die Zwangsvollstreckung nur gegen eine Person zulässig, die im Titel namentlich bezeichnet ist. Nachdem Suff verstorben ist, ist die Zwangsvollstreckung, die noch nicht begonnen hat, aus dem vorliegenden Titel nicht mehr zulässig, § 779 ZPO. Es ist daher zu prüfen, ob Erben vorhanden sind. Hierzu kann beim Nachlassgericht am letzten Wohnsitz des Verstorbenen eine Nachfrage gestartet werden. Der Anfrage ist der Titel zum Nachweis des berechtigten Interesses hinzuzufügen. Sobald die Erben bekannt sind, kann die Rechtsnachfolgeklausel § 728 i.V.m. § 727 ZPO beantragt werden. Die Rechtsnachfolge ist durch öffentlich begl. Urkunde, somit mit einem Erbschein, nachzuweisen. Der zum Nachweis der Erbfolge erforderliche Erbschein kann über § 792 ZPO beschafft werden. Mit der Rechtsnachfolgeklausel kann dann gegen den/die Erben des Verstorbenen vollstreckt werden, nachdem gem. § 750 Abs. 2 ZPO das Urteil mit Rechtsnachfolgeklausel und Erbschein den Erben des Suff zugestellt wurde.

Lösungsvorschlag Fall 15

Die **erste** in Betracht zu ziehende Möglichkeit wäre im vorliegenden Fall, einen Antrag gem. § 710 ZPO zu stellen. D.h. es wird ein Antrag gestellt, dass das Urteil auch ohne Sicherheitsleistung für vorläufig vollstreckbar zu erklären ist. Eine solche Anordnung kann nur auf einen Antrag hin ergehen, der gem. § 714 Abs. 1 ZPO vor dem Schluss der mündlichen Verhandlung gestellt werden muss. Da die mündliche Verhandlung noch bevorsteht, kann der Antrag auch noch entsprechend gestellt werden. Bei Antragstellung sind die tatsächlichen Voraussetzungen für die Stellung eines solchen Antrags gem. § 714 Abs. 2 ZPO glaubhaft zu machen. Kläger Treu kann – vgl. § 294 ZPO – auch zur Versicherung an Eides Statt zugelassen werden. Für die Stattgabe eines Antrags stellt § 710 ZPO zwei in Verbindung stehende Tatbestände auf, die im Verbund erfüllt sein müssen, um die Rechtsfolge eintreten zu lassen. Unvermögen zur Leistung der Sicherheit oder erhebliche Schwierigkeiten dabei **und** die Unbilligkeit des Wartens mit der Vollstreckung.[7] Von Unvermögen wird gesprochen, wenn der Kläger das zur Sicherheitsleistung erforderliche Geld überhaupt nicht hat, nicht beschaffen kann und auch keinen Bürgen hierfür stellen kann. Um erhebliche Schwierigkeiten handelt es sich dagegen, wenn Kläger Treu durch die Stellung einer Sicherheitsleistung in seiner Lebenshaltung oder in der Ausübung seines Berufes erheblich beeinträchtigt werden würde, bspw. dann, wenn er einen Kredit aufnehmen müsste, der seine wirtschaftliche Bewegungsfreiheit lähmen könnte. Weiter ist erforderlich, dass eine Aussetzung der Vollstreckung dem Gläubiger einen schwer zu ersetzenden oder schwer abzusehenden Nachteil bringen würde oder aus einem sonstigen Grunde für den Gläubiger unbillig wäre, insbesondere weil er die Leistung für seine Lebenshaltung oder seine Erwerbstätigkeit dringend benötigt. Ein schwer zu ersetzender Nachteil liegt zum Beispiel vor, wenn beim Schuldner Insolvenz oder Flucht droht.

Eine **zweite** Möglichkeit bestünde, den Gläubiger Treu zu befragen, ob er – wenn er kein Geld für die Sicherheit habe – zumindest eine Bankbürgschaft erhalten könne. Denn in § 108 ZPO ist geregelt, dass in den Fällen der Bestellung einer prozessualen Sicherheit das Gericht nach freiem Ermessen bestimmen kann, in welcher Art und Höhe die Sicherheit zu leisten ist. Soweit das Gericht eine Bestimmung nicht getroffen hat und die Parteien ein anderes nicht vereinbart haben, ist die Sicherheitsleistung durch die schriftliche, unwiderrufliche, unbedingte und unbefristete Bürgschaft eines im Inland zum Geschäftsbetrieb befugten Kreditinstituts oder durch Hinterlegung von Geld oder solchen Wertpapieren zu bewirken, die nach § 234 Abs. 1 und 3 BGB zur Sicherheitsleistung geeignet sind.

> **Prüfungstipp:** Ziehen Sie auch einfache Lösungen in Betracht, denn diese gehen oft bei Lösungen unter, werden jedoch bei der Punktevergabe auch berücksichtigt.

Eine **dritte** Möglichkeit wäre, das Urteil – in welchem eine Sicherheitsleistung ausgesprochen wurde – abzuwarten und dem Gläubiger Treu nach Urteilserwirkung zur Sicherungsvollstreckung nach § 720a ZPO zu raten. Von einer Sicherungsvollstreckung spricht man, wenn der Gläubiger aus einem vorläufig vollstreckbaren Urteil zur Sicherung seines Anspruchs bewegliches Vermögen oder Forderungen und Rechte pfänden lässt oder im Wege der Zwangsvollstreckung in das unbewegliche Vermögen eine Sicherungshypothek eintragen lässt. Die Sicherungsvollstreckung ist ohne Sicherheitsleistung möglich, wenn Sicherheitsleistung angeordnet wurde; sie dient nicht der Befriedigung, sondern nur der Sicherung des Gläubigers. Es wird also nur gepfändet und nicht verwertet. Hierauf muss der Gläubiger Treu von Rechtsanwalt Schlau hingewiesen werden. Voraussetzung für die Durchführung der Sicherungsvollstreckung ist, dass der Gläubiger Treu – wie im vorliegenden Fall nach Verkündung und Abfassung des

7 *Zöller* Kommentar zur Zivilprozessordnung, 32. Auflage 2018, § 710 Rn. 2.

Urteils – einen auf eine Geldleistung gerichteten Titel in den Händen hält, der gegen Sicherheitsleistung vorläufig vollstreckbar ist. Der Titel muss dem Schuldner dann mindestens zwei Wochen vor Beginn der Zwangsvollstreckung gem. § 750 Abs. 3 ZPO zugestellt werden. Hier genügt die Zustellung von Amts wegen gem. § 317 ZPO.

Erläuterung: Eine Parteizustellung oder eine Zustellung der Klausel ist nur notwendig, wenn eine titelergänzende oder -umschreibende Klausel erteilt wurde. Die Zustellung der einfachen Klausel ist nicht mehr Voraussetzung für den Beginn der Sicherungsvollstreckung.[8]

Lösungsvorschlag Fall 16

Rechtsfachwirtin Fleißig muss eine vollstreckbare Ausfertigung des Vergleichs bei Gericht beantragen. Die Parteien haben im vorliegenden Fall lediglich Ratenzahlung vereinbart. Somit handelt es sich zum einen um eine kalendermäßige Befristung, die nicht unter § 726 Abs. 1 ZPO fällt und zum anderen um eine Verfallsklausel (sog. kassatorische Klausel). Der Fristablauf ist im Klauselerteilungsverfahren nicht zu prüfen und die Verfallsklausel räumt dem Schuldner die Befugnis ein, die Zwangsvollstreckung durch fristgerechte Zahlung zu vermeiden. Der Gläubiger kann eine Nichtzahlung des Schuldners nicht beweisen, vielmehr kann sich der Schuldner durch Zahlungsnachweis gegen die Vollstreckung wehren. Hier ist somit lediglich eine einfache Vollstreckungsklausel notwendig, die ohne weiteres vom zuständigen Urkundsbeamten der Geschäftsstelle erteilt wird, §§ 724, 725 ZPO. Danach kann Frau Fleißig den Titel im Parteibetrieb zustellen lassen, § 191 ZPO, entweder von Anwalt zu Anwalt, § 195 ZPO oder durch den Gerichtsvollzieher, § 192 ZPO.

Lösungsvorschlag Fall 17

a) Die Vollstreckungsklausel über den Betrag in Höhe von 1.200 € wird vom Urkundsbeamten der Geschäftsstelle des Gerichts des ersten Rechtszuges erteilt, § 724 Abs. 2 ZPO.

   Die qualifizierte Vollstreckungsklausel über den weiteren Betrag mit 800 € muss vom Rechtspfleger, § 726 Abs. 1 ZPO, § 20 Nr. 12 RPflG, erteilt werden.

b) Die Klausel vom Urkundsbeamten kann ohne weiteres erteilt werden.

   Bei der Wiederauflebensklausel im Titel über 800 € wird die qualifizierte Vollstreckungsklausel nur erteilt, wenn der Gläubiger eine öffentliche oder öffentlich beglaubigte Urkunde vorlegen kann (z.B. Unpfändbarkeitsbescheinigung über 1.200 €, Zustellungsurkunde des GV über Aufforderungsschreiben) und dann auch erst nach Ablauf des 1.4.2018.

c) Er kann vollstrecken und muss beachten, dass Titel, Klausel und Urkunde gem. § 750 Abs. 2 ZPO vor Beginn oder gleichzeitig mit Beginn der Zwangsvollstreckung zugestellt worden sind bzw. werden.

Lösungsvorschlag Fall 18

Bei dem titulierten Anspruch, nämlich der Abrisspflicht, handelt es sich um einen aufschiebend bedingten Anspruch (§ 158 Abs. 1 BGB), der durch die Erteilung der Ab-

8 *BGH* Beschl. v. 5.7.2005, Az. VII ZB 14/05.

bruchgenehmigung aufschiebend bedingt ist, und für den Eintritt dieser aufschiebenden Bedingung trägt der Gläubiger somit Herr Aufbauer die Beweislast. Die Erteilung der Klausel richtet sich somit nach § 726 Abs. 1 ZPO.

Sind sich beide Parteien unstreitig einig, dass die Abbruchgenehmigung erteilt ist, kann Herr Aufbauer eine vollstreckbare Ausfertigung des Urteils erhalten, welche vom Rechtspfleger zu erteilen ist, § 20 Nr. 12 RPflG.

Sofern die Genehmigung zwar erteilt ist, Herr Abreißer dies aber bestreitet, muss Herr Aufbauer die Erteilung der Abbruchgenehmigung durch öffentliche oder öffentlich beglaubigte Urkunden nachweisen. Herr Aufbauer kann von der für die Abbruchgenehmigung zuständigen Behörde gem. § 792 ZPO die Erteilung der Urkunde anstelle des Herrn Abreißers verlangen.

Stellt jedoch Herr Abreißer gar nicht den Antrag auf Erteilung der Abbruchgenehmigung, so kommt Herr Aufbauer § 792 ZPO nicht weiter, da die Erteilung der Abbruchgenehmigung nicht die Erteilung einer Urkunde ist, sondern Erteilung einer Erlaubnis bzw. der Erlass eines Verwaltungsakts. Den Antrag auf Erteilung der Abbruchgenehmigung muss Herr Abreißer also selbst stellen. Somit müsste dann einer neuer Prozess gegen Herrn Abreißer auf Stellung des Antrags der Abbruchgenehmigung geführt werden und erst wenn Herr Aufbauer obsiegt, könnte er dieses zweite obsiegende Urteil nach § 888 ZPO vollstrecken, um zu erreichen, dass Herr Abreißer den Abbruchantrag stellt. Erst danach kann sich Herr Aufbauer die Urkunde wie zuvor bereits beschrieben über § 792 ZPO verschaffen.

Schlussendlich besteht noch die Möglichkeit, dass der Rechtspfleger die vollstreckbare Ausfertigung erteilen kann, wenn feststeht, dass die Genehmigungsbedürftigkeit für den Abbruch fortgefallen ist.[9]

Lösungsvorschlag Fall 19

Wird gegen ein Bundesland wegen einer Geldforderung vollstreckt, so darf die Zwangsvollstreckung, soweit nicht dingliche Rechte verfolgt werden, erst vier Wochen nach dem Zeitpunkt beginnen, in dem der Gläubiger seine Absicht, die Zwangsvollstreckung zu betreiben, der zur Vertretung des Schuldners berufenen Behörde und, sofern die Zwangsvollstreckung in ein von einer anderen Behörde verwaltetes Vermögen erfolgen soll, auch dem zuständigen Minister der Finanzen angezeigt hat, § 882a Abs. 1 S. 1 ZPO.

Die Zwangsvollstreckung ist unzulässig in Sachen, die für die Erfüllung öffentlicher Aufgaben des Schuldners unentbehrlich sind oder deren Veräußerung ein öffentliches Interesse entgegensteht, § 882a Abs. 2 S. 1 ZPO.

Lösungsvorschlag Fall 20

Die Bürgschaft ist unzureichend, denn sie muss auch unbefristet sein, was vorliegend nicht der Fall ist, § 108 Abs. 1 S. 2 ZPO. Aber nur eine unbefristete Bürgschaft stellt auch eine Sicherheit für den Gläubiger dar. Darüber hinaus stellt der Schuldner lediglich eine beglaubigte Abschrift der Bürgschaftsurkunde zu. Sofern die Bürgschaft mit der Rückgabe im Original erlischt, wäre aber die Zustellung der Bürgschaftsurkunde im Original erforderlich.

---

9 *BGH* NJW 1978, S. 1262 f.

Lösungsvorschlag Fall 21

a) Da der Wohnsitz oder gewöhnliche Aufenthaltsort von Stefanie Hatnix nicht bekannt ist, kann Sarah Pfiffig den Gerichtsvollzieher mit der Ermittlung des Aufenthaltsorts der Schuldnerin nach § 755 ZPO beauftragen verbunden mit dem Antrag auf Abgabe der Vermögensauskunft. Aufgrund des Vollstreckungsauftrags und der Übergabe der vollstreckbaren Ausfertigung darf der Gerichtsvollzieher zur Ermittlung des Aufenthaltsorts der Schuldnerin bei der Meldebehörde die gegenwärtigen Anschriften sowie Angaben zur Haupt- und Nebenwohnung der Schuldnerin erheben (§ 755 Abs. 1 ZPO).

   Diese Möglichkeit erscheint im vorliegenden Fall jedoch nicht erfolgversprechend, nachdem insoweit bereits eine Auskunft der Stadt München vorliegt. Der Gerichtsvollzieher könnte daher sofort mit der Aufenthaltsermittlung durch Auskunftsersuchen bei dem Kraftfahrt-Bundesamt nach § 755 Abs. 2 S. 1 Nr. 3 ZPO beauftragt werden; die Auskunft der Stadt München ist zur Glaubhaftmachung der Erfolglosigkeit des Auskunftsersuchens nach Absatz 1 vorzulegen.

   Die Daten bei der gesetzlichen Rentenversicherung darf der Gerichtsvollzieher nur erheben, wenn die zu vollstreckenden Ansprüche mindestens 500 € (Bagatellgrenze) betragen. Da sich die Hauptforderung von Bernadette Schuster lediglich auf einen Betrag von 450 € beläuft, ist die Aufenthaltsermittlung nach § 755 Abs. 2 S. 1 Nr. 2 ZPO nicht zulässig. Hinsichtlich der Anfrage bei der Rentenversicherung wurde im Zuge des Reparaturgesetz zur Reform der Sachaufklärung in der Zwangsvollstreckung § 74a SGB X leider nicht angepasst, so dass es vorerst dabei bleiben wird, dass in diesem Fall vom 26.11.2016 die 500 € Grenze bestehen bleibt.

   Alternativ könnte Sarah Pfiffig versuchen, über Recherchen im Internet oder eine Anzeige wegen Melderechtsverstoßes bei der zuständigen Meldebehörde den aktuellen Aufenthaltsort von Stefanie Hatnix heraus zu bekommen. Denkbar wäre auch die Einholung einer kostenpflichtigen Auskunft über die Internetplattform www.vollstreckungsportal.de; dort können die Daten der Schuldnerin – soweit eine Eintragung vorliegt – ebenfalls in Erfahrung gebracht werden (vgl. § 882b Abs. 2 u. 3 ZPO).

b) Sarah Pfiffig kann die durch die Lohnpfändung entstandenen Vollstreckungskosten in Höhe von 65 € beim Vollstreckungsgericht durch Kostenfestsetzung nach § 788 ZPO titulieren lassen. Da eine Anschrift von Stefanie Hatnix nicht bekannt ist, ist gleichzeitig mit dem Kostenfestsetzungsantrag ein Antrag auf öffentliche Zustellung (§§ 185 ff. ZPO) zu stellen. Mit Erlass des Kostenfestsetzungsbeschlusses werden die Vollstreckungskosten zur „eigenen Hauptforderung", so dass auf diese Weise eine Überschreitung des Grenzwertes von 500 € erreicht wird (Vollstreckungsbescheid 450 € + KfB 65 € = 515 €). Zusammen mit dem Kostenfestsetzungsbeschluss könnte Sarah Pfiffig nunmehr den Gerichtsvollzieher mit der Ermittlung des Aufenthaltsortes bei der Rentenversicherung (wie unter Punkt a) geschildert) beauftragen.

c) Nein, ein isolierter Antrag auf Aufenthaltsermittlung des Schuldners ist nicht zulässig.[10]

10 *BGH* Beschl. v. 14.8.2014, VII ZB 4/14.

Lösungsvorschlag Fall 22

a) Seit dem 1.3.2013 ist der Antrag auf Erlass eines Pfändungs- und Überweisungsbeschlusses zwingend unter Verwendung des dafür vorgesehenen amtlichen Vordrucks[11] einzureichen nebst Vorlage des Vollstreckungstitels und der Vollstreckungsbelege zum Nachweis der bereits entstandenen Vollstreckungskosten, § 829 Abs. 4 ZPO.

b) Seit Inkrafttreten des Gesetzes zur Reform der Sachaufklärung in der Zwangsvollstreckung am 1.1.2013 besteht bei der Vollstreckung aus Vollstreckungsbescheiden die Möglichkeit eines vereinfachten Vollstreckungsantrags nach § 829a ZPO. Im Fall eines elektronischen Antrags zur Zwangsvollstreckung aus einem Vollstreckungsbescheid, der einer Vollstreckungsklausel nicht bedarf, ist bei Pfändung und Überweisung einer Geldforderung (§§ 829, 835 ZPO) die Übermittlung der Ausfertigung des Vollstreckungsbescheides entbehrlich, wenn

1. die sich aus dem Vollstreckungsbescheid ergebende fällige Geldforderung nicht mehr als 5.000 € beträgt; Kosten der Zwangsvollstreckung und Nebenforderungen sind bei der Berechnung der Forderungshöhe nur zu berücksichtigen, wenn sie allein Gegenstand des Vollstreckungsantrags sind;
2. die Vorlage anderer Urkunden als der Ausfertigung des Vollstreckungsbescheides nicht vorgeschrieben ist;
3. der Gläubiger eine Ausfertigung oder eine Abschrift des Vollstreckungsbescheides nebst Zustellungsbescheinigung als elektronisches Dokument dem Antrag beifügt und
4. der Gläubiger versichert, dass ihm eine Ausfertigung des Vollstreckungsbescheides und eine Zustellungsbescheinigung vorliegen und die Forderung in Höhe des Vollstreckungsantrags noch besteht.

Sollen Kosten der Zwangsvollstreckung vollstreckt werden, sind zusätzlich eine nachprüfbare Aufstellung der Kosten und entsprechende Belege als elektronisches Dokument dem Antrag beizufügen.

---

11 Abrufbar unter: http://www.bmj.de/DE/Formulare.

II. Lösungsvorschläge zur Gerichtsvollziehervollstreckung

Lösungsvorschlag Fall 23

a) Gegen den Haftbefehl könnte die sofortige Beschwerde binnen einer Notfrist von zwei Wochen eingelegt werden, § 793 ZPO. Die Notfrist beginnt mit der Übergabe des Haftbefehls, § 802g Abs. 2 Satz 2 ZPO, da der Haftbefehl dem Schuldner nicht zugestellt wird.

b) Die sofortige Beschwerde wäre einzureichen beim Vollstreckungsgericht oder beim Landgericht als Beschwerdegericht nach § 569 Abs. 1 ZPO. Da die Angelegenheit im vorliegenden Fall eilbedürftig erscheint, sollte ebenfalls ein Antrag auf einstweilige Anordnung zur Aussetzung der Vollziehung des Haftbefehls in die sofortige Beschwerde mit aufgenommen werden (§ 570 Abs. 2 u. 3 ZPO). Gleichzeitig sollte der zuständige Gerichtsvollzieher informiert werden, damit dieser den Haftbefehl nicht vollzieht. Dieser könnte dann in analoger Anwendung des § 802i Abs. 3 S. 1 ZPO einen neuen Termin bestimmen und die Vollziehung des Haftbefehls aussetzen.

Lösungsvorschlag Fall 24

a) Die Kosten der Gerichtsvollzieher sind im Gerichtsvollzieherkostengesetz (GvKostG) geregelt. Diese ergeben sich gem. § 9 GvKostG aus dem Kostenverzeichnis, welches dem GvKostG als Anlage beigefügt ist.

b) Für den Fall, dass der Kostenansatz fehlerhaft ist, hat der Gebührenschuldner (das können die Parteien oder die Staatskasse sein) die Möglichkeit gem. § 5 GvKostG, die Erinnerung nach § 766 Abs. 2 ZPO einzulegen.

Erläuterung: Durch das Gesetz zur Einführung einer Rechtsbehelfsbelehrung im Zivilprozess[12] ist zum 1.1.2014 ein neuer § 3a GvKostG in Kraft getreten, wonach jede Kostenrechnung eine Belehrung über den statthaften Rechtsbehelf sowie über die Stelle, bei der dieser Rechtsbehelf einzulegen ist, über deren Sitz und über die einzuhaltende Form zu enthalten hat.

Lösungsvorschlag Fall 25

Der Auftrag an den Gerichtsvollzieher richtet sich nach § 753 ZPO, § 31 GVGA und der Gerichtsvollzieherformularverordnung (GVFV).[13] Seit 1.4.2016 ist das Formular zwingend bei einer Zwangsvollstreckung wegen einer Geldforderung zu benutzen.[14] Bei einem Zwangsvollstreckungsauftrag handelt es sich nicht um ein Auftragsverhältnis i.S.d. § 662 BGB, sondern um einen Antrag auf Vornahme der Vollstreckung. Der Gerichtsvollzieher handelt als Organ der Rechtspflege selbstständig und nicht als Ver-

---

12 Gesetz v. 5.12.2012, Geltung ab 1.1.2014, BGBl. I, S. 2418.
13 Gerichtsvollzieherformularverordnung vom 28.9.2015, BGBl. I S. 1586.
14 Abrufbar unter: http://www.bmjv.de/Formulare.

treter des Gläubigers. Der Antrag ist lediglich ein Steuerungsmittel des Gläubigers, mit dem dieser Beginn, Umfang, Richtung und Ende der Zwangsvollstreckung bestimmen kann. Das Verfahren an sich bestimmt sich jedoch nach dem Gesetz. Dem Gläubiger steht es somit frei, z.B. den Forderungsbetrag für den die Vollstreckung erfolgen soll, einzuschränken, oder aber auch bestimmte Gegenstände von der Zwangsvollstreckung auszunehmen (hierunter könnten z.B. die dem Gläubiger unter Eigentumsvorbehalt gelieferten Sachen fallen). Andere, weitergehende Weisungen darf der Gerichtsvollzieher nur insoweit beachten, als sie dem Gesetz oder der GVGA entsprechen. Gem. § 58 Abs. 2 GVGA soll der Gerichtsvollzieher Wünsche des Gläubigers oder des Schuldners hinsichtlich der Ausführung der Zwangsvollstreckung nur insoweit berücksichtigen, als dies ohne überflüssige Kosten und Schwierigkeiten und ohne Beeinträchtigung des Zwecks der Vollstreckung geschehen kann. Der Wunsch des Gläubigers, die Münzsammlung zu pfänden, soll nach dessen Wunsch lediglich Druck auf den Schuldner ausüben. Dies ist jedoch nicht Sinn und Zweck des Zwangsvollstreckungsverfahrens, es dient lediglich dazu, dem Gläubiger eine zwangsweise Befriedigung zu verschaffen.[15] Insoweit bestehen berechtigte Zweifel daran, dass ein ordnungsgemäßer Auftrag vorliegt. Weiter könnte man annehmen, dass diese Münzsammlung nur einen ideellen Wert besitzt und daher schwer verwertbar sein könnte, was wiederum das Verbot einer zwecklosen Pfändung berührt, § 803 Abs. 1 u. 2 ZPO. Allerdings könnte der Vollstreckungsantrag des Gläubigers Gustav Eilig gem. § 242 BGB nach Treu und Glauben dahingehend ausgelegt werden, dass er als Antragsziel bestimmt hat, dass der Schuldner Gierig zahlt und es dem Gläubiger Gustav Eilig darauf ankommt, dass vollstreckt wird. Somit könnte der Gerichtsvollzieher den Auftrag des Gustav Eilig als normalen Zwangsvollstreckungsauftrag gerichtet auf Zahlung des Schuldners – und lediglich mit einem Hinweis oder eine Anregung versehen – zur Zwangsvollstreckung ansehen und diesen auch durchführen.

Lösungsvorschlag Fall 26

a) Der Schuldner Windig könnte den Rechtsbehelf der Erinnerung nach § 766 ZPO einlegen. Mit der Erinnerung könnte Schuldner Windig beanstanden, dass die Art und Weise der Vollstreckung nicht rechtmäßig gewesen sei. Dies könnte er damit begründen, dass der Computer und der Monitor nach § 811 Abs. 1 Nr. 5 ZPO unpfändbar sind.

b) Die Erinnerung ist erfolgsversprechend, wenn der Computer nebst Monitor nach § 811 ZPO unpfändbar ist.

   Ältere Ansicht:

   Die Erinnerung wird keinen Erfolg haben, da der Computer nebst Monitor nicht nach § 811 Abs. 1 Nr. 5 ZPO gänzlich unpfändbar sind. Nach § 811 Abs. 1 Nr. 5 ZPO sind lediglich bei Personen, die ihren Erwerb aus ihrer Arbeit ziehen, die zur Fortsetzung dieser Arbeit erforderlichen Gegenstände, unpfändbar. Zwar betrifft diese Vorschrift auch den künftigen Erwerb, der zum Beispiel mit einem Studium[16] angestrebt wird, allerdings ist anhand der Umstände des Einzelfalls konkret zu bestimmen, ob dafür ein Gegenstand erforderlich ist. Für einen Jurastudenten ist ein PC nicht zwingend erforderlich, da das Studium eine Geisteswissenschaft betrifft,

15 *Musielak* Kommentar zur Zivilprozessordnung, 14. Auflage 2017, § 753 Rn. 12.
16 *Zöller* Kommentar zur Zivilprozessordnung, 32. Auflage 2018, § 811 ZPO Rn. 26.

die die Bearbeitung großer Datenmengen gerade durch EDV – wie etwa bei Rechenoperationen, Datenbanken u.ä. – nicht verlangen.[17]

Neuere Ansicht:

Das Bundesverfassungsgericht hat mit Urteil vom 27.2.2008[18] entschieden, dass informationstechnische Systeme allgegenwärtig und ihre Nutzung für die Lebensführung vieler Bürger von zentraler Bedeutung sind. Das Bundesverfassungsgericht geht daher sogar von einer Unpfändbarkeit gem. § 811 Nr. 1 ZPO aus.

Die Erinnerung ist erfolgversprechend.

> **Prüfungstipp:** An diesem Beispiel wird deutlich, dass sich im Laufe der Zeit die Rechtsprechung zu einem Problem ändern kann. Für die Prüfung ist es nicht erforderlich alle Entscheidungen zu kennen, jedoch sollte die vertretene Meinung anhand des Gesetzes begründet werden.

Lösungsvorschlag Fall 27

Zunächst könnte versucht werden, im Rahmen des § 809 ZPO den Gerichtsvollzieher mit der Pfändung des Oldtimers bei dem Dritten zu beauftragen. Hierbei ist es jedoch erforderlich, dass der Dritte und somit der Freund zur Herausgabe des Oldtimers bereit ist. Diese Herausgabebereitschaft darf sich jedoch nicht nur auf die Pfändung an sich erstrecken, sondern muss auch die Verwertung des gepfändeten Gegenstandes betreffen. Somit darf die Herausgabebereitschaft nicht an irgend geartete Bedingungen geknüpft sein.[19] Ist der Dritte nicht herausgabebereit, könnte ein Pfändungs- und Überweisungsbeschlusses gem. §§ 846, 847 ZPO beantragt werden, welcher die Herausgabeanordnung des Oldtimers an einen vom Gläubiger zu beauftragenden Gerichtsvollzieher enthält. Sobald dann die Pfändung des Oldtimers mit Zustellung an den Drittschuldner (nicht herausgabebereiter Dritter) wirksam wird, darf der Drittschuldner den Oldtimer nur noch an den Gerichtsvollzieher herausgeben.

Erläuterung: Hier besteht allerdings auch die Besonderheit, dass der Gerichtsvollzieher den Oldtimer nicht wegnehmen darf, wenn der Drittschuldner nach Zustellung des Pfändungsbeschlusses noch immer die Herausgabe verweigert. In diesem Falle müsste der Gläubiger aufgrund des Pfändungsbeschlusses und der Anordnung zur Herausgabe des Oldtimers eine Klage auf Herausgabe an den Gerichtsvollzieher erheben.[20]

Lösungsvorschlag Fall 28

a) Der Schuldner kann beim zuständigen Vollstreckungsgericht in Frankfurt am Main gem. § 813 Abs. 1 S. 3 ZPO einen Antrag auf Schätzung der gepfändeten Sache – somit des Gemäldes von Claude Monets – durch einen Sachverständigen stellen.

---

17 *AG Kiel* Beschl. v. 1.4.2004, Az. 21 M 1361/04, JurBüro 2004, 334.
18 *BVerfG* Urt. v. 27.2.2008, NJW 2008, 822.
19 *Zöller* Kommentar zur ZPO, 32. Auflage 2018, § 809 Rn. 6.
20 *Zöller* Kommentar zur ZPO, 32. Auflage 2018, § 847 Rn. 4.

b) Der Antrag sollte wie folgt gestellt werden:

> *Amtsgericht*
> *Vollstreckungsgericht*
> *Gerichtsstraße 2*
> *60313 Frankfurt am Main*
>
> *In der Zwangsvollstreckungssache*
> *... ./. Schlau*
> *Az.: DR ...*
>
> *beantrage ich,*
>
> > *gem. § 813 Abs. 1 Satz 3 ZPO anzuordnen, dass der Wert des am 6.10.2017 vom Gerichtsvollzieher Fleißig gepfändeten Gemäldes von Claude Monet mit dem Titel „Eisenbahnbrücke in Argenteuil" durch Schätzung eines Sachverständigen ermittelt wird.*
>
> *Begründung:*
>
> *Ausweislich des Gerichtsvollzieherprotokolls vom 6.10.2017 hat der Gerichtsvollzieher den Wert des gepfändeten Gemäldes auf 17.000 € geschätzt. Dies entspricht nach meiner Ansicht in keiner Weise dem tatsächlichen Wert, der mindestens bei 80.000 € liegt. Wie sich aus einschlägigen Zeitungsartikeln entnehmen lässt, erzielen Gemälde von Monet noch heute Höchstpreise. Bei dem Werk handelt es sich damit um eine Kostbarkeit im Sinne des § 813 Abs. 1 S. 2 ZPO. Um eine „Verschleuderung" des Pfandgegenstands und damit einen hohen wirtschaftlichen Schaden zu verhindern, ist die Schätzung durch einen Sachverständigen angezeigt.*
>
> *(Als Sachverständiger wird vorgeschlagen: ...)*
>
> *Unterschrift Schlau*

c) Der Gerichtsvollzieher kann das Gemälde gem. § 814 ZPO durch öffentliche Versteigerung verwerten. Die Versteigerung kann gem. § 814 Abs. 2 ZPO nach Wahl des Gerichtsvollziehers als *Präsenzversteigerung* oder als *Internetversteigerung* durchgeführt werden. Der Gerichtsvollzieher wird sich für die Versteigerungsart entscheiden, bei der voraussichtlich ein höherer Erlös erzielt werden kann. Im vorliegenden Fall, wenn die Voraussetzung des § 814 Abs. 3 ZPO erfüllt sind, könnte der Gerichtsvollzieher die Versteigerung über die Internetplattform http://www.justiz-auktion.de wählen.

Erläuterung: Abweichend von den gesetzlich vorgesehenen Regelfällen der Verwertung (Versteigerung vor Ort oder über das Internet) kann der Gerichtsvollzieher auf Antrag des Gläubigers oder des Schuldners eine gepfändete Sache auch in anderer Weise oder an einem anderen Ort verwerten. Eine andere Verwertung nach § 825 ZPO ist vor allem dann in Betracht zu ziehen, wenn eine Verwertung in der üblichen Weise keinen Erfolg verspricht oder wenn anzunehmen ist, dass mit einer anderen Verwertung ein höherer Erlös erzielt werden kann. Im vorliegenden Fall wäre unter Umständen eine Versteigerung durch eine andere Person (§ 825 Abs. 2 ZPO) sinnvoll. Es ist sehr wahrscheinlich, dass bei der Versteigerung durch einen professionellen Kunsthändler (besondere Sachkenntnisse, spezieller Bieterkreis) ein höherer Versteigerungserlös erzielt werden kann.

Lösungsvorschlag Fall 29

Da der Antrag auf Schätzung der gepfändeten Sache schon wie der Rechtsbehelf der Erinnerung gem. § 766 ZPO gewertet wird,[21] hat der Schuldner nunmehr die Möglichkeit, die sofortige Beschwerde gem. § 793 ZPO einzulegen.

> **Prüfungstipp:** Die Aufgabenstellung verrät Ihnen schon, dass nach einem **Rechtsmittel** gefragt wird. Sie sollten daher immer die Definition von Rechts**mittel** und Rechts**behelf** im Auge behalten. Der Rechtsbehelf ist gegenüber dem Rechtsmittel die übergeordnete Bezeichnung, da er sowohl die förmlichen als auch die formlosen Gesuche umfasst. Über den Rechtsbehelf, wie z.B. Widerspruch, Einspruch, Erinnerung, wird bei dem Gericht entschieden, gegen dessen Entscheidung sich der Rechtsbehelf richtet. Über das Rechtsmittel, wie z.B. Berufung und sofortige Beschwerde, entscheidet die nächsthöhere Instanz.

Lösungsvorschlag Fall 30

a) Nein, Goodwill kann nicht in die Waren vollstrecken. Der Gläubiger Goodwill müsste zur Fortsetzung der Zwangsvollstreckung das Rechtsgeschäft zwischen Schieber und Schmuggel mit einer Anfechtungsklage gem. §§ 2, 3, 11, 13 AnfG innerhalb der gesetzlichen Anfechtungsfrist anfechten und einen Duldungstitel gegen Schmuggel erwirken.

> **Praxistipp:** In der Anfechtungsklage muss der Gläubiger bei Gericht beantragen, dass der durch die angefochtene Rechtshandlung Begünstigte die Zwangsvollstreckung in den bestimmten Gegenstand zu dulden hat.

Goodwill könnte aber den Zahlungsanspruch des Schieber gegen Christine Schmuggel mit einem Pfändungs- und Überweisungsbeschluss, §§ 829, 835 ZPO vollstrecken.

b) Die Pfändung ist schon deshalb unzulässig, weil nicht der Schuldner, sondern ein Dritter den Sekretär besitzt. Die Freundin wird nach § 809 ZPO nicht zur Herausgabe bereit sein, wenn sie Gewahrsam an den Waren erlangt hat. Da dem Gerichtsvollzieher nur eine geringe Prüfungskompetenz obliegt, ist er nicht dafür zuständig, eventuelle strafrechtliche oder materiell-rechtliche Handlungen zu prüfen oder über derartige Fragen zu entscheiden. Der Gerichtsvollzieher darf nicht in die Waren vollstrecken. Auch besteht kein Herausgabeanspruch von Schieber gegen Schmuggel am Sekretär, den Goodwill nach §§ 846, 847 ZPO pfänden lassen könnte.

Lösungsvorschlag Fall 31

Die Schuld des Rüstig ist in diesem Fall als echte Valutaschuld anzusehen. Eine echte Valutaschuld liegt vor, wenn nur in der ausländischen Währung erfüllt werden darf. Fleißig kann dennoch den Gerichtsvollzieher beauftragen, die Sachpfändung nach §§ 803 ff. ZPO durchzuführen. Der Gerichtsvollzieher wird die Forderung dann in

21 *Zöller* Kommentar zur ZPO, 32. Auflage 2018, § 813 Rn. 9.

EURO umrechnen und vollstrecken. Der Erlös wird vom Gerichtsvollzieher auf das im Urteil bezeichnete Konto in Ägypten übermittelt.[22]

Lösungsvorschlag Fall 32

Handelsvertreter Super ist im vorliegenden Fall auf Herausgabe einer bestimmten beweglichen Sache verurteilt worden. Somit ist die Zwangsvollstreckung gem. § 883 ZPO durchzuführen. Mit der Einwendung will der Schuldner jedoch geltend machen, dass es sich bei dem PKW um eine unpfändbare Sache nach § 811 Abs. 1 Nr. 5 ZPO handelt. § 811 ZPO findet jedoch keine Anwendung, wenn Super zur Herausgabe verpflichtet ist. § 811 ZPO erfasst allein die Zwangsvollstreckung wegen Geldforderungen in bewegliche Sachen, die nach §§ 808, 809 ZPO durchgesetzt werden. Somit kann Super im Vollstreckungsverfahren nicht einwenden, dass er den PKW benötige.

Lösungsvorschlag Fall 33

a) Die allgemeinen Bestimmungen für Pfändungsprotokoll finden sich in §§ 762, 763 ZPO. Ergänzt werden diese Bestimmungen durch § 7 GVGA.

b) Gemäß § 7 Abs. 1 Nr. 2 GVGA muss das Protokoll vollständig, deutlich und klar abgefasst sein. In Vordrucken sind die zur Ausfüllung bestimmten Zwischenräume, soweit sie durch die erforderlichen Eintragungen nicht ausgefüllt werden, durch Füllstriche zu weiteren Eintragungen ungeeignet zu machen. Die Schrift muss haltbar sein; der Bleistift darf auch bei Abschriften nicht verwendet werden. Der Gläubiger könnte Erinnerung gem. § 766 Abs. 1 ZPO einlegen.

Lösungsvorschlag Fall 34

a) Eine Überlegung wäre es, bei dem Gerichtsvollzieher Fink einen Antrag zu stellen, dass er die Pfändung aufheben soll. Der Gerichtsvollzieher jedoch darf die Pfändung nicht aufheben, da dies dem Sinn und Zweck der vollstreckungsrechtlichen Rechtsbehelfe entgegenstünde.

b) Es besteht die einfache Möglichkeit, dass sich Bertram Debitori mit dem Gläubiger in Verbindung setzt, diesem den Sachverhalt erklärt und ihn bittet, die Stereoanlage freizugeben. Der Gläubiger kann seinen Zwangsvollstreckungsauftrag insoweit einschränken, als er die Freigabe der Stereoanlage gem. § 843 ZPO erklärt und auf die Pfändung der Stereoanlage verzichtet. Diese Verzichtserklärung sollte der Gläubiger Gustav Schnell dem Schuldner Anton Debitori im Wege der Parteizustellung zukommen lassen und den Gerichtsvollzieher Fink hierüber informieren. Der Gerichtsvollzieher wird sodann die Pfändung und somit die öffentliche Verstrickung aufheben.

c) Bertram Debitori könnte aber auch Erinnerung gem. § 766 ZPO zum Vollstreckungsgericht einlegen. Da aber die Erinnerung nur gegen formelle Mängel der Zwangsvollstreckung möglich ist, kommt eine Erinnerung nicht in Betracht. Formelle Mängel liegen nicht vor, da der Gerichtsvollzieher lediglich Gewahrsamsvermutung gem. § 808 ZPO annehmen muss. Im vorliegenden Fall sind lediglich materielle Rechte betroffen, die nicht im Wege der Erinnerung nach § 766 ZPO geltend gemacht werden können.

22 *OLG Düsseldorf* Entscheidung v. 26.2.1988, Az. 19 W 17/87, NJW 1988, S. 2185.

d) Da materielle Rechte geltend gemacht werden und die Stereoanlage nachweislich dem Bertram Debitori – also einem Dritten – gehört, besteht für Bertram Debitori die Möglichkeit, eine Drittwiderspruchsklage nach § 771 ZPO zu erheben. Bei der Drittwiderspruchsklage handelt es sich um eine besondere vollstreckungsrechtliche Klage, mit der sich ein Dritter gegen die Vollstreckung in sein Vermögen wehren kann. Bei der Drittwiderspruchsklage des Bertram Debitori würde es sich um eine prozessuale Gestaltungsklage handeln, gerichtet darauf, dass die Zwangsvollstreckung in die Stereoanlage konstitutiv „für unzulässig erklärt wird".

(1) Es ist zuerst zu prüfen, ob eine solche Klage zulässig ist. Eine Drittwiderspruchsklage ist dann zulässig, wenn ein Dritter behauptet, ihm stehe am Gegenstand der Zwangsvollstreckung ein die Zwangsvollstreckung hinderndes materielles Recht zu. Somit ist die Drittwiderspruchsklage im vorliegenden Fall zulässig, denn Bertram Debitori behauptet ja, dass ihm die Anlage gehört und somit behauptet er, ein Recht an der Stereoanlage zu haben, welches die Zwangsvollstreckung hindert.

(2) Des Weiteren ist zu prüfen, welches Gericht für eine solche Klage zuständig wäre. Örtlich ausschließlich zuständig ist gem. § 771 i.V.m. § 802 ZPO das Gericht, in dessen Bezirk die Zwangsvollstreckung erfolgt ist; hier somit Erfurt. Sachlich zuständig wäre nach den allgemeinen Regeln der §§ 23, 71 GVG das Amtsgericht, da der Streitwert bei 5.000 € liegt.

(3) Weiter ist zu prüfen, ob die allgemeinen Prozessvoraussetzungen vorliegen. Da der Sachverhalt im vorliegenden Fall weder etwas zur Partei- noch zur Prozessfähigkeit des Bertram Debitori aussagt, ist davon auszugehen, dass die allgemeinen Prozessvoraussetzungen vorliegen.

(4) Nun ist zu überprüfen, ob die Drittwiderspruchsklage auch zeitlich zulässig ist. Ein Rechtsschutzbedürfnis für eine Klage nach § 771 ZPO besteht vom Beginn der ZV in einen best. Gegenstand bis zur vollständigen Beendigung dieser konkreten Zwangsvollstreckungsmaßnahme.[23]

Erläuterung: Achtung! Hier ist nicht gemeint, dass die Zwangsvollstreckung insgesamt abgeschlossen ist, sondern lediglich die einzelne Maßnahme. Diese beginnt im vorliegenden Fall mit der Pfändung der Stereoanlage und würde hier nach der Versteigerung dieser mit der Auskehrung des Erlöses an den Gläubiger enden.

Da der Gerichtsvollzieher bislang weder versteigert, noch den Erlös ausgekehrt hat, ist die Drittwiderspruchsklage auch zeitlich zulässig.

(5) Weiter ist die Begründetheit der Klage zu prüfen. Diese wäre begründet, wenn dem Dritten (also dem Bertram Debitori) ein „die Veräußerung hinderndes Recht" zusteht. Damit ist ein materielles Recht des Dritten gemeint, welches der Schuldner verletzen würde, wenn er den Gegenstand veräußern würde.

Im vorliegenden Fall ist dies der Herausgabeanspruch des Bertram Debitori gegen Anton Debitori; der Rückgabeanspruch nach der Leihe des Gerätes. Da Bertram Debitori das Eigentum an der Stereoanlage mittels Kaufvertrag nachweisen kann, ist die Klage auch begründet.

(6) Somit hätte eine Drittwiderspruchsklage gem. § 771 ZPO Aussicht auf Erfolg. Das Gericht müsste dann die Pfändung der Stereoanlage für unzulässig erklären

23 *Zöller* Kommentar zur ZPO, 32. Auflage 2018, § 771 Rn. 5.

und somit erlischt das Pfändungspfandrecht an dieser und der Gerichtsvollzieher müsste nach § 776 S. 1 i.V.m. § 775 Abs. 1 Nr. 1 ZPO die Verstrickung aufheben.

Erläuterung: Im Hinblick auf die Kostenfolge des § 93 ZPO (Kosten bei sofortigem Anerkenntnis) sollte Bertram Debitori den Gläubiger vor Erhebung der Drittwiderspruchsklage zunächst außergerichtlich auffordern, die Freigabe der Stereoanlage nach § 843 ZPO zu erklären.

Lösungsvorschlag Fall 35

a) Der Schuldner Bruno wendet sich gegen die Art und Weise der Zwangsvollstreckung, da er mit den durch den Gerichtsvollzieher ergriffenen Maßnahmen nicht einverstanden ist. Der statthafte Rechtsbehelf in einem solchen Fall ist die Erinnerung nach § 766 Abs. 1 ZPO.

(1) Hierbei ist zu prüfen, ob die Erinnerung zulässig ist. Zulässig ist die Erinnerung, wenn sie vom Schuldner eingelegt wird.[24] Weitere Voraussetzung für die Zulässigkeit ist, dass die Zwangsvollstreckung bereits begonnen hat und noch nicht beendet ist. Da der Sachverhalt nichts Gegenteiliges hergibt, ist hier also auch davon auszugehen, dass diese Zulässigkeitsvoraussetzung vorliegt.

(2) Weiter ist zu prüfen, ob die Erinnerung begründet ist. Diese ist begründet, wenn die Zwangsvollstreckungsmaßnahme rechtswidrig ist. Im vorliegenden Fall ist dem Sachverhalt nicht zu entnehmen, ob der Gerichtsvollzieher eine Durchsuchungsanordnung für die Wohnung gem. § 758a ZPO hatte, oder der Schuldner ihm seine Einwilligung zur Durchsuchung der Wohnung gem. § 758a ZPO gegeben hat. Somit kann aufgrund des Sachverhalts hier keine Vermutung angestellt werden, ob in der Durchsuchung der Wohnung bereits ein Verstoß vorlag. Aber es könnte vermutet werden, dass die Vollstreckung um 6.30 Uhr unzulässig war. Nach § 758a Abs. 4 S. 1 ZPO darf der Gerichtsvollzieher eine Vollstreckungshandlung zur Nachtzeit in Wohnungen nur auf besondere Anordnung eines Richters vornehmen. Die Nachtzeit umfasst gem. § 758a Abs. 4 S. 2 ZPO jedoch lediglich den Zeitraum von 21.00 Uhr bis 6.00 Uhr. Die Einwendung, dass der Gerichtsvollzieher eine Vollstreckung zur Nachtzeit vorgenommen habe, ist somit falsch.

Letztlich könnte jedoch die Pfändung des Radios unzulässig sein. Die Vollstreckung in das bewegliche Vermögen des Schuldners wegen Geldforderungen richtet sich allgemein nach den §§ 803 ff. ZPO, in bewegliche Sachen weiter nach den §§ 808 ff. ZPO. Der Aufzählungskatalog in § 811 ZPO enthält aber eine Reihe von Gegenständen, die der Pfändung grundsätzlich nicht unterliegen. Dazu zählen gem. § 811 Abs. 1 Nr. 1 ZPO die dem persönlichen Gebrauch oder dem Haushalt dienenden Sachen, wozu schon wegen Art. 5 Abs. 1 GG nach allgemein herrschender Meinung auch Rundfunkgeräte gehören. Daher durfte der Gerichtsvollzieher das Radio nicht pfänden und hat vorliegend trotz gesetzlichen Verbotes gepfändet. Somit hätte hier eine Erinnerung nach § 766 Abs. 1 ZPO Erfolg und der Schuldner Bruno wäre auf diesen Weg zu verweisen. Bezüglich der Pfändung des Radios wäre lediglich eine Austauschpfändung gem. § 811a ZPO in Betracht gekommen. Da das Radiogerät aber lediglich einen Wert von ca. 200 € hat und in

24 *Zöller* Kommentar zur ZPO, 32. Auflage 2018 § 766 Rn. 15.

der Versteigerung nur ein sehr geringer Erlös zu erwarten ist, macht eine Austauschpfändung im vorliegenden Fall keinen Sinn.

b) Für den Beginn der Zwangsvollstreckung ist es notwendig, dass Titel mit Klausel und Zustellung vorliegen. Der mit der Vollstreckungsklausel versehene Titel wurde – wie sich aus dem Sachverhalt ergibt – bereits an den Schuldner Bruno zugestellt. Somit lagen die Voraussetzungen für den Beginn der Zwangsvollstreckung vor, § 750 Abs. 1 ZPO. Weiter ergibt sich aus dem Sachverhalt, dass der Gerichtsvollzieher einen Auftrag zur Zwangsvollstreckung gem. § 753 ZPO, § 31 GVGA hatte. Allerdings hält Bruno mit seinem Vortrag dagegen, dass eine Vereinbarung zwischen ihm und Kaufmann bestanden hätte, vor dem 11.12.2017 keinerlei Zwangsvollstreckungsmaßnahmen durchzuführen. Prinzipiell bestünde hier für Bruno die Möglichkeit einer Vollstreckungsabwehrklage gem. § 767 Abs. 1 ZPO, um die Verwertung des Radios zu verhindern. Eine solche ist jedoch nur möglich, wenn er Einwendungen gegen den titulierten Anspruch an sich geltend machen will. Die Vereinbarung in der Zeit nach Urteilsverkündung und vor dem 11.12.2017 keine Zwangsvollstreckungsmaßnahmen durchzuführen berührt aber nicht den titulierten Anspruch als solchen. Allerdings hat der BGH[25] entschieden, dass in solchen Fällen eine Vollstreckungsabwehrklage möglich ist. Somit wäre Bruno bezüglich seiner Einwendung, dass er mit dem Gläubiger Kaufmann eine Vereinbarung dergestalt getroffen habe, dass dieser bis zum 11.12.2017 nicht vollstreckt, auf die Vollstreckungsabwehrklage zu verweisen.

> **Prüfungstipp:** Sie müssen nicht alle Entscheidungen des BGH kennen, dennoch sollten Sie zumindest in der Praxis häufig vorkommende Entscheidungen, die sehr relevant in der täglichen Arbeit sind, kennen. Entscheidungen des Bundgerichtshofs können auf der Seite: www.bundesgerichtshof.de direkt abgerufen, gelesen und ausgedruckt werden.

Lösungsvorschlag Fall 36

a) Im vorliegenden Fall hat Handelsvertreter Wilhelm Hubertus die Möglichkeit, Erinnerung gem. § 766 ZPO einzulegen. Zur Begründung kann er ausführen, dass eine Rechtsnachfolgeklausel gem. § 796 Abs. 1 i.V.m. § 727 ZPO fehlt und diese auch nicht gem. § 750 Abs. 2 ZPO an ihn als Erben, mit einer Abschrift des Erbscheins, zugestellt wurde.

b) Bezüglich der Teilzahlung in Höhe von 8.000 € könnte Herr Wilhelm Hubertus eine Vollstreckungsabwehrklage gem. § 767 ZPO verbunden mit einem Antrag auf einstweilige Einstellung der Zwangsvollstreckung gem. § 769 Abs. 1 ZPO einreichen und diese mit der teilweisen Tilgung der Forderung begründen und durch Vorlage der Quittung belegen.

c) Sachlich zuständig ist im vorliegenden Fall das Landgericht. Örtlich wäre das Landgericht Dresden zuständig.

d) Bezüglich des PKW Ford, könnte Handelsvertreter Wilhelm Hubertus Erinnerung gem. § 766 ZPO i.V.m. § 811 Abs. 1 Nr. 5 ZPO einlegen.

e) Hierfür wäre das Amtsgericht – Vollstreckungsgericht – Dresden zuständig.

---

25 *BGH* Urt. v. 2.4.1991 Az. VI ZR 241/90.

f) Die Ehefrau des Handelsvertreters Wilhelm Hubertus könnte bezüglich ihres Brillantringes Drittwiderspruchsklage gem. § 771 ZPO verbunden mit einem Antrag auf einstweilige Einstellung der Zwangsvollstreckung gem. § 769 Abs. 1 ZPO einreichen. Die Gewahrsamsvermutung des § 739 ZPO gilt hier nicht, da der Ring ausschließlich zum persönlichen Gebrauch eines Ehegatten bestimmt ist.[26] Der Gerichtsvollzieher hätte die Pfändung nicht vornehmen dürfen, § 71 Abs. 2 S. 1 GVGA.

g) Hierfür wäre dann das Landgericht Dresden zuständig.

Lösungsvorschlag Fall 37

a) Bei der Zeugniserteilung handelt es sich um eine unvertretbare Handlung, die nicht durch einen Dritten vorgenommen werden kann. Sie wird durch Verhängung von Zwangsgeld oder Zwangshaft erzwungen. Voraussetzung für eine Anordnung von Zwangsgeld oder -haft gem. § 888 Abs. 1 ZPO ist, dass der Schuldner die Erteilung des Zeugnisses nicht innerhalb eines angemessenen Zeitraums vorgenommen hat. Das Arbeitsgericht erteilt auf Antrag eine vollstreckbare Ausfertigung des Zwangsgeldbeschlusses. Zahlt der Schuldner das festgesetzte Zwangsgeld nicht freiwillig, kann der Gläubiger den Gerichtsvollzieher mit der Vollstreckung beauftragen, der das Zwangsgeld nach den allgemeinen Bestimmungen über die Zwangsvollstreckung beitreibt. Allerdings ist das beigetriebene Zwangsgeld nicht an den Gläubiger, sondern an die Staatskasse abzuliefern.[27] Verläuft die Beitreibung des Zwangsgeldes ergebnislos, kann eine für diesen Fall angeordnete Zwangshaft vollstreckt werden. Eine Androhung der Zwangsmittel findet nicht statt, § 888 Abs. 2 ZPO.

b)

In dem Rechtsstreit

Flott ./. Untätig,

Az. …

stellen wir als Prozessbevollmächtigte des Gläubigers

Antrag gemäß § 888 ZPO

und beantragen,

1. *dem Schuldner Zwangsgeld, und für den Fall einer nicht möglichen Beitreibung desselben Zwangshaft aufzuerlegen, verbunden mit der Aufforderung, die ihm durch Urteil vom … (Datum) auferlegte Verpflichtung zur Erstellung eines qualifizierten Arbeitszeugnisses für den Gläubiger vorzunehmen,*
2. *dem Schuldner die Kosten des Verfahrens aufzuerlegen.*

---

26 *Zöller* Kommentar zur ZPO, 32. Auflage 2018, § 739 Rn. 5.
27 *BGH* NJW 1983, S. 1859.

> ***Begründung:***
>
> *Der Gläubiger hat die Erteilung eines qualifizierten Arbeitszeugnisses im arbeitsgerichtlichen Verfahren durch zwischenzeitlich rechtskräftiges Urteil vom ... (Datum) erstritten. Die vollstreckbare und dem Schuldner am ... (Datum) zugestellte Ausfertigung des Urteils samt Empfangsbekenntnis ist beigefügt.*
>
> *Der Schuldner ist dieser Verpflichtung trotz mehrfacher schriftlicher Aufforderung durch die Prozessbevollmächtigte des Gläubigers nicht nachgekommen. Der Schuldner wurde erstmals durch Schreiben vom ... (Datum) und nach fortwährender Nichterteilung des Arbeitszeugnisses nochmals per Einschreiben mit Rückschein vom ... (Datum) unter Fristsetzung zum ... (Datum) aufgefordert, das Arbeitszeugnis vollständig zu erteilen.*
>
> ***Beweis:*** *Schreiben der Prozessbevollmächtigten vom ...*
>
> *– Anlage 1 –*
>
> *und ..., unterzeichneter Rückschein im Original.*
>
> *– Anlage 2 –*
>
> *Da der Schuldner trotz Aufforderung und Fristsetzung seiner Verpflichtung aus dem Urteil des ... vom ..., Az.: ..., nicht nachgekommen ist, sind nunmehr Zwangsmaßnahmen gem. § 888 ZPO geboten.*
>
> ...
>
> *Mit diesem Antrag sind nachstehende Kosten nach dem Rechtsanwaltsvergütungsgesetz (RVG) entstanden, die im Wege der Zwangsvollstreckung ebenfalls einzuziehen sind:*
>
> *Kostenrechnung: ...*
>
> *Unterschrift*
> *Rechtsanwalt*

Lösungsvorschlag Fall 38

Die Vollstreckung erfolgt gem. § 887 ZPO.

Es handelt sich bei dem ausgeurteilten Anspruch um eine vertretbare Handlung. Erfüllt der Schuldner seine Verpflichtung nicht, kann der Gläubiger Antrag beim Prozessgericht des ersten Rechtszugs stellen, die Handlung auf Kosten des Schuldners vornehmen zu lassen, § 887 Abs. 1 ZPO. Er kann zugleich beantragen, dass der Schuldner zur Vorauszahlung der Kosten verurteilt wird, die durch die Vornahme der Handlung entstehen werden, § 887 Abs. 2 ZPO.

Lösungsvorschlag Fall 39

Es sollte ein Antrag auf einstweilige Einstellung der Zwangsvollstreckung gegen oder ohne Sicherheitsleistung gestellt werden, damit das Gericht entsprechend § 707 Abs. 1 ZPO eine entsprechende Anordnung erlassen kann. Sind bereits Zwangsvollstreckungsmaßnahmen durchgeführt worden, sollte gleichzeitig beantragt werden, diese aufzuheben, § 707 Abs. 1 S. 1 ZPO. Damit die ZV ohne Sicherheitsleistung eingestellt werden kann, muss glaubhaft gemacht werden, dass der Berufungskläger zur

Sicherheitsleistung nicht in der Lage ist und die Vollstreckung einen nicht zu ersetzenden Nachteil bringen würde, § 707 Abs. 1 S. 2 ZPO.

Lösungsvorschlag Fall 40

Das Pferd wird nicht zu Erwerbszwecken gehalten, so dass § 811 Abs. 1 Nr. 5 ZPO nicht anwendbar ist. Auch § 811 Abs. 1 Nr. 3 und 4 ZPO kommt vorliegend nicht zur Anwendung, da das Pferd nicht zu einem landwirtschaftlichen Betrieb gehört. Grundsätzlich sind Tiere, die im häuslichen Bereich und nicht zu Erwerbszwecken gehalten werden, der Pfändung nicht unterworfen, § 811c Abs. 1 ZPO. Auf Antrag des Gläubigers lässt das Vollstreckungsgericht eine Pfändung wegen des hohen Wertes des Tieres zu, wenn die Unpfändbarkeit eine Härte bedeuten würde, die auch unter Würdigung der Belange des Tierschutzes und der berechtigten Interessen des Schuldners nicht zu rechtfertigen sind, § 811c Abs. 2 ZPO. Der Gläubiger muss daher einen solchen Antrag an das Vollstreckungsgericht stellen und diesen gut begründen können. Da das Pferd ein reinrassiger Oldenburger ist, dürfte die Voraussetzung „hoher Wert" gegeben sein.

Prüfungstipp: Zur Frage, ob die Unpfändbarkeit des Pferdes eine Härte für den Gläubiger darstellt, lässt sich der Fallgestaltung nichts entnehmen. Sie müssen daher in solchen Fällen hierauf auch nicht weiter eingehen, sondern lediglich die Voraussetzung zur ZV darstellen.

Lösungsvorschlag Fall 41

Der Schuldner kann sich mit dem Gerichtsvollzieher in Verbindung setzen, um mit diesem eine Zahlungsvereinbarung nach § 802b Abs. 2 S. 1 ZPO (Zahlungsfrist oder Ratenzahlung) zu treffen, sofern der Gläubiger nicht bereits den Abschluss einer solchen ausgeschlossen hat. Gem. § 802b Abs. 1 ZPO soll der GV in jeder Lage des Verfahrens auf eine gütliche Erledigung bedacht sein, also auch nach Pfändung und vor der Versteigerung. Der Schuldner muss hierzu darlegen, dass er zur Leistung der nach Höhe und Zeitpunkt festzusetzenden Zahlungen in der Lage ist. Die Tilgung soll innerhalb von zwölf Monaten abgeschlossen sein, § 802b Abs. 2 S. 3 ZPO. Soweit eine Zahlungsvereinbarung getroffen wird, gilt die Vollstreckung gem. § 802b Abs. 2 S. 2 ZPO als aufgeschoben. Hat der Gläubiger dem Abschluss einer Zahlungsvereinbarung nicht widersprochen, aber auch nicht ausdrücklich zugestimmt, informiert ihn der Gerichtsvollzieher unverzüglich über den Aufschub der Vollstreckung, § 802b Abs. 3 S. 1 ZPO. Der Gläubiger kann dem Vollstreckungsaufschub unverzüglich widersprechen, § 802b Abs. 3 S. 2 ZPO. Hiervon unterrichtet der Gerichtsvollzieher den Schuldner; mit der Unterrichtung wird der Zahlungsplan hinfällig; zugleich endet der Vollstreckungsaufschub, § 802b Abs. 3 S. 2 2 HS ZPO. Dieselben Wirkungen treten ein, wenn der Schuldner mit einer festgesetzten Zahlung ganz oder teilweise länger als zwei Wochen in Rückstand gerät. Widerspricht der Gläubiger dem Abschluss einer Zahlungsvereinbarung, könnte der Schuldner über einen Antrag nach § 765a ZPO versuchen, einen Aufschub der Vollstreckung zu erreichen. Dieser Antrag wäre in Anbetracht der in § 765a ZPO genannten Voraussetzungen (z.B. Unvereinbarkeit mit den guten Sitten) gut zu begründen.

Prüfungstipp: Auch wenn Sie die Antwort auf eine Frage schon kennen, sollten Sie diese immer auch mit Gesetzestext lösen, um wichtige Details nicht zu übersehen.

Lösungsvorschlag Fall 42

a) Vor der Einleitung von Vollstreckungsmaßnahmen kann RA Wolf den Erlass einer richterlichen Durchsuchungsanordnung nach § 758a ZPO beantragen. Wenn konkrete Anhaltspunkte dafür vorliegen, dass fest mit einer Weigerung des Schuldners zu rechnen ist, kann die Anordnung auch ohne Vollstreckungsversuch beantragt werden.[28] Das Rechtsschutzbedürfnis von Kathi Schulze am Erlass einer Durchsuchungsanordnung bereits vor Einleitung der Vollstreckung hat RA Wolf im Antrag näher zu begründen und glaubhaft zu machen. Seit dem 1.3.2013 ist der Antrag zwingend unter Verwendung des dafür vorgesehenen amtlichen Vordrucks[29] einzureichen.

b) Zusammen mit der Durchsuchungsanordnung kann RA Wolf den zuständigen Gerichtsvollzieher nunmehr mit der Sachpfändung mit dem Ziel der Zahlung durch Jessica Schulze beauftragen. RA Wolf kann den Gerichtsvollzieher auf das Vorhandensein der besagten Goldkette hinweisen; einen konkreten Pfändungsauftrag im Hinblick auf die Goldkette kann er jedoch nicht erteilen. Insoweit stellt der Hinweis des RA Wolf lediglich eine Anregung dar. Der Gerichtsvollzieher handelt als selbständiges Organ der Rechtspflege und hat sich insoweit lediglich an die gesetzlichen Vorschriften und die GVGA zu halten. Der Vollstreckungsantrag ist lediglich ein Steuerungsmittel des Gläubigers, mit dem dieser Beginn, Umfang, Richtung und Ende der Zwangsvollstreckung bestimmen kann. Allerdings soll der Gerichtsvollzieher gem. § 58 Abs. 2 GVGA Wünsche des Gläubigers oder des Schuldners hinsichtlich der Ausführung der Zwangsvollstreckung nur insoweit berücksichtigen, als dies ohne überflüssige Kosten und Schwierigkeiten und ohne Beeinträchtigung des Zwecks der Vollstreckung geschehen kann.

Lösungsvorschlag Fall 43

a) Mit Inkrafttreten des Gesetzes zur Reform der Sachaufklärung in der Zwangsvollstreckung wurde die bislang 3-jährige Sperrfrist auf 2 Jahre verkürzt (§ 802d Abs. 1 S. 1 ZPO). Damit ist Franz ab dem 16.3.2019 wiederum zur Abgabe der Vermögensauskunft verpflichtet.

b) Nach § 802d Abs. 1 S. 1 ZPO ist ein Schuldner, der die Vermögensauskunft nach § 802c ZPO oder nach § 284 AO innerhalb der letzten zwei Jahre abgegeben hat, zur erneuten Abgabe nur verpflichtet, wenn ein Gläubiger Tatsachen glaubhaft macht, die auf eine wesentliche Veränderung der Vermögensverhältnisse des Schuldners schließen lassen.

Lösungsvorschlag Fall 44

RA Meister kann zur Erzwingung der Abgabe der Vermögensauskunft beim Vollstreckungsgericht einen Antrag auf Erlass eines Haftbefehls nach § 802g ZPO stellen. Das Gericht erlässt einen Haftbefehl gegen den Schuldner, wenn dieser dem Termin zur Abgabe der Vermögensauskunft unentschuldigt ferngeblieben ist oder die Abgabe der Vermögensauskunft gemäß § 802c ZPO ohne Grund verweigert hat.

---

28 *Zöller* Kommentar zur ZPO, 32. Auflage 2018, § 758a Rn. 19.

29 Abrufbar unter: http://www.bmj.de/DE/Service/Formulare.html.

Alternativ oder auch parallel hierzu könnte RA Meister GV Schmidt mit der Einholung von Auskünften Dritter über das Vermögen der Schuldnerin gemäß § 802l ZPO beauftragen.

Das Überschreiten der Bagatellgrenze von 500 € ist bei einem Auskunftsersuchen bei der gesetzlichen Rentenversicherung gem. § 802l Abs. 1 Nr. 1 ZPO nachzuweisen. Hinsichtlich der Anfrage bei der Rentenversicherung wurde im Zuge des Reparaturgesetz zur Reform der Sachaufklärung in der Zwangsvollstreckung vom 26.11.2016 der § 74a SGB X leider nicht angepasst, so dass vorerst die 500 € Grenze bestehen bleibt.

Der Auftrag zur Einholung von Drittauskünften oder auch die Weisung/Bitte an den Gerichtsvollzieher, bei Vorliegen der Voraussetzungen die Vollstreckungsunterlagen an das Vollstreckungsgericht zwecks Erlass eines Haftbefehls weiterzuleiten, können bereits zu Beginn der Vollstreckung erteilt werden.

Abwandlung:

Der Abschluss einer Ratenzahlungsvereinbarung ist gem. § 802b ZPO in jeder Lage des Verfahrens möglich. Daher steht der Zahlungsplan der Eintragung des Schuldners im Schuldnerverzeichnis entgegen.[30]

Lösungsvorschlag Fall 45

Nach § 802l Abs. 1 S. 1 ZPO darf der Gerichtsvollzieher Daten

1. bei den Trägern der gesetzlichen Rentenversicherung den Namen, die Vornamen oder die Firma sowie die Anschriften der derzeitigen Arbeitgeber eines versicherungspflichtigen Beschäftigungsverhältnisses des Schuldners erheben;
2. das Bundeszentralamt für Steuern ersuchen, bei den Kreditinstituten die in § 93b Abs. 1 der AO bezeichneten Daten abzurufen (§ 93 Abs. 8 AO);
3. beim Kraftfahrt-Bundesamt die Fahrzeug- und Halterdaten nach § 33 Abs. 1 des Straßenverkehrsgesetzes zu einem Fahrzeug, als dessen Halter der Schuldner eingetragen ist, erheben.

Lösungsvorschlag Fall 46

Nach § 2214 BGB können Gläubiger des Erben, die nicht zu den Nachlassgläubigern gehören, sich nicht an die der Verwaltung des Testamentsvollstreckers unterliegenden Nachlassgegenstände halten. Nachdem es sich bei den Gläubigern von Gundula Graf offensichtlich um keine Nachlassgläubiger handelt, ist eine Vollstreckung in den Nachlass nicht möglich. § 748 ZPO kommt im vorliegenden Fall nicht zur Anwendung, da diese Vorschrift nur für die Vollstreckung von Nachlassforderungen in den Nachlass gilt.[31]

Die Gläubiger können nicht in den Nachlass vollstrecken.

30 *BGH* Beschl. v. 21.12.2015, I ZB 107/14.
31 *Zöller* Kommentar zur ZPO, 32. Auflage 2018, § 748 Rn. 3.

III. Lösungsvorschläge zur Forderungspfändung

Lösungsvorschlag Fall 47

Da der Schuldner aufgrund einer vorsätzlich begangenen unerlaubten Handlung verurteilt wurde und diese im Titel auch als solche bezeichnet ist, kann der Gläubiger als sogenannter Deliktsgläubiger gem. § 850f Abs. 2 ZPO im Rahmen der verschärften Pfändung des § 850d ZPO als privilegierter Gläubiger gegen den Schuldner vorgehen. Es müsste daher ein Pfändungs- und Überweisungsbeschluss mit dem Antrag zur Pfändung nach § 850f Abs. 2 ZPO beantragt werden. Da im vorliegenden Fall keine Konkurrenz mit Unterhaltsgläubigern vorliegt, muss eine Gleitsicherungsklausel nicht beantragt werden. Zur Berechnung des pfändbaren Teils werden vom Gericht feste Richtsätze angenommen. Außerdem wäre dem Gläubiger noch mitzuteilen, dass das Kindergeld, welches der Schuldner von der Agentur für Arbeit erhält, nach § 54 Abs. 5 SGB I und § 76 EStG, für einen Deliktsgläubiger unpfändbar ist.

Erläuterung: Hat der Schuldner neben einem pfändenden Unterhaltsberechtigten noch weitere Unterhaltspflichten, so darf beim Antrag auf Erlass eines Pfändungs- und Überweisungsbeschlusses die Gleitsicherungsklausel nicht vergessen werden, denn die pfändenden Unterhaltsberechtigten dürfen gegenüber den anderen Unterhaltsberechtigten nicht benachteiligt werden. Nach dieser Gleitsicherungsklausel wird der nach Feststellung des notwendigen Selbstbehalts des Schuldners verbleibende Betrag gleichmäßig auf die Unterhaltsberechtigten verteilt.

Lösungsvorschlag Fall 48

Bei der Vorratspfändung handelt es sich um die rangwahrende Zwangsvollstreckung wegen künftig fällig werdender Ansprüche. Diese ist gem. § 850d Abs. 3 ZPO nur ausnahmsweise zulässig, wenn wegen Ansprüchen auf Unterhalt oder Körperverletzungsrenten gepfändet wird. Für den Gläubiger bedeutet dies, dass seine einmalige Pfändung des künftig fällig werdenden Arbeitseinkommens seinen Rang auch für die Zukunft sichert. Voraussetzung für die Vorratspfändung ist, dass zugleich wegen eines fälligen Anspruchs gepfändet wird (z.B. rückständiger Unterhalt).

Einen ganz anderen Sachverhalt regelt die sogenannte Dauerpfändung (§ 832 ZPO). Sofern eine Rate wirksam gepfändet wird, erstreckt sich die Pfändung auf die künftig fällig werdenden Raten, auch wenn sich im Pfändungsausspruch (§ 829 ZPO) nicht erwähnt sind. Sie können darin auch ausdrücklich aufgenommen werden. Wird ein Arbeits- oder Dienstverhältnis beendet, ist die Pfändung gegenstandslos. Wird es bald danach fortgesetzt oder innerhalb von neun Monaten neu begründet, so wirkt die Pfändung weiter (§§ 832, 833 Abs. 2 ZPO). Die Rechtsprechung hat zugelassen, dass auch andere mit Sicherheit wiederkehrende Leistungen (Sozialleistungen, Ruhegehalt, Provisionen eines Handelsvertreters, Zinsen, Miete und Pacht) im Voraus gepfändet werden können.

Bei der Vorpfändung handelt es sich um die Pfändung gem. § 845 ZPO, bei welcher grundsätzlich ohne Rangwirkung auf Grund eines vollstreckbaren Schuldtitels durch den Gerichtsvollzieher dem Drittschuldner und dem Schuldner die Benachrichtigung, dass die Pfändung bevorstehe, zugestellt wird mit der Aufforderung an den Drittschuldner, nicht an den Schuldner zu zahlen und mit der Aufforderung an den Schuldner, sich jeder Verfügung über die Forderung, insbesondere ihrer Einziehung, zu enthalten. Sofern die Pfändung der Forderung innerhalb eines Monats bewirkt wird, wirkt diese auf den Zeitpunkt der Zustellung der Vorpfändung zurück. Man spricht von einem auflösend bedingten Pfandrecht.

Lösungsvorschlag Fall 49

Mit Eingang des Pfändungs- und Überweisungsbeschlusses bei der Bank wird das Konto des Mandanten gesperrt. Er sollte daher umgehend (sofern er ihm nicht selbst vorliegt) eine Kopie des Pfändungs- und Überweisungsbeschlusses von der Bank anfordern. Die einmalige vierwöchige Schutzfrist, in welcher die Bank nicht an den Gläubiger auszahlen darf, beginnt mit der Zustellung an die Bank (§ 835 Abs. 3 ZPO). Wenn kein Pfändungsschutz beantragt wird, überweist die Bank nach Ablauf der 4-Wochen-Frist an den Gläubiger.

Wird auch vor dem nächsten Geldeingang kein Pfändungsschutz beantragt, geht diese zweite Zahlung von Gehalt, Rente etc. sofort ohne Schutzfrist an den Gläubiger, da die Schutzfrist gem. § 835 Abs. 4 Satz 1 ZPO nur bei Pfändungen auf einem Pfändungsschutzkonto greift.

Seit dem 1.1.2012 kann Pfändungsschutz nur noch über das Pfändungsschutzkonto nach § 850k ZPO erlangt werden (mit Ausnahme der Generalklausel des § 765a ZPO). Daher ist dem Mandanten anzuraten, sein Girokonto als sogenanntes „P-Konto" führen zu lassen. Kraft Gesetzes besteht bei einem solchen Konto bereits ein Pfändungsschutz in Höhe des Grundfreibetrages. Der Grundfreibetrag beträgt zurzeit 1.133,80 € je Kalendermonat. Es kommt weder auf die Art des Einkommens noch auf den Zeitpunkt des Zahlungseingangs an. Monatlich sind insoweit 1.133,80 €[32] geschützt. Überweisungen, Lastschriften und Daueraufträge werden weiterhin von dem Geldinstitut ausgeführt. Der vorgenannte Grundfreibetrag gilt jedoch nicht für die Unterhaltspfändung und die Forderungspfändung wegen einer Deliktforderung, § 850k Abs. 3 ZPO. In diesen Fällen wird der unpfändbare Betrag vom Vollstreckungsgericht festgesetzt.

Lösungsvorschlag Fall 50

Wegen der gleichartigen Wirkungen des Pfändungsschutzkontos (P-Konto) in Bezug auf die Pfändbarkeit von Sozialleistungen ist zum 31.12.2011 der besondere Kontenpfändungsschutz für Sozialleistungen durch Aufhebung des § 55 SGB I entfallen, wonach eingehende Sozialleistungen innerhalb von sieben Tagen nach der Gutschrift auf dem Konto des Schuldners unpfändbar waren.

Der Schuldner kann lediglich noch über § 850k ZPO, d.h. die Errichtung bzw. Führung eines P-Kontos sein Guthaben vor eingehenden Pfändungen schützen. Faktisch wird der Schuldner dazu „gezwungen", ein P-Konto zu führen. Kraft Gesetz besteht bei einem solchen Konto bereits ein Pfändungsschutz in Höhe des Grundfreibetrages. Der Grundfreibetrag beträgt zurzeit 1.133,80 € je Kalendermonat. Es kommt weder auf die Art des Einkommens noch auf den Zeitpunkt des Zahlungseingangs an.

32 BGBl. I 2017, S. 750.

Monatlich sind insoweit 1.133,80 €[33] geschützt, d.h. auch sämtliche Leistungen nach dem SGB (z.B. Kindergeld).

§ 850k Abs. 6 ZPO konkretisiert den Pfändungsschutz von Sozialleistungen:

„Wird einem Pfändungsschutzkonto eine Geldleistung nach dem Sozialgesetzbuch oder Kindergeld gutgeschrieben, darf das Kreditinstitut die Forderung, die durch die Gutschrift entsteht, für die Dauer von 14 Tagen seit der Gutschrift nur mit solchen Forderungen verrechnen und hiergegen nur mit solchen Forderungen aufrechnen, die ihm als Entgelt für die Kontoführung oder aufgrund von Kontoverfügungen des Berechtigten innerhalb dieses Zeitraums zustehen. Bis zur Höhe des danach verbleibenden Betrages der Gutschrift ist das Kreditinstitut innerhalb von 14 Tagen seit der Gutschrift nicht berechtigt, die Ausführung von Zahlungsvorgängen wegen fehlender Deckung abzulehnen, wenn der Berechtigte nachweist oder dem Kreditinstitut sonst bekannt ist, dass es sich um die Gutschrift einer Geldleistung nach dem Sozialgesetzbuch oder von Kindergeld handelt. Das Entgelt des Kreditinstituts für die Kontoführung kann auch mit Beträgen nach den Absätzen 1 bis 4 verrechnet werden."

Wird Guthaben auf einem „normalen" Girokonto des Schuldners gepfändet, gelten die Schutzvorschriften des § 850k Abs. 1 S. 1 – 3 ZPO entsprechend, wenn das Konto vor Ablauf von vier Wochen seit der Zustellung des Überweisungsbeschlusses an den Drittschuldner in ein Pfändungsschutzkonto umgewandelt wird, § 850k Abs. 1 S. 4 ZPO. Dem Schuldner Ahnungslos ist daher anzuraten, sein Girokonto umgehend bei seiner Bank in ein P-Konto umwandeln zu lassen (die 4-Wochen-Frist ist noch nicht abgelaufen). Ahnungslos hat gem. § 850k Abs. 7 S. 2 u. 3 ZPO einen Anspruch darauf, dass sein Konto als P-Konto geführt wird. Liegt wie im vorliegenden Fall bereits eine Pfändung vor, so kann die Führung als P-Konto zum Beginn des vierten auf seine Erklärung folgenden Geschäftstages verlangt werden.

Ist das Girokonto von Ahnungslos in ein P-Konto umgewandelt worden, ist Ahnungslos auf die Möglichkeit des ergänzenden Pfändungsschutzes des § 850l ZPO hinzuweisen. Hiernach kann das Vollstreckungsgericht auf Antrag von Ahnungslos anordnen, dass das Guthaben auf dem Pfändungsschutzkonto für die Dauer von bis zu zwölf Monaten unpfändbar ist, wenn der Ahnungslos nachweist, dass dem Konto in den letzten sechs Monaten vor Antragstellung ganz überwiegend nur unpfändbare Beträge gutgeschrieben worden sind, und er glaubhaft macht (§ 294 ZPO), dass auch innerhalb der nächsten zwölf Monate nur ganz überwiegend nicht pfändbare Beträge zu erwarten sind. Die Wirkungen der Unpfändbarkeitserklärung bestehen darin, dass künftige Pfändungen bis zum Ablauf der vom Gericht gesetzten Frist unzulässig werden. Sind vor der Entscheidung bereits Pfändungen vorgenommen worden, bleiben diese (rangwahrend) wirksam; sie äußern gegenüber dem Kreditinstitut allerdings keine weiteren Wirkungen.[34] Mit Ablauf der vom Gericht festgesetzten Dauer tritt die Pfändbarkeit automatisch wieder ein und Pfändungen entfalten wieder ihre vollen Wirkungen. Einer Aufhebung der Unpfändbarkeitserklärung bedarf es insoweit nicht.[35]

---

33 BGBl. I 2017, S. 750.
34 *Zöller* Kommentar zur ZPO, 32. Auflage 2018, § 850l Rn. 7.
35 *Zöller* Kommentar zur ZPO, 32. Auflage 2018, § 850l Rn. 8.

Lösungsvorschlag Fall 51

a) Sockelfreibetrag: 1.133,80 €

Sockelfreibetrag:	1.133,80 €
zzgl. 1. unterhaltspflichtige Person:	426,71 €
zzgl. 2. unterhaltspflichtige Person:	237,73 €
zzgl. gleichgestellte Person:	237,73 €
zzgl. Kindergeld:	388,00 €
Erhöhter Sockelfreibetrag:	2.423,97 €

Zunächst steht Emma Meyer gemäß § 850k Abs. 1 ZPO als Sockelfreibetrag ein Guthaben in Höhe des monatlichen Freibetrages nach § 850c Abs. 1 S. 1 ZPO i.V.m. § 850c Abs. 2a ZPO zu. Dieser monatliche Freibetrag lässt sich somit der jeweils gültigen Pfändungsfreigrenzenbekanntmachung zu § 850c ZPO entnehmen, die dem Bundesgesetzblatt entnommen werden können.[36]

Dieser Sockelfreibetrag orientiert sich an dem Bedarf einer alleinstehenden Person und wird, da hier Unterhaltspflichten etc. bestehen, gem. § 850k Abs. 2 ZPO i.V.m. § 850c ZPO erhöht. Im vorliegenden Fall zählen die beiden Kinder als unterhaltspflichtige Personen gem. § 850k Abs. 2 S. 1 Nr. 1a) ZPO und der im Haushalt lebende neue Lebensgefährte als gleichgestellte (unterhaltspflichtige) Person gem. § 850k Abs. 2 S. 1 Nr. 1b) ZPO. Für diese Personen erhält Emma Meyer daher die entsprechenden Erhöhungen.

Des Weiteren erhält Emma Meyer noch Kindergeld gem. § 6 Abs. 1 BKKG in Höhe von 388 € für die zwei Kinder. Auch dieses wird den Sockelfreibetrag gem. § 850k Abs. 2 S. 1 Nr. 3 ZPO entsprechend erhöhen.

b) Emma Meyer muss, um die gemäß § 850k Abs. 2 ZPO erhöhten Beträge zu erhalten, ihrem Kreditinstitut eine entsprechende Bescheinigung gem. § 850k Abs. 5 S. 2 ZPO vorlegen. Es handelt sich also hier um eine Bescheinigung der Familienkasse und des Sozialleistungsträgers. Die Arbeitsgemeinschaft Schuldnerberatung der Verbände (AGSBV) hat eine Musterbescheinigung erstellt, die mit dem Zentralen Kreditausschuss (ZKA) der deutschen Kreditwirtschaft und dem Bundesjustizministerium abgestimmt ist, die dem Buch als **Anlage** beigefügt ist (s. S. 76).

Lösungsvorschlag Fall 52

Im vorliegenden Fall kann vorerst davon ausgegangen werden, dass es sich eventuell um gleichberechtigte Pfändungen handelt. Hierbei treffen mehrere gleichberechtigte Forderungen zusammen. Daher gilt gem. § 804 Abs. 3 ZPO der Prioritätsgrundsatz, frei nach dem Motto „Wer zuerst kommt, malt zuerst". Das bedeutet, wenn das mehrfach gepfändete Arbeitseinkommen nicht ausreicht, so ist zuerst der vorherige Pfändungsgläubiger zu befriedigen und dann in der Reihenfolge des Eingangs der Pfändungs- und Überweisungsbeschlüsse die weiteren Pfändungsgläubiger. Pfänden zwei Gläubiger **gleichzeitig**, ist nach dem Verhältnis der Forderungen zu verteilen. Das Prioritätsprinzip gilt auch dann, wenn die Pfändung eines bevorrechtigten Gläubigers nach § 850d ZPO mit der Pfändung eines nicht bevorrechtigten Gläubigers zusam-

36 BGBl. I 2017, S. 750.

B e s c h e i n i g u n g

nach § 850k Abs. 5 ZPO über die gemäß § 850k Abs. 2 ZPO
im jeweiligen Kalendermonat nicht erfassten Beträge
auf einem Pfändungsschutzkonto

I. Bezeichnung der bescheinigenden Person oder Stelle nach § 850k Abs. 5 Satz 2 ZPO	Name
	Straße / Hausnummer
	Postleitzahl / Ort
	Ansprechpartner
	Die Bescheinigung wird erteilt als ☐ geeignete Person gemäß § 305 Abs. 1 Nr. 1 InsO ☐ geeignete Stelle gemäß § 305 Abs. 1 Nr. 1 InsO Anerkennende Behörde/ Gericht: ____ Datum des Bescheids: ____ Aktenzeichen: ____ ☐ Arbeitgeber ☐ Sozialleistungsträger ☐ Familienkasse

II. Angaben zum Kontoinhaber und Pfändungsschutzkonto	Kontoinhaber / Geburtsdatum
	Anschrift
	Kreditinstitut
	Kontonummer oder IBAN

III. Ermittlung des pfändungsfreien Betrages	☒	**Grundfreibetrag** des Schuldners (= Kontoinhaber) derzeit[1] (§ 850k Abs. 1 Satz 1 ZPO in Verbindung mit § 850c Abs. 1 S. 1 u. Abs. 2a ZPO) in Höhe von	**1.133,80 €**
	☐	**Weiterer Freibetrag** derzeit[1] in Höhe von **426,71 € für die erste Person**, der aufgrund Gesetzes Unterhalt gewährt wird (§ 850k Abs. 2 Nr. 1a ZPO) oder für die der Schuldner Leistungen nach SGB II / XII entgegennimmt (§ 850k Abs. 2 Nr. 1b ZPO) in Höhe von	
	☐	**Weiterer Freibetrag** derzeit[1] in Höhe von jeweils **237,73 € für ☐ eine ☐ zwei ☐ drei ☐ vier weitere Person(en)**, der aufgrund Gesetzes Unterhalt gewährt wird (§ 850k Abs. 2 Nr. 1a ZPO) oder für die der Schuldner Leistungen nach SGB II / XII entgegennimmt (§ 850k Abs. 2 Nr. 1b ZPO) in Höhe von	
	☐	**Laufende Geldleistungen** zum Ausgleich des durch einen Körper- oder Gesundheitsschaden bedingten Mehraufwandes (§ 850k Abs. 2 Nr. 2 ZPO in Verbindung mit § 54 Abs. 3 Nr. 3 SGB I) in Höhe von	
	☐	**Kindergeld für** (§ 850k Abs. 2 Satz 1 Nr. 3 ZPO) ☐ Kind 1 geboren im Monat/Jahr / in Höhe ☐ Kind 2 geboren im Monat/Jahr / in Höhe ☐ Kind 3 geboren im Monat/Jahr / in Höhe ☐ Kind 4 geboren im Monat/Jahr / in Höhe ☐ Kind 5 geboren im Monat/Jahr / in Höhe ☐ weitere Kinder[2] (Anzahl) in Höhe in Höhe von	
	☐	**Andere Geldleistung(en) für Kinder** - z. B. Kinderzuschlag und vergleichbare Rentenbestandteile (§ 850k Abs. 2 Nr. 3 ZPO) in Höhe von	
		Pfandfreier monatlicher Sockelbetrag	
	☐	**Einmalige Sozialleistungen** (§ 850k Abs. 2 Nr. 2 ZPO) in Höhe von	+

(Ort, Datum)

(Unterschrift/ Stempel der bescheinigenden Person oder Stelle)

[1] die Freibeträge können sich jeweils zum 1.7. in den ungeraden Jahren ändern
[2] sind auf einem Zusatzblatt gesondert aufgelistet

Arbeitsgemeinschaft Schuldnerberatung der Verbände (AG SBV) vom 09.02.2010
in Absprache mit der Deutschen Kreditwirtschaft (DK) – Stand: 01.07.2017

mentrifft. Allerdings gibt es bei einem solchen Sachverhalt eine Besonderheit, nämlich dann, wenn der bevorrechtigte Gläubiger das Recht der privilegierten Pfändung nicht ausnutzt. Dies könnte zum Beispiel dann der Fall sein, wenn sich die geschiedene und zum Unterhalt berechtigte Ehefrau dazu entschlossen hat, die schwächere Pfändung nach § 850c ZPO durchzuführen, statt der Pfändung nach § 850d ZPO. In einem solchen Fall bestünde für den nicht bevorrechtigten Gläubiger, wie in unserem Fall bei Anna Traurig die Möglichkeit, einen Antrag nach § 850e Nr. 4 ZPO zu stellen. Hierdurch wird der Vorrechtsgläubiger durch das Vollstreckungsgericht angehalten, sich auch am Vorrechtsbereich zu bedienen. Dabei behält er sein Pfandrecht nach § 850c ZPO, gewinnt aber zusätzlich aus dem erweiterten Teil der Pfändung nach § 850d ZPO hinzu, so dass sich unter Umständen für den danach pfändenden nicht bevorrechtigten Gläubiger im Bereich der Pfändung von § 850c ZPO eine Zugriffsmöglichkeit eröffnet, da diese dann nicht mehr voll vom bevorrechtigten Gläubiger ausgeschöpft wird. Es empfiehlt sich daher den Drittschuldner anzuschreiben und diesen um Auskunft zu bitten, ob es sich bei dem vorherigen Pfändungsgläubiger um einen Delikts- oder Unterhaltsgläubiger handelt. Da der Drittschuldner meist nicht weiß, woraus sich ergibt, dass es sich um einen Delikts- oder Unterhaltsgläubiger handelt, sollte in dem Anschreiben auch erklärt werden, dass er solche Ansprüche aus dem Titel erkennen kann.

Falls der Drittschuldner die Auskunft nicht freiwillig erteilt, kann er über § 853 ZPO verpflichtet werden den Schuldbetrag zu hinterlegen, unter Anzeige der Sachlage und unter Aushändigung der ihm zugestellten Beschlüsse. Reicht der Geldbetrag nicht aus um alle Gläubiger zu befriedigen, tritt gem. § 872 ZPO das Verteilungsverfahren ein. In dem Hinterlegungs- bzw. Verteilungsverfahren kann sich der Gläubiger die notwendigen Informationen über eine Akteneinsicht beschaffen.

Lösungsvorschlag Fall 53

Im vorliegenden Fall kann eine Vorpfändung nach § 845 ZPO ausgebracht werden. Das bedeutet, dass der Gläubiger schon vor der Pfändung die Möglichkeit hat, aufgrund eines vollstreckbaren Titels dem Drittschuldner und Schuldner eine schriftliche[37] Nachricht durch den Gerichtsvollzieher zustellen zu lassen, dass die Pfändung bevorsteht und dadurch seine Forderung zu sichern. Diese Nachricht an den Drittschuldner (hier das Kreditinstitut bei dem das Geld eingehen soll), wird verbunden mit der Aufforderung, nicht mehr an den Schuldner zu zahlen und der Nachricht an den Schuldner, sich jeder Verfügung über die Forderung zu enthalten. Gleichzeitig sollte der Drittschuldner bereits bei der Vorpfändung um Abgabe der Erklärung nach § 840 ZPO gebeten werden. Verpflichtet ist der Drittschuldner zur Abgabe der Drittschuldnererklärung nach Zustellung lediglich der Vorpfändung noch nicht.[38] Bei einer Vorpfändung nach § 845 ZPO bedarf es nicht der vorherigen Erteilung der vollstreckbaren Ausfertigung des Titels; auch eine vorherige Zustellung der vollstreckbaren Ausfertigung ist nicht notwendig (§ 802a Abs. 2 S. 1 Nr. 5 ZPO). Eine solche Benachrichtigung an den Schuldner hat die Wirkung eines Arrestes (§ 930 ZPO), sofern die Pfändung der Forderung innerhalb eines Monats bewirkt wird. Die Monatsfrist beginnt mit dem Tag, an welchem die Vorpfändung an den Drittschuldner zugestellt wird.

37 *Zöller* Kommentar zur ZPO, 32. Auflage 2018, Anm. 3 zu § 845 ZPO.
38 *Zöller* Kommentar zur ZPO, 32. Auflage 2018, Anm. 2 zu § 840 ZPO.

Somit ist im vorliegenden Fall zunächst eine Vorpfändung nach § 845 ZPO anzufertigen und dem Gerichtsvollzieher zu übergeben. Dieser muss die Zustellung einer solchen Nachricht gem. § 126 Abs. 2 GVGA als Eilsache behandeln und die Zustellung beschleunigen.

Praxistipp: Es ist noch immer umstritten, ob eine Zustellung an den Gerichtsvollzieher mittels Telefax ausreichend ist,[39] wird aber im überwiegenden Teil der Literatur bejaht. Deshalb sollten Sie sich vorher beim zuständigen Gerichtsvollzieher erkundigen, ob es wirklich ausreicht per Telefax an diesen zu übermitteln.

Gleichzeitig sollte sofort die vollstreckbare Ausfertigung des Versäumnisurteils beantragt werden, damit diese dem Schuldner umgehend zugestellt und mit dieser dann der Erlass eines Pfändungs- und Überweisungsbeschlusses beantragt werden kann. Weiter ist die vorerwähnte Monatsfrist zu notieren! Ferner ist die Notierung einer angemessenen Vorfrist empfehlenswert, um eventuell auftretende Hindernisse (z.B. Monierungen/Rückfragen des Vollstreckungsgerichts) innerhalb der laufenden Monatsfrist noch beseitigen zu können.

Lösungsvorschlag Fall 54

Ein Sparkonto lässt sich nicht durch Sachpfändung des Sparbuchs gemäß § 808 ZPO pfänden, da das Sparbuch als Legitimationspapier keine Forderung verkörpert, sondern den Besitzer gegenüber dem Schuldner so ausweist, dass dieser mit befreiender Wirkung leisten kann. In diesem Fall könnte ein Pfändungs- und Überweisungsbeschluss gem. §§ 829, 835 ZPO mit einer Herausgabeanordnung für das Sparbuch beantragt werden. Sobald der Pfändungs- und Überweisungsbeschluss mit der Herausgabeanordnung nach § 836 Abs. 3 ZPO ergangen ist, kann der Gerichtsvollzieher mit der Herausgabevollstreckung gem. §§ 883 ff. ZPO (Hilfspfändung) beauftragt werden, d.h. im vorliegenden Fall mit der Wegnahme des Sparbuchs vom Schuldner. Sobald der Gläubiger dann im Besitz des Sparbuchs in Zusammenhang mit dem Pfändungs- und Überweisungsbeschluss ist, kann er bei der Bank die Auflösung des Sparbuches und die Überweisung des Betrages beantragen.

Praxistipp: Fehlt es im Pfändungs- und Überweisungsbeschluss an einer Herausgabeanordnung hinsichtlich des Sparbuches, kann dennoch der Gerichtsvollzieher mit der Herausgabevollstreckung (s.o.) beauftragt werden, denn nach § 836 Abs. 3 ZPO ist der Schuldner verpflichtet, dem Gläubiger die zur Geltendmachung der Forderung nötige Auskunft zu erteilen und ihm die über die Forderung vorhandenen Urkunden (Sparbuch) herauszugeben. Es sollte jedoch von vornherein darauf geachtet werden, dass bereits im Pfändungs- und Überweisungsbeschluss eine entsprechende Herausgabeanordnung enthalten ist, um eventuellen Einwendungen seitens des Schuldners oder Gerichtsvollziehers zuvor zu kommen; ggf. kann die Ergänzung des Pfändungs- und Überweisungsbeschlusses beantragt werden.

39 *Stöber* Forderungspfändung, 16. Auflage, 2. Kapitel Rn. 799a.

Lösungsvorschlag Fall 55

a) Gemäß § 840 Abs. 1 ZPO hat die Drittschuldnerin folgende Angaben zu machen:

1. ob und inwieweit sie die Forderung als begründet anerkenne und Zahlung zu leisten bereit sei;
2. ob und welche Ansprüche andere Personen an die Forderung machen;
3. ob und wegen welcher Ansprüche die Forderung bereits für andere Gläubiger gepfändet sei;
4. ob innerhalb der letzten zwölf Monate im Hinblick auf das Konto, dessen Guthaben gepfändet worden ist, nach § 850l ZPO die Unpfändbarkeit des Guthabens angeordnet worden ist, und
5. ob es sich bei dem Konto, dessen Guthaben gepfändet worden ist, um ein Pfändungsschutzkonto im Sinne von § 850k Abs. 7 ZPO handelt.

b) Sollte es die Drittschuldnerin unterlassen, die nach § 840 ZPO geforderte Erklärung abzugeben, könnte zunächst versucht werden, die Drittschuldnerin nochmals mittels eines Aufforderungsschreibens zur Abgabe der Erklärung anzuhalten. Mit dem Aufforderungsschreiben kann man eine Nachfrist samt Androhung einer Schadenersatzklage setzen, wenn die Erklärung des Drittschuldners nicht rechtzeitig, offenbar unrichtig oder unvollständig ist (§ 840 Abs. 2 S. 2 ZPO). Hierbei ist jedoch zu berücksichtigen, dass Kosten für ein solches Schreiben von der Drittschuldnerin nicht erstattet werden müssen.[40]

Sollte der Drittschuldner die Erklärung nicht rechtzeitig, offenbar unrichtig oder unvollständig abgeben, so kann der Gläubiger von einer Beitreibbarkeit des gepfändeten Anspruchs ausgehen und diesen einklagen. Im vorliegenden Fall würde also die Drittschuldnerklage gem. § 856 ZPO gegen den Drittschuldner auf Zahlung (nicht auf Auskunft![41]) des voll gepfändeten Betrages zu erheben sein. Der Schuldner wäre im vorliegenden Fall gem. § 841 ZPO als Streitverkündeter aufzunehmen.

c) Der Schuldner ist gem. § 836 Abs. 3 ZPO verpflichtet, dem Gläubiger die zur Geltendmachung der Forderung nötige Auskunft zu erteilen und ihm über die Forderung vorhandene Urkunden herauszugeben. Zu den Urkunden zählen bei einer Kontopfändung die Kontoauszüge. Der Bundegerichtshof hat eine Herausgabeverpflichtung ohne Streichungen oder Schwärzungen bejaht.[42]

d) Erteilt der Schuldner die Auskunft nicht, so ist er verpflichtet, sie zu Protokoll zu geben und seine Angaben an Eides statt zu versichern. Der Schuldner muss dann dem Gläubiger Angaben über seine monatlichen Einnahmen machen. Diese eidesstattliche Versicherung erhält der Gläubiger auch während der Sperrfrist des § 802d ZPO, denn sie wird nicht in die Schuldnerkartei eingetragen.

40 *BGH* Urt. v. 4.5.2006, Az. IX ZR 189/04.
41 *BGH* Urt. v. 17.4.1984, Az. IX ZR 153/83.
42 *BGH* Beschl. v. 23.2.2012, Az. VII ZB 59/09.

Lösungsvorschlag Fall 56

a) Unpfändbar gem. § 850a Nr. 2 ZPO.

b) Zur Hälfte pfändbar gem. § 850a Nr. 1 ZPO.

c) Gem. § 850a Nr. 4 bis zum Betrag der Hälfte des monatlichen Arbeitseinkommens (brutto) pfändbar, aber höchstens bis zum Betrag von 500 €. Somit sind 500 € unpfändbar und 800 € pfändbar.

Praxistipp: Gem. § 850d Abs. 1 S. 2 2. HS ZPO hat dem Schuldner bei der bevorrechtigten Pfändung von Unterhaltsansprüchen von den in § 850a Nr. 1, 2 u. 4 ZPO genannten Bezügen mindestens die Hälfte des nach § 850a ZPO unpfändbaren Betrages zu verbleiben. In einem solchen Fall sollte daher der Drittschuldner angeschrieben und auf diesen Umstand hingewiesen werden, denn nicht selten ist diese Vorschrift den Drittschuldnern gänzlich unbekannt.

Lösungsvorschlag Fall 57

Die Naturalleistung an sich ist eine nicht übertragbare Forderung und daher gem. § 399 BGB i.V.m. § 851 ZPO regelmäßig unpfändbar. Allerdings bietet § 850e Nr. 3 ZPO eine Lösung. Dort heißt es:

> *„Erhält der Schuldner neben seinem in Geld zahlbaren Einkommen auch Naturalleistungen, so sind Geld- und Naturalleistungen zusammenzurechnen. In diesem Falle ist der in Geld zahlbare Betrag insoweit pfändbar, als der nach § 850c unpfändbare Teil des Gesamteinkommens durch den Wert der dem Schuldner verbleibenden Naturalleistungen gedeckt ist."*

Das bedeutet, dass das Arbeitseinkommen des Schuldners in Geld- und Naturalleistungen, welches vom gleichen Arbeitgeber geleistet wird, zusammenzurechnen ist.[43] Die Ermittlung des Wertes der Naturalleistungen und die dann darauffolgende Zusammenrechnung obliegen dem Drittschuldner. Bei nur einem Drittschuldner ist eine Anordnung nach Nr. 3 nicht nötig, eine Klarstellung aber zulässig, ggf. auch zweckmäßig.[44] Da der Drittschuldner im vorliegenden Fall jedoch weder den Wert ermittelt, noch mit den Geldleistungen zusammengerechnet hat, muss ein Antrag auf Bewertung und Zusammenrechnung von Geld- und Naturalleistungen gem. § 850e Nr. 3 ZPO gestellt werden. Zunächst muss also der tatsächliche Wert der Naturalleistung ermittelt werden. Dieser ergibt sich aus der Sozialversicherungsentgeltverordnung, § 2 Abs. 3 und 4 SvEV. Im vorliegenden Fall wäre es unbillig, die Miete gem. § 2 Abs. 3 S. 1 SvEV auf lediglich 223 € festzusetzen, da die ortsübliche Miete weit über diesem Betrag liegt.

---

43 *Zöller* Kommentar zur ZPO, 32. Auflage 2018, § 850e Rn. 26.
44 *Zöller* Kommentar zur ZPO, 32. Auflage 2018, § 850e Rn. 13.

An das
Amtsgericht – Vollstreckungsgericht –

In der Zwangsvollstreckungssache
Findig, …

– Gläubiger –

gegen
Krauskopf …

– Schuldner –

(Az: …)

Hierdurch zeige ich an, dass ich die Gläubigerin Findig vertrete. Ordnungsgemäße Bevollmächtigung wird anwaltlich versichert. Namens und in Vollmacht dieser beantrage ich,

den Wert der Naturalleistungen, die der Schuldner vom Drittschuldner erhält, auf 600 € monatlich festzusetzen.

Gründe:
In dem o.a. Zwangsvollstreckungsverfahren wurde durch Pfändungs- und Überweisungsbeschluss vom … das Arbeitseinkommen des Schuldners gepfändet und der Gläubigerin zur Einziehung überwiesen.

Der Schuldner erhält jedoch vom Arbeitgeber zusätzlich außer dem Bareinkommen in Höhe von 1.500 € (netto) freie Logis in Form einer Dienstwohnung in …. Den Wert dieser Naturalleistungen beziffere ich auf 600 €. Hierbei wurde davon ausgegangen, dass ortsüblich für die Dienstwohnung in … mit … Zimmern monatlich mindestens ein Betrag in Höhe von 600 € Miete gezahlt werden muss. Es wäre m. E. unbillig die Miete gem. § 2 Abs. 3 S. 1 SvEV auf lediglich 223 € festzusetzen, da die ortsübliche Miete weit über diesem Betrag liegt.

Von sich aus hat der Drittschuldner, diese Bewertung bislang nicht vorgenommen.

Es ist daher weiter zu bestimmen,

dass dieser den angeführten Betrag in Höhe von 600 € zum Bareinkommen in Höhe von 1.500 € zu addieren hat. Aus der Summe beider Beträge ist sodann das Nettoeinkommen in Höhe von 2.100 € zu ermitteln und nach der Tabelle zu § 850c ZPO vom Bareinkommen der pfändbare Betrag unter Berücksichtigung einer weiteren unterhaltsberechtigten Person in Höhe von 269,75 € einzubehalten und an den Gläubiger abzuführen.

Klug
Rechtsanwältin

Lösungsvorschlag Fall 58

Dem Gläubiger steht nur die Kaltmiete zu. Hinsichtlich des Restes besteht ungerechtfertigte Bereicherung nach § 812 Abs. 1 BGB. Der Schuldner kann zudem einen Antrag auf Aufhebung der Pfändung insoweit stellen, als es für diesen von der Miete zur laufenden Unterhaltung des Grundstücks, zur Vornahme notwendiger Instandsetzungsarbeiten und zur Befriedigung von Ansprüchen unentbehrlich ist, § 851b ZPO. Dabei ist die zweiwöchige Frist zur Antragstellung des § 851b Abs. 2 ZPO zu beachten. Die Frist beginnt mit der Pfändung.

Lösungsvorschlag Fall 59

Die Einwendung des Schlurig erfolgt zu Recht, da der Gläubiger Gustav Schlau sich die Forderung an Zahlung statt überweisen hat lassen, § 835 Abs. 1 Var. 2 ZPO. Die Überweisung an Zahlung statt (nicht zur Einziehung!) hat zur Folge, dass die gepfändete Forderung in das Eigentum des Gläubigers übergeht und dass die Vollstreckungsforderung insoweit erlischt. Da die Vollstreckungsforderung erloschen ist, kann der Gläubiger diese nicht mehr gegen den Schuldner geltend machen. Er kann allenfalls seine Forderung versuchen, gegen den Drittschuldner durchzusetzen.

Prüfungstipp: Die Überweisung an Zahlung statt kommt in der Praxis äußerst selten vor. Aufgrund ihrer gravierenden Folgen ist sie jedoch immer wieder gerne Prüfungsthema. Sie stellt darüber hinaus eine exquisite Vollstreckungsmöglichkeit dar. Da der Gläubiger Inhaber der Forderung des Schuldners gegen den Drittschuldner wird, kann der Gläubiger – anders als bei der Überweisung zur Einziehung – über die Forderung verfügen, d.h., sie veräußern, abtreten etc. Bei der Überweisung zur Einziehung bleibt der Schuldner Eigentümer (Inhaber) seiner Forderung gegen den Drittschuldner; der Gläubiger erhält lediglich das Recht, die Forderung anstelle des Schuldners vom Drittschuldner einzuziehen (zu fordern). Achten Sie daher in Ihrer Prüfung unbedingt auf die Worte „Überweisung an Zahlung statt."

Lösungsvorschlag Fall 60

a) Da sich die Voraussetzungen für die Bemessung des unpfändbaren Teils des Arbeitseinkommens geändert haben, ist ein Antrag an das Vollstreckungsgericht zu richten, dass der bisherige Pfändungsbeschluss entsprechend zu ändern ist, § 850g S. 1 ZPO.

b) Der Schuldner kann vom Drittschuldner keine Zahlung für vergangene Zeiten verlangen, da der Drittschuldner nach dem Inhalt des früheren Pfändungsbeschlusses mit befreiender Wirkung leisten kann, bis ihm der Änderungsbeschluss zugestellt wird, §§ 850g S. 3 und 836 Abs. 2 ZPO.

Lösungsvorschlag Fall 61

Auch bei der Forderungspfändung gilt der Prioritätsgrundsatz, wonach das durch eine frühere Pfändung begründete Pfandrecht demjenigen vorgeht, das durch eine spätere Pfändung begründet wird (§ 804 ZPO). Daran ändert auch die Tatsache nichts, dass die Forderung von Florian Kocherscheidt aus einer vorsätzlich begangenen unerlaubten Handlung resultiert. Es besteht lediglich die Möglichkeit, dass Florian Kocherscheidt – nachdem es sich um vorliegenden Fall um eine sogenannte Deliktforderung handelt – den Lohn von Ralf Schulz gemäß §§ 850f Abs. 2, 850d ZPO pfändet, um damit die Differenz zwischen den Pfändungsbeträgen nach § 850c ZPO (die den vorrangig pfändenden Gläubigern zustehen) und dem durch das Vollstreckungsgericht festgesetzten niedrigeren Pfändungsfreibetrag (entsprechend § 850d ZPO) zu erhalten.

Der *BGH*[45] hat jedoch entschieden, dass der Nachweis einer Forderung aus vorsätzlich begangener unerlaubter Handlung durch den Gläubiger durch Vorlage eines Vollstreckungsbescheides nicht geführt werden kann, um in den Genuss des Vollstreckungs-

45 *BGH* Beschl. v. 5.4.2005, Az. VII ZB 17/05 = NJW 2005, S. 1663.

privilegs des § 850f Abs. 2 ZPO zu kommen. Eine „privilegierte" Pfändung wäre daher im vorliegenden Fall nicht möglich.

Florian Kocherscheidt wäre daher anzuraten, auf Grundlage des Vollstreckungsbescheids eine „normale" Pfändung mit den Grenzen des § 850c ZPO zur Rangwahrung gegen Ralf Schulz auszubringen unter Bezeichnung der Deliktforderung. Mit Hilfe einer sog. „Titelergänzungsklage" nach § 256 Abs. 1 ZPO könnte Florian Kocherscheidt sodann die erweiterte Pfändung nach § 850f Abs. 2 ZPO betreiben und den Pfändungs- und Überweisungsbeschluss durch das Vollstreckungsgericht unter Vorlage des Feststellungsurteils abändern lassen.

Lösungsvorschlag Fall 62

Unterhaltsrenten, die auf gesetzlicher Vorschrift beruhen, sind nach § 850b Abs. 1 Nr. 2 ZPO unpfändbar, können jedoch nach den für Arbeitseinkommen geltenden Vorschriften gepfändet werden, wenn die Vollstreckung in das sonstige bewegliche Vermögen des Schuldners zu einer vollständigen Befriedigung des Gläubigers nicht geführt hat oder voraussichtlich nicht führen wird und wenn nach den Umständen des Falles, insbesondere nach der Art des beizutreibenden Anspruchs und der Höhe der Bezüge, die Pfändung der Billigkeit entspricht. Unterhaltsabfindungszahlungen sind vom Pfändungsschutz des § 850b Abs. 1 Nr. 2 ZPO ebenfalls mit umfasst.[46]

Die Zulässigkeit der Pfändung kann beim zuständigen Vollstreckungsgericht durch RA Meier unter Begründung der Aussichtslosigkeit anderweitiger Vollstreckungsmaßnahmen (z.B. keine anderweitigen Vermögenswerte) und Ausführungen zur Billigkeit der beabsichtigten Pfändung beantragt werden. Der Antrag könnte wie folgt lauten:

> *Die Vollstreckung des Gläubigers aus dem Kostenfestsetzungsbeschluss des Amtsgerichts … – Familiengericht – vom …, Aktenzeichen …, in die Forderung der Schuldnerin an deren geschiedenen Ehemann laut … (Bezeichnung des Unterhaltstitels) wird für zulässig erklärt.*

Über die Zulassung der Pfändung entscheidet das Vollstreckungsgericht mit Erlass des Pfändungsbeschlusses.[47]

Lösungsvorschlag Fall 63

Ja. Der Gläubiger, der die Beitreibung einer ihm zur Einziehung überwiesenen Forderung verzögert, haftet dem Schuldner nach § 842 ZPO für den daraus entstehenden Schaden. Anwendbar ist die Regelung auf jede Verzögerung in der Beitreibung der Forderung, sei es gerichtlich oder außergerichtlich, aus der dem Schuldner ein rechtlicher Nachteil entsteht. In Betracht kommt das bei der Überweisung zur Einziehung, wenn der Gläubiger die Forderung nicht so rechtzeitig eintreibt, dass sie verjährt oder verwirkt wird oder dass der Drittschuldner zwischenzeitlich zahlungsunfähig wird.[48] Die Kaufpreisforderung unterliegt nach § 195 BGB der regelmäßigen dreijährigen Verjährungsfrist, die nach § 199 Abs. 1 BGB mit dem Schluss des Jahres zu laufen beginnt, in dem der Anspruch entstanden ist. Damit ist die Kaufpreisforderung ab dem 1.1.2018 verjährt.

46 *Zöller* Kommentar zur ZPO, 32. Auflage 2018, Anm. 3 zu § 850b ZPO.
47 *Zöller* Kommentar zur ZPO, 32. Auflage 2018, Anm. 12 zu § 850b ZPO.
48 *Zöller* Kommentar zur ZPO, 32. Auflage 2018, § 842 Rn. 1.

Lösungsvorschlag Fall 64

Auszugehen ist vom Bruttoarbeitslohn. Darin ist der Geldwert von Naturalleistungen enthalten (§ 850e Ziff. 3 ZPO).

Im Anschluss an den Abzug der nach § 850a ZPO unpfändbaren Beträge mit dem Bruttobetrag sind lediglich die Steuern und vom Arbeitnehmer zu tragenden Sozialversicherungsabgaben in Abzug zu bringen, die auf das ohne die unpfändbaren Bezüge verbleibende Bruttoeinkommen zu zahlen sind. Bei der Berechnung des pfändbaren Einkommens gemäß § 850e Nr. 1 Satz 1 ZPO sind die auf die unpfändbaren Bezüge entfallenden Steuern und Sozialversicherungsbeiträge also nur einmal abzuziehen. Das ergibt die Auslegung des § 850e Nr. 1 Satz 1 ZPO.

Danach ist die Tabelle anzuwenden.

Bei der Berechnung des pfändbaren Einkommens gemäß § 850e Nr. 1 Satz 1 ZPO gilt die die sogenannte Nettomethode.[49] Die der Pfändung entzogenen Bezüge sind mit ihrem Bruttobetrag vom Gesamteinkommen abzuziehen. Ein erneuter Abzug der auf diesen Bruttobetrag entfallenden Steuern und Abgaben erfolgt nicht.

Folgt man der Entscheidung des BAG, so hat der Drittschuldner folgende Berechnung des pfändbaren Betrages – unter Berücksichtigung von 3 unterhaltsberechtigten Personen – vorzunehmen:

Bruttoeinkommen insgesamt im Monat September (Bruttolohn: 3.700,00 € + Überstunden: 400,00 € + Schmutzzulage: 100,00 € + Urlaubsgeld: 500,00 €)		4.700,00 €
abzuziehen sind die unpfändbaren Beträge gem. § 850a ZPO		
Überstundenentgelt	1/2 v. 400,00 €	200,00 €
Schmutzzulage		100,00 €
Urlaubsgeld		500,00 €
Insgesamt:		3.900,00 €
abzgl. Lohnsteuer, Solidaritätszuschlag, Kirchensteuer, Krankenkasse, Pflegeversicherung, Rentenversicherung Arbeitslosenversicherung bei einem Bruttoeinkommen von von 3.900,00 Euro fiktiv hier angenommen		1.200,00 €
Es ergibt sich ein zu berücksichtigendes Arbeitseinkommen von		2.700,00 €

Nach der Tabelle zu § 850c ZPO sind 199,21 € pfändbar.

49 *BAG* Urt. v. 17.4.2005, Az. 10 AZR 59/12.

IV. Lösungsvorschläge zur Immobiliarvollstreckung

Lösungsvorschlag Fall 65

1. Der Verwalter hat das Zwangsverwaltungsobjekt gem. § 3 ZwVwV in Besitz zu nehmen. Im Rahmen der Beschlagnahme ist er z.B. zu Folgendem verpflichtet:

   - Ermittlung von Vermieter und Mietern,
   - Objekt ausführlich fotografieren – WEG Verwalter ermitteln,
   - Mängel aufnehmen,
   - Zubehör aufnehmen,
   - Mietkautionen ermitteln und sichern,
   - Baukostenzuschüsse ermitteln,
   - Versicherungen prüfen (§ 9 Abs. 3 ZwVwV),
   - Versorgungsträger feststellen,
   - Müllentsorger feststellen,
   - Zahlungen der öffentlichen Lasten (Grundsteuer, Erschließungskosten, etc.) des Grundstücks,
   - Feststellung der dem Schuldner gem. § 149 ZVG zu überlassenden Räume,
   - Dienst- und Arbeitsverhältnisse ermitteln (z.B. Hausmeister u.Ä.),
   - voraussichtliche Ein- und Ausgaben feststellen.

2. Er hat dem Gericht einen Beschlagnahmebericht gem. § 3 Abs. 2 ZwVwV vorzulegen. Den Bericht über die Besitzerlangung hat der Verwalter bei Gericht einzureichen. Soweit die in § 3 Abs. 1 ZwVwV bezeichneten Verhältnisse nicht schon bei Besitzübergang festgestellt werden können, hat der Verwalter dies unverzüglich nachzuholen und dem Gericht anzuzeigen.

3. Er hat für die Erhaltung des wirtschaftlichen Bestandes und ordnungsgemäße Nutzung der Räume gem. § 152 ZVG Sorge zu tragen.

4. Er muss die Betriebskostenabrechnung erstellen. Hierzu gehören auch Zeiträume, die vor Anordnung liegen.[50]

Lösungsvorschlag Fall 66

Leben die Ehegatten in Gütergemeinschaft und verwaltet einer von ihnen das Gesamtgut allein, so ist zur ZV in das Gesamtgut ein Urteil gegen diesen Ehegatten erforderlich und genügend, § 740 Abs. 1 ZPO. Dies ist hier der Fall, die Zwangssicherungshypothek kann daher eingetragen werden.

Lösungsvorschlag Fall 67

a) Die Eintragung einer Sicherungshypothek oder Zwangshypothek stellt gem. § 866 ZPO eine Art der Vollstreckung in ein Grundstück dar, neben den weiteren Vollstreckungsmöglichkeiten der Zwangsversteigerung oder der Zwangsverwaltung. Im Gegensatz zu den beiden letztgenannten Vollstreckungsarten wird der Gläubiger,

---

50 *BGH* Urt. v. 3.5.2006, Az. VIII ZR 168/05.

durch die Eintragung der Zwangshypothek, nicht unmittelbar befriedigt. Sie verschafft dem Gläubiger lediglich gem. § 879 BGB einen grundbuchmäßigen Rang, der ihm in der Zwangsversteigerung oder Zwangsverwaltung nicht mehr genommen werden kann. Materiell-rechtlich wirksam entsteht sie gem. § 867 Abs. 1 S. 2 ZPO mit der Eintragung im Grundbuch. Darüber hinaus schafft die Eintragung einer Zwangshypothek de facto einen Duldungstitel. Erreicht ein Gläubiger, auf Grund seines persönlichen Titels, die Eintragung einer Zwangshypothek, so kann er gem. § 867 Abs. 3 ZPO, aus der Zwangshypothek, das Zwangsversteigerungsverfahren dinglich betreiben.

b) Ziel eines jeden Zwangsversteigerungsverfahrens ist die Verwirklichung eines Geldanspruchs des Gläubigers. Zu diesem Zweck wird dem Schuldner das, durch das Grundgesetz geschützte, Eigentum entzogen (Art. 14 GG) und die Gläubiger aus dem Erlös befriedigt, in der vom Gesetzgeber in § 10 ZVG festgelegten Reihenfolge.

   Neben dem Grundstück unterliegen der Zwangsversteigerung auch die sogenannten grundstücksgleichen Rechte, z.B.: Erbbaurechte gem. §§ 1012 ff. BGB, Wohnungseigentum nach dem Wohnungseigentumsgesetz (WEG), landesrechtliche grundstücksgleiche Nutzungsrechte, Art. 196 EGBGB.

   Daneben erstreckt sich der Haftungsverband aber nicht nur auf die Grundstücke und die grundstücksgleichen Rechte, sondern gem. §§ 1120 BGB i.V.m. 20 Abs. 2 ZVG auch auf wesentliche Bestandteile, § 93 BGB, Zubehör, § 97 BGB und in Grenzen auch auf Erzeugnisse gem. § 99 BGB.

   Keinesfalls erstreckt sich die Zwangsversteigerung auf Mieteinkünfte gem. § 21 Abs. 2 ZVG.

   Damit diese eingezogen werden können, müssen sie gepfändet und überwiesen werden, oder im Rahmen eines Zwangsverwaltungsverfahrens verwertet werden.

   Zu Windkraftanlage, Scheinbestandteil – siehe BGH, Urt. v. 7.4.2017 – V ZR 52/16.

c) Im Gegensatz zum Zwangsversteigerungsverfahren wird dem Schuldner durch das Zwangsverwaltungsverfahren nicht das Eigentum an seinem Grundbesitz entzogen.

   Vielmehr wird ihm im Zwangsverwaltungsverfahren die Verwaltungs- und Benutzung des Grundstücks, einschließlich der Verfügung über Miet- und Pachtzinsforderungen entzogen. Diese werden von einem, vom Gericht einzusetzenden Zwangsverwalter vereinnahmt und in der Befriedigungsreihenfolge des § 10 ZVG verteilt. Der Schuldner bleibt jedoch Eigentümer des Grundstücks.

Lösungsvorschlag Fall 68

Diese sind: Antrag, Bewilligung, Voreintragung, Form und Beteiligtenverhältnis.

Antrag

Für jede Rechtsänderung im Grundbuch ist ein Antrag erforderlich, der wegen des Vermerks über den Eingang beim Grundbuchamt, § 13 Abs. 2 S. 1 GBO, schriftlich niedergelegt werden muss. Die besondere Formvorschrift des § 29 GBO bezieht sich jedoch nicht auf den Antrag.

Im Antrag sind das Grundstück und die Vollstreckungsforderung nach Hauptsache, Zinsen und Kosten aufzuführen. Zinsen sind mit Zinsbeginn und Zinssatz aufzuführen als Nebenleistung. Eine besondere Zwangshypothek kann für Zinsen nur eingetragen werden, wenn sie selbst zur Hauptsache werden.

Kosten des Rechtsstreits müssen, damit sie von der Zwangshypothek erfasst sind, eingetragen werden. Nachzuweisen sind sie mit Vollstreckungsbescheid oder Kostenfestsetzungsbeschluss.

Gleiches gilt für bisherige Vollstreckungskosten. Für sie genügt jedoch Glaubhaftmachung gem. § 294 ZPO. Für die Eintragungskosten der Zwangshypothek selbst haftet, gem. § 867 Abs. 1 S. 3, das Grundstück kraft Gesetz, sie werden nicht betragsmäßig aufgeführt.

Eine Bevollmächtigung bei der Antragstellung ist gem. § 80 Abs. 1 ZPO schriftlich nachzuweisen. Als ausreichend bevollmächtigt wird angesehen, wenn im Vollstreckungstitel der Anwalt aufgeführt ist, der für den Gläubiger den Eintragungsantrag stellt.

Bewilligung

Grundsätzlich wird im Grundbuchrecht von demjenigen eine Bewilligung verlangt, dessen Recht eingeschränkt werden soll. Da hier die Eintragung nicht auf freiwilliger Basis erfolgen soll, sondern im Wege der Zwangsvollstreckung, wird die Bewilligung durch die Vorlage der entsprechenden Vollstreckungsunterlagen ersetzt.

Voreintragung, § 39 GBO

Eine Eintragung wird im Grundbuch nur vorgenommen, wenn der Bewilligende im Grundbuch voreingetragen ist. Die Voreintragung des Schuldners kann durch den Gläubiger selbst gem. § 14 GBO beantragt werden, erforderliche Urkunden kann sich der Gläubiger gem. § 792 ZPO beschaffen.

Form, § 29 GBO

Eintragungsunterlagen bedürfen gem. § 29 GBO der Form der öffentlichen oder öffentlich beglaubigten Urkunden. Da bei der Eintragung der Zwangshypothek die Eintragung im Wege der Zwangsvollstreckung erfolgt, müssen die Vollstreckungsunterlagen in vollstreckbarer Ausfertigung samt Zustellungsnachweis vorgelegt werden, § 724 ZPO.

Lösungsvorschlag Fall 69

a) Eine Brieferteilung für die Zwangshypothek ist gem. § 1185 Abs. 1 BGB ausgeschlossen.

b) Der Mindestbetrag einer Zwangshypothek beträgt gem. § 866 Abs. 3 S. 1 ZPO 750,01 €,

c) Ja, eine Zusammenrechnung mehrerer Vollstreckungstitel eines Gläubigers ist möglich.

d) Sollen mehrere Grundstücke des Schuldners mit der Zwangshypothek belastet werden, ist der Betrag auf die einzelnen Grundstücke zu verteilen, die Größe der Teile bestimmt der Gläubiger im Antrag § 867 Abs. 2 ZPO. Jeder Teilbetrag muss mehr als 750 € betragen.

e) § 720a Abs. 1 lit. b ZPO ermöglicht die Vollstreckung aus einem nur gegen Sicherheit vorläufig vollstreckbaren Urteil, auch ohne Sicherheitsleistung. Jedoch ist gem. § 750 Abs. 3 ZPO eine Wartefrist von zwei Wochen einzuhalten.[51]

f) Im Grundbuchrecht ist in § 17 GBO normiert, dass die Reihenfolge der Grundbucheintragungen, der Reihenfolge der Anträge ans Grundbuchamt entsprechen soll. Man spricht von der sog. rangwahrenden Wirkung des Eintragungsantrags. Bei der Zwangshypothek wird dieser Grundsatz teilweise durchbrochen. Weist der Eintragungsantrag einen vollstreckungsrechtlichen Mangel auf, entfaltet der Antrag keine rangwahrende Wirkung. Dagegen bleibt die rangwahrende Wirkung erhalten, bei einem grundbuchrechtlichen Mangel.

Lösungsvorschlag Fall 70

a) Das Rangverhältnis unter mehreren Rechten, mit denen ein Grundstück belastet ist, bestimmt sich, wenn die Rechte in derselben Abteilung des Grundbuchs eingetragen sind, nach der Reihenfolge der Eintragungen. Sind die Rechte in verschiedenen Abteilungen eingetragen, so hat das unter Angabe eines früheren Tages eingetragene Recht den Vorrang. Rechte, die unter Angabe desselben Tages eingetragen sind, s. § 779 BGB. Das Rangverhältnis kann nachträglich geändert werden, § 880 BGB.

Rangfolge hier:

III/3	50.000 € Sächsische Landesbank
III/2	25.000 € Bankhaus Eilig
III/3	30.000 € Sächsische Landesbank
III/1	50.000 € Volksbank
II/1	Wohnungsrecht
III/4	40.000 € Meiser

b) Bei der Versteigerung wird nur ein solches Gebot zugelassen, durch welches die dem Anspruch des Gläubigers vorgehenden Rechte sowie die aus dem Versteigerungserlös zu entnehmenden Kosten des Verfahrens gedeckt werden (geringstes Gebot). Wird das Verfahren wegen mehrer Ansprüche von verschiedenem Range betrieben, so darf der vorgehende Anspruch der Feststellung des geringsten Gebots nur dann zugrunde gelegt werden, wenn der wegen dieses Anspruchs ergangene Beschluss dem Schuldner vier Wochen vor dem Versteigerungstermin zugestellt ist, § 44 ZVG.

Lösungsvorschlag Fall 71

a) In die sogenannte Rangklasse 0 des § 10 ZVG (Befriedigungsrangfolge) fallen die Gerichtskosten des Verfahrens. Rangklasse 1 und 1a können meist vernachlässigt werden. § 10 Abs. 1 Nr. 2 ZVG ist neu gefasst und begünstigt ab 1.7.2007 Wohnungseigentümer bei der Vollstreckung in Wohnungseigentum. In der Rangklasse 3 stehen öffentliche Grundstückslasten. Was eine öffentliche Grundstückslast ist, wird

51 Beachte hierzu *BGH* Beschl. v. 5.7.2005, Az. VII ZB 14/05.

durch Gesetz oder Satzung bestimmt. Beispiele sind Grundsteuer, Erschließungsbeiträge und Kaminkehrergebühren. Keine öffentlichen Grundstückslasten sind Wasserzins, Verbrauchssteuern, Gewerbesteuern und Hundesteuer. In der Rangklasse 3 werden die öffentlichen Grundstückslasten wegen der, aus den letzen vier Jahren rückständigen Beträge berücksichtigt, bei wiederkehrenden Leistungen (z.B. Grundsteuer) werden nur die laufenden und die aus den letzten zwei Jahren rückständigen Beträge berücksichtigt.

Da die Stadtkasse betreibt, bleiben keine Rechte bestehen. Zu zahlen sind also nur die Verfahrenskosten.

b) In der Rangklasse 4 stehen die Beteiligten, für die zum Zeitpunkt der Eintragung des Zwangsversteigerungsvermerks ein Recht an dem Grundstück eingetragen ist (dingliche Gläubiger). Wird ein Recht erst nach dem Versteigerungsvermerk eingetragen, muss es angemeldet werden und fällt dann in Rangklasse 6. In der Rangklasse 4 werden die eingetragenen Rechte mit ihrer Hauptsache sowie die laufenden und die aus den letzten zwei Jahren rückständigen Beträge auf wiederkehrende Leistungen berücksichtigt. Die Befriedigungsreihenfolge der eingetragenen Rechte untereinander bestimmt sich gem. § 11 Abs. 1 ZVG nach dem Rangverhältnis, also gem. § 879 BGB nach der zeitlichen Reihenfolge der Eintragungen, es sei denn, der Rang der Rechte wäre abweichend gem. § 880 BGB im Grundbuch geregelt.

Um in der Rangklasse 3 und 4 die laufenden von den rückständigen Leistungen abgrenzen zu können, bestimmt § 13 Abs. 1 ZVG, dass der letzte vor der Beschlagnahme fällig gewordene Betrag noch zu den laufenden Leistungen zählt.

Die Fälligkeiten der Zinsen der einzelnen Rechte ergibt sich aus den Grundschuldbewilligungsurkunden, bei einer Sicherungszwangshypothek (bei der es keine Bewilligung gibt) richtet sich die Fälligkeit nach § 13 Abs. 3 ZVG, es entscheidet der Tag der ersten Beschlagnahme.

Da zum Zeitpunkt der Erstellung des vorläufigen geringsten Gebots noch nicht feststeht, ob der Zuschlag im Versteigerungstermin erteilt wird, bestimmt § 47 ZVG, dass die laufenden Nebenleistungen bis zum Ablauf von zwei Wochen nach dem Versteigerungstermin ins geringste Gebot einzustellen sind.

Zugrunde zu legen ist hier der Anspruch des Bankhauses Eilig. Bestehenbleibende Rechte (§ 52 ZVG): III/3 mit 50.000 €.

c) Ist die Gläubigerin III/1 – Volksbank – alleinige, die Zwangsversteigerung betreibende Gläubigerin, dann bleiben folgende Rechte bestehen:

III/3 50.000 €
III/2 25.000 €
III/3 30.000 €

d) In der Rangklasse 5 stehen sämtliche weitere Gläubiger die das Verfahren betreiben, aber nicht aus einem eingetragenen Recht (persönliche Gläubiger). Ihre Befriedigungsreihenfolge ergibt sich aus der Reihenfolge der Zustellungen der Anordnungs- bzw. Beitrittsbeschlüsse, § 11 Abs. 2 ZVG.

Um aus der Rangklasse 4 (aus einem im Grundbuch eingetragenen Recht) das Verfahren betreiben zu können, ist ein so genannter Duldungstitel erforderlich. Der

Eigentümer kann sich entweder bereits in der Grundschuldbestellungsurkunde der Zwangsvollstreckung in sein Grundstück unterwerfen, (muss er aber nicht!) oder er wird durch Prozessurteil dazu verurteilt.

Bei der Vollstreckung aus einer eingetragenen Sicherungszwangshypothek genügt gem. § 867 Abs. 3 ZPO der Zahlungstitel, auf dem die Eintragung der Sicherungszwangshypothek im Grundbuch vermerkt ist.

Das sogenannte geringste Gebot besteht aus zwei Teilen:

Teil 1 sind die bestehen bleibenden Rechte. Dies sind Ansprüche, die dem bestrangig betreibenden Gläubiger vorgehen, § 52 ZVG. Diese Ansprüche sind von einem Ersteher, in vollem Umfange, außerhalb des Verfahrens, zusätzlich zu seinem abgegebenen Meistgebot in vollem Umfang zu übernehmen. Außerhalb des geringsten Gebots bleibt nach den gesetzlichen Versteigerungsbedingungen gem. § 9 EGZVG in Verbindung mit Landesrecht das Wohnungsrecht Abt. II Nr. 1 bestehen.

Teil 2 des geringsten Gebotes ist das sog. Bargebot, § 49 ZVG. In das Bargebot fallen die Gerichtskosten (Rangklasse 0), öffentliche Lasten des Grundstücks (Rangklasse 3) und die Nebenleistungen der bestehen bleibenden Rechte, soweit sie in Rangklasse 4 Berücksichtigung finden.

Das auf diese Weise ermittelte geringste Gebot ist völlig unabhängig vom Verkehrswert, im günstigsten Fall besteht es lediglich aus den Verfahrenskosten.

Um also den bestrangig betreibenden Gläubiger zu ermitteln, müssen die Ansprüche in der Befriedigungsreihenfolge des § 10 ZVG festgestellt werden.

Lösungsvorschlag Fall 72

Diese Vorschriften wurden eingefügt, um eine Verschleuderung des Grundbesitzes zu verhindern.

Die Vorschrift des § 85a ZVG ist von Amts wegen zu beachten und besagt, dass der Zuschlag zu versagen ist, wenn das abgegebene Gebot, einschließlich des Kapitalwertes der bestehen bleibenden Rechte, 50 % des festgesetzten Verkehrswerts nicht erreicht.

Liegt das abgegebene Meistgebot zwar über der 50 % Grenze, aber unterhalb von 70 % des Verkehrswerts, bestimmt § 74a ZVG, dass ein Berechtigter, der bei einem Gebot von 70 % mehr Erlös erhalten würde, wie bei dem zuletzt abgegebenen Meistgebot, einen Antrag auf Zuschlagsversagung stellen kann. Wird jedoch der Zuschlag versagt, sei es gem. § 85a ZVG oder gem. § 74a ZVG, so fallen beide Grenzen für sämtliche weitere, in diesem Verfahren stattfindenden Versteigerungstermine. Man spricht vom Grundsatz der Einmaligkeit. Dieser Umstand ist in einer weiteren Terminsbestimmung zum Ausdruck zu bringen, § 38 ZVG.

Achtung!

ZPO § 788 Abs. 1 ZPO, § 788 Abs. 1 Satz 1 ZPO, § 803 Abs. 2 ZPO, § 91 ZPO, § 826 BGB, § 765a (Vollstreckungskosten nicht notwendig bei erkennbarer Erfolgslosigkeit).

Kann ein Zwangsversteigerungsverfahren die Befriedigung des betreibenden Gläubigers aus dem Versteigerungserlös von vorneherein erkennbar nicht einmal teilweise erreichen, sind die Kosten der Zwangsvollstreckung nicht als notwendig im Sinne von § 788 Abs. 1 ZPO anzusehen. Dass der Versteigerungsantrag des Gläubigers aufgrund der ihm bleibenden Chance freiwilliger Leistungen des Schuldners zulässig ist, ändert daran nichts.[52]

Lösungsvorschlag Fall 73

a) Liegen keine Zuschlagsversagungsgründe vor, verkündet das Gericht den Zuschlagsbeschluss, § 87 ZVG. Mit der Verkündung des Zuschlagsbeschlusses wird der Meistbietende (Ersteher), sofort Eigentümer, außerhalb des Grundbuchs, § 90 Abs. 1 ZVG. Die noch vorzunehmende Grundbucheintragung hat lediglich deklaratorische Bedeutung. Eine Gewährleistung schließt das Gesetz aus, § 56 S. 3 ZVG. Gleichzeitig stellt der Zuschlagsbeschluss einen sofort vollstreckbaren Räumungstitel gegen den Eigentümer dar, § 93 ZVG.

b) Gegenüber einem Mieter hat der Zuschlagsbeschluss die Wirkung, dass der Ersteher in den Mietvertrag eintritt, so wie er sich zum Zeitpunkt des Zuschlags darstellt. Ist vertraglich eine längere Kündigungsfrist ausbedungen, wie die gesetzliche Kündigungsfrist, dann gilt die gesetzliche Kündigungsfrist, § 57a ZVG. Der Zuschlagsbeschluss stellt jedoch keinen Kündigungsgrund dar. Bei Mietverhältnissen über Wohnraum sind Kündigungsgründe lediglich Zahlungsverzug oder Eigenbedarf.

Lösungsvorschlag Fall 74

Die Aufgabe soll zeigen, ob die Studierenden mit der Abgrenzung Mobiliarvollstreckung (§§ 803 ff. ZPO) und der Immobiliarvollstreckung (§§ 864 ff. ZPO) umgehen können.

Hierzu gilt es daher im Wesentlichen zu erkennen und darzulegen:

Zu:

1. drei Kreissägen, Marke: „Kreisch-Super 3000 XL" aus der umfangreichen Sägenkollektion der Werkzeugabteilung des Baumarkts.

   Prüfung der Frage Zubehör, § 865 ZPO, § 97 BGB.

   Ergebnis: Hier handelt es sich um Waren zum Verkauf, die kein Zubehör sind.

   Prüfung gem. § 811 Nr. 5 ZPO, nicht unpfändbar, da geringfügige Menge.

   Ergebnis: § 808 ZPO, die Gegenstände befinden sich im Schuldnergewahrsam, also Pfändung durch den Gerichtsvollzieher möglich.

2. einen verschlissenen Rasenmähertraktor aus der Mietserviceabteilung, der zur Abgabe an den Altmetallhändler Emil Schrottkowski zum Schrottpreis auf dem Hinterhof des Baustoffhandels steht.

   Prüfung der Frage Zubehör, § 865 ZPO, §§ 97, 1120 BGB.

   Ergebnis: Hier handelt es sich um Zubehör des Schuldnergrundstücks im Hypothekenhaftverband; hier aber § 1122 Abs. 2 BGB Enthaftung wegen Verschrottungsabsicht.

52 *BGH* Beschl. v. 9.10.2014, V ZB 25/14, Rpfleger 3, 2015, 159.

Prüfung gem. § 811 Nr. 5 ZPO, nicht unpfändbar, da zu Erwerbszwecken nicht erforderlich.

Ergebnis: § 808 ZPO, die Gegenstände befinden sich im Schuldnergewahrsam.

3. den von Firma Tollpatsch Baumarkt e.K. gemieteten kleinen Gartenbagger.

   Prüfung der Frage Zubehör, § 865 ZPO, §§ 97, 1120 BGB.

   Ergebnis: fortdauerndes Zubehör des Schuldnergrundstücks trotz vorübergehender Entfernung vom Schuldnergrundstück im Hypothekenverband, § 865 Abs. 2 ZPO, also unpfändbar durch Mobiliarvollstreckung.

   Die Herausgabebereitschaft des Gewahrsamsinhabers (§ 809 ZPO) ist unerheblich wegen der Nichtigkeit der Pfändung durch das funktionell unzuständige Organ (hier Zuständigkeit des Vollstreckungsgerichts).

   Ergebnis: § 766 ZPO – Vollstreckungserinnerung wegen Verfahrensverstoß und § 771 ZPO – Drittwiderspruchsklage durch Grundschuldgläubigerin.

4. den von der Firma Tollpatsch Baumarkt e.K. gemieteten Presslufthammer.

   Prüfung der Frage Zubehör, § 865 ZPO, §§ 97, 1120 BGB.

   Ergebnis: § 97 BGB – kein Zubehör des Schuldnergrundstücks von Bernhard Rattatatong wegen nur vorübergehender Nutzung, § 1120 BGB. Presslufthammer ist nicht in das Eigentum des Schuldners Bernhard Rattatatong gelangt. Hypothekenhaftverband für sein Grundstück hier unerheblich, da Zubehör des Grundstücks des Theophil Tollpatsch.

   Prüfung der Pfändbarkeit, § 808 ZPO.

   Ergebnis: Presslufthammer befindet sich im Gewahrsam des Schuldners Bernhard Rattatatong, zwar kein Pfandrecht eingetreten, aber da Gerichtsvollzieher ordnungsgemäß gehandelt hat, ist die Verstrickung eingetreten.

   Ergebnis: § 771 ZPO – anfechtbar durch Theophil Tollpatsch (Eigentumsverletzung) und Grundschuldgläubigerin wegen (Pfandrechtsverletzung).

Lösungsvorschlag Fall 75

a) Vorläufiges geringstes Gebot, §§ 44 ff. ZVG

A. Vorbericht

1. Beschlagnahme 1.2.2015 gem. § 22 Abs. 2 S. 2, da Eingang Ersuchen vor Zustellung und Ersuchen alsbald erledigt wurde.

Verkehrswert, § 74a Abs. 5 ZVG: 100.000 €
Versagung bei geringem Meistgebot, § 85a ZVG: 5/10 = 50.000,00 €
Antrag auf Versagung des Zuschlags, § 74a ZVG: 7/10 = 70.000,00 €

Versteigerungstermin, §§ 35 ff. ZVG: 16.9.2015

Wiederkehrende Geldleistungen, § 47 ZVG: 30.9.2015

B. Bestehenbleibende Rechte, § 52 ZVG

III/1	10.000,00 €
III/2	30.000,00 €
Gesamt	**40.000,00 €**

C. Mindestbargebot, § 109 ZVG

1. Gerichtskosten, § 7 GKG

KV 2211	0,5	aus	100.000 €	513,00 €	
KV 2213	0,5	aus	100.000 €	513,00 €	
KV 2215	0,5	aus	100.000 €	513,00 €	(Verteilungsverfahren)
Auslagen lt. Sachverhalt				2.000,00 €	
Gesamt				**3.539,00 €**	

2. Stadt Hannover, Grundsteuer
§ 10 Abs. 1 Nr. 3 ZVG 360,00 € (Rückst. 2 Jahre; lfd. 1 Jahr)
vom 1.10.2012 – 30.9.2015

3. A-Bank aus III/1
15 % Zinsen aus 10.000€ vom 1.1.2014 – 30.9.2015 2.625,00 €
laufende Zinsen von Amts wegen gem. § 45 Abs. 2 ZVG

4. B-Bank aus III/2
10 % Zinsen aus 30.000 € vom 1.7.2014 – 30.9.2015 3.750,00 €

Summe Mindestbargebot:	10.274,00 €
Bestehen bleibende Rechte:	40.000,00 €
Mindestbargebot	10.274,00 €
Geringstes Gebot somit	**50.274,00 €**

b) Vorläufiger Teilungsplan

Vorläufiger Teilungsplan, da noch Anträge im Verteilungstermin gestellt werden können.

A. Vorbericht

Erste Beschlagnahme:	1. Februar 2015
Tag der Zuschlagsverkündung, § 89 ZVG:	16. September 2015
Verteilungstermin:	1. Dezember 2015

Berechnung der wiederkehrenden Leistungen bei Rechten

a) die bestehen bleiben, bis zum 15. September 2015 einschließlich

b) die erlöschen, bis zum 30. November 2015 einschließlich

Ersteher: Gerd Pieper, Hildesheim, durch ein Bargebot von 35.000 €.

Die Bestimmung des Verteilungstermins ist den nach § 105 Abs. 2 ZVG in Betracht kommenden Beteiligten zugestellt worden.

B. Feststellung der Teilungsmasse

Die Teilungsmasse setzt sich zusammen aus

1. dem Bargebot von	35.000,00 €
2. 4 % Zinsen aus 35.000 € vom Tage des Zuschlags bis zum Tage vor dem Verteilungstermin (75 Tage) (§ 49 ZVG, § 246 BGB)	291,67 €
Insgesamt:	**35.291,67 €**

Diesen Betrag erbringt der Ersteher

a) durch die beim Gericht hinterlegte Bietsicherheit von	00,00 €
b) durch eine weitere Zahlung von	35.291,67 €
Summe	**35.291,67 €**

C. Feststellung der bestehen bleibenden Rechte

Abt. III Nr. 1 Grundschuld über 10.000 € der A-Bank, verzinslich mit 15 %
Abt. III Nr. 2 Grundschuld über 30.000 € der B-Bank, verzinslich mit 10 %

D. Feststellung der Schuldenmasse

1. Gerichtskosten	
KV 2211 aus 100.000 €	513,00 €
KV 2213 aus 100.000 €	513,00 €
KV 2215 aus 75.000 €	513,00 €
Auslagen lt. Sachverhalt	2.000,00 €
Summe	**3.539,00 €**
2. Stadt Hannover Grundsteuer	
vom 1.10.2012 – 15.9.2015	355,00 €
(ältere Ansprüche gehören in Rangklasse 7)	
3. A-Bank aus III/1	
laufende Zinsen von Amts wegen § 45 Abs. 2 ZVG	
15 % Zinsen aus 10.000 € vom 1.1.2014 – 15.9.2015	2.562,50 €
4. B-Bank aus III/2	
10 % Zinsen hieraus vom 1.7.2014 – 15.9.2015	3.625,00 €
5. C-Bank aus III/3	
Hauptsache	5.000,00 €
12 % Zinsen vom 1.1.2015 – 30.11.2015	550,00 €
Kosten GKG KV 2210	50,00 €
6. D-Bank aus III/4	
Hauptsache	100.000,00 €
5 % Zinsen aus 100.000 € vom 1.7.2014 – 30.11.2015	7.083,33 €
(§ 45 Abs. 2 ZVG)	
7. Stadt Hannover Grundsteuer	90,00 €
vom 1.1.2012 – 30.9.2012	

E. Ausführung des Teilungsplans

Aus der unter B errechneten Teilungsmasse von **35.291,67 €** werden in nachstehender, zugleich die Rangordnung angebender Reihenfolge zugeteilt:

1. Gerichtskasse	3.539,00 €
2. Stadt Hannover	355,00 €
3. A-Bank	2.562,50 €

4. B-Bank	3.625,00 €
5. C-Bank	5.600,00 €
6. D-Bank	19.610,17 €

F. Nur zur Vervollständigung

Das Vollstreckungsgericht ersucht nunmehr das Grundbuchamt, das Grundbuch zu berichtigen und den vorstehend näher bezeichneten Ersteher als neuen Eigentümer in das Grundbuch einzutragen.

Die für die Eintragung der Eigentumsänderung erforderliche steuerliche Unbedenklichkeitsbescheinigung ist diesem Ersuchen beigefügt.

Ferner wird um folgende Löschungen ersucht:

Abt. II Nr. 1	Zwangsversteigerungsvermerk
Abt. III Nr. 3	Grundschuld über 5.000 € der C-Bank
Abt. III Nr. 4	Grundschuld über 100.000 € der D-Bank

V. Lösungsvorschläge zur Teilungsversteigerung

Lösungsvorschlag Fall 76

Vorbemerkung

Das Geringste Gebot bei der Bruchteilsgemeinschaft – siehe § 747 BGB, § 182 ZVG:

Es bleiben bestehen:

- Alle Rechte, die den Anteil des Antragstellers belasten (Einzelrechte)
- Alle Rechte, die den Anteil des Antragstellers mitbelasten (Gesamtrechte)
- Alle Rechte, die einer Mitbelastung im Range vorgehen oder gleichstehen

Lösungen (bestehen bleibende Rechte):

Betreiben A bzw. B:	II/1	(100.000,00 €)	
	III/2	(20.000,00 €)	
	III/3	(40.000,00 €)	
	III/4	(60.000,00 €)	
dann		**220.000,00 €**	
Betreibt C:	III/1	(100.000,00 €)	
	III/3	(40.000,00 €)	
	II/1	(Reallast)	
dann		**140.000,00 €**	**zuzüglich Reallast**

Lösungsvorschlag Fall 77

Es bleibt die Grundschuld über 150.000 € bestehen. In dieser Höhe ist Felix seine Darlehensschulden los.

Damit Mausi nicht schlechter bedient wird, ist gemäß § 182 Abs. 2 ZVG das geringste Bargebot entsprechend zu erhöhen.

Fazit in diesem Fall:

Anteil des Felix:				Anteil der Mausi:	
III/1	=	150.000,00 €	Grundschuld	–	
Kosten	=	2.500,00 €		2.500,00 €	(insgesamt: 5.000,00 €)
Grundsteuern	=	500,00 €		500,00 €	(insgesamt: 1.000,00 €)
Zinsen III/1	=	30.000,00 €		–	
Insgesamt	**=**	**183.000,00 €**		**3.000,00 €**	

Der Anteil des Felix ist um 180.000 € höher belastet als der Anteil von Mausi.

Um diesen Betrag erhöht sich das geringste Bargebot.

Das geringste Bargebot beträgt also:

Kosten	5.000,00 €
Grundsteuern	1.000,00 €
Zinsen III/1	30.000,00 €
Ausgleichsbetrag	180.000,00 €
1. geringstes Bargebot	216.000,00 €
2. Bestehen bl. Recht III/1	150.000,00 €
Insgesamt	**366.000,00 €**

> ***Achtung!***
>
> *ZPO § 114 Satz 1, ZVG §§ 180, 182 (PKH, mutwillige Teilungsversteigerung). Eine beabsichtigte Teilungsversteigerung nach §§ 180ff. ZVG ist mutwillig i.S.v. § 114 ZPO, wenn sie aller Voraussicht nach fehlschlägt, weil sich kein Bieter finden wird, der ein nach §§ 182, 44 ZVG zulässiges Gebot abgibt, so dass das Verfahren wegen Ergebnislosigkeit aufgehoben werden muss (§ 77 Abs. 2 Satz 1 ZVG).*[53]

Lösungsvorschlag Fall 78

Die Teilungsmasse beträgt: 70.000 €

Feststellung der bestehen bleibenden Rechte (§§ 52, 91 Abs. 2, 113 Abs. 2, 182 Abs. 1 ZVG)

a) Abt. II Nr. 2 (Reallast)	30.000 €
b) Abt. III Nr. 1 (Grundschuld)	200.000 €
insgesamt	**230.000 €**

Vermerk: Gemäß § 182 Abs. 1 ZVG bleiben alle den Anteil des Antragstellers (hier: Riedel, das seine Gläubigerin das Verfahren beantragt hat) belastenden Rechte bestehen. Der unter Abteilung II Nr. 1 eingetragene Vermerk wird durch den Antrag auf Zwangsversteigerung durch die Pfändungsgläubigerin gegenstandslos. Die getroffene Vereinbarung über den Ausschluss der Aufhebung der Gemeinschaft gilt gemäß § 751 S. 2 ZPO für die Pfändungsgläubigerin nicht.

Ausführung des Teilungsplans

Bitte lesen Sie §§ 112, 117, 122 ZVG.

Da die Miteigentumsanteile unterschiedlich belastet sind, ist § 112 ZVG zu beachten. Der Erlös muss rechnerisch auf beide Anteile aufgeteilt werden, weil die jeweiligen Ansprüche aus dem Erlös des Anteils gedeckt werden können, auf dem sie lasten. Dazu sind vorweg zu entnehmen:

a) die Verfahrenskosten gemäß § 109 ZVG

b) alle im geringsten Gebot berücksichtigten Ansprüche, für die der gesamte Grundbesitz haftet (fiktiv)

53 *BGH* Beschl. v. 15.3.2011, V ZB 177/10, Rpfleger 9-10, 2011, 547.

Teilungsmasse:	70.000,00 €	
abzüglich	4.600,00 €	(Verfahrenskosten)
	2.000,00 €	(Erschließungskosten)
	11.000,00 €	(Zinsen: III Nr. 1, Gesamtrecht)
	52.400,00 €	

Hinzuzusetzen sind gemäß § 112 Abs. 2 S. 2 ZVG die bestehen bleibenden Rechte:

	(52.400,00 €)	
+	30.000,00 €	(II Nr. 2, Reallast)
+	200.000,00 €	(III Nr. 1, Gesamtgrundschuld)
	282.400,00 €	

Gemäß § 112 Abs. 2 S. 1 ZVG ist diese berichtigte Teilungsmasse im Verhältnis der Grundstückswerte (1 : 1) aufzuteilen:

a) Anteil Riedel	=	141.200,00 €
b) Anteil Meyer	=	141.200,00 €

Hiervon sind gemäß § 112 Abs. 2 Satz 3 ZVG die bestehenbleibenden Rechte wieder abzuziehen:

	Riedel (1/2)	Meyer (1/2)
	141.200,00 €	141.200,00 €
abzüglich II/2	30.000,00 €	
abzüglich III/1 (verhältnismäßig 1 : 1, § 112 Abs. 4 S. 4 ZVG)	100.000,00 €	100.000,00 €
	11.200,00 €	**41.200,00 €**

Vermerk: Der Erlösüberschuss gilt als Surrogat des versteigerten Grundstücks. Daran setzt sich die Gemeinschaft fort. Die Verteilung dieses Betrages gehört nicht mehr zu den Aufgaben des Zwangsversteigerungsrechtspflegers. Bei übereinstimmenden Erklärungen der Pfändungsgläubigerin und der Miteigentümer, wie der Erlösüberschuss verteilt werden soll, kann das Vollstreckungsgericht bei der Verteilung mitwirken und auch auszahlen. Anderenfalls ist der Betrag gemäß § 117 Abs. 2 S. 3 ZVG für die Miteigentümer und die Pfändungsgläubigerin als Gesamtberechtigte gemäß § 432 BGB zu hinterlegen.

Hinweis: Auch die Pfändungsgläubigerin kann nur außerhalb des Versteigerungsverfahrens befriedigt werden, denn ihr Pfändungspfandrecht setzt sich an dem Überschuss fort, der vorher an dem Anteil des Miteigentümers Riedel bestand.

Sollte im Verteilungstermin eine Vereinbarung dahingehend getroffen werden, dass der Erlösüberschuss des Miteigentümers Riedel in Höhe von ... € an die Pfändungsgläubigerin auszuzahlen ist, so würde das Gericht die Zuteilung auch vornehmen.

Lösungsvorschlag Fall 79

a) Das Grundstück steht weiterhin im Eigentum einer Bruchteilsgemeinschaft, die aus einer Einzelperson (Mia) und einer Erbengemeinschaft (Johann und Luis) gebildet wird.

Nach h.M. ist der Miterbe berechtigt, die Teilungsversteigerung nicht nur des 1/2 Miterbenanteils, sondern auch hinsichtlich des ganzen Grundstücks zu verlangen (§ 2039 BGB).

b) Alle Rechte bleiben bestehen (Gesamtrechte gemäß § 1132 BGB).

VI. Lösungsvorschläge zum Rechtsschutz im Vollstreckungsverfahren

Lösungsvorschlag Fall 80

a) Der Einwand, das Auto sei nicht pfändbar, betrifft die Art und Weise der Zwangsvollstreckung. Somit könnte Lena den Rechtsbehelf der Erinnerung nach § 766 Abs. 1 ZPO einlegen. Die Unpfändbarkeit des Autos folgt hier aus § 811 Abs. 1 Nr. 5 ZPO, denn Lena benötigt den PKW für die Durchführung von Hochzeitsfahrten. Allerdings ist das Auto deshalb nicht völlig unpfändbar. Nach § 811a ZPO kann der Gläubiger beantragen, dass eine sog. Austauschpfändung zugelassen wird, er den Audi also gegen Überlassung eines ähnlichen, gleichwertigen (aber eventuell billigeren) Fahrzeugs pfänden darf.

> **Praxistipp:** Hier ist allerdings immer die Entwicklung der Rechtsprechung zu beachten. So hat der BGH entschieden, dass eine Austauschpfändung eines nach § 811 Abs. 1 Nr. 5 ZPO unpfändbaren Kraftfahrzeuges nur zulässig ist, wenn das Ersatzstück eine annähernd gleiche Haltbarkeit und Lebensdauer wie das gepfändete Fahrzeug aufweist[54].

b) Nach § 301 Abs. 1 InsO betrifft die Restschuldbefreiung alle Insolvenzgläubiger. Insolvenzgläubiger sind Gläubiger, die einen zur Zeit der Eröffnung des Insolvenzverfahrens begründeten Vermögensanspruch gegen den Schuldner haben (egal ob dieser zur Tabelle angemeldet wurde oder nicht!), § 38 InsO. Die Restschuldbefreiung bewirkt, dass der Schuldner von den im Insolvenzverfahren nicht erfüllten Verbindlichkeiten gegenüber den Insolvenzgläubigern befreit wird, § 286 InsO. Die Verbindlichkeiten bestehen jedoch als unvollkommene Verbindlichkeit fort. § 301 Abs. 1 InsO bewirkt, dass sich die Insolvenzforderungen verwandeln, d.h. sie zwar noch erfüllbar, aber nicht mehr durchsetzbar sind[55] (Naturalobligation). Somit handelt es sich um Einwendungen, die den durch das Urteil festgestellten Anspruch selbst betreffen. Diese sind von dem Schuldner im Wege der Klage bei dem Prozessgericht des ersten Rechtszuges geltend zu machen. Somit ist also Vollstreckungsabwehrklage nach § 767 ZPO zu erheben.

c) Die Restschuldbefreiung wirkt nach § 301 Abs. 1 Satz 2 InsO auch gegen Gläubiger, die ihre Forderungen im Insolvenzverfahren nicht angemeldet haben. Im vorliegenden Fall könnte jedoch § 302 Nr. 1 InsO entgegenstehen, denn ein Betrug ist eine vorsätzliche unerlaubte Handlung. Allerdings sind Forderungen aus vorsätzlich unerlaubter Handlung nur von der Restschuldbefreiung ausgenommen, wenn sie auch als solche zur Insolvenztabelle angemeldet und als solche auch festgestellt worden sind, § 178 InsO. Da der Gläubiger Schläfrig es jedoch versäumt hat, die Forderung zur Insolvenztabelle anzumelden wird diese jedoch gerade nicht von § 302 Nr. 1 InsO erfasst.[56]

---

54 *BGH* Beschl. v. 16.6.2011, Az. VII ZB 114/09.

55 *Uhlenbruck* Kommentar zur InsO, 15. Aufl. 2018, § 301 Rn. 16.

56 *Uhlenbruck* Kommentar zur InsO, 15. Aufl. 2018, § 302 Rn. 23.

Gläubiger Schläfrig könnte eventuell noch einen Antrag auf Widerruf der Restschuldbefreiung gem. § 303 InsO stellen. Dieser ist jedoch gem. § 303 Abs. 2 InsO nur zulässig, wenn seit der Restschuldbefreiung noch kein Jahr vergangen ist. Für einen solchen Antrag ist jedoch Voraussetzung, dass Lena eine der Obliegenheiten aus § 295 InsO verletzt hätte. Das ist dem vorliegenden Sachverhalt nicht zu entnehmen und somit ist davon auszugehen, dass eine solche Verletzung nicht vorliegt. Das Lena eventuell vergessen hat, die Forderung des Gläubigers Schläfrig anzugeben, stellt lediglich eine Verletzung der Obliegenheit aus § 305 Abs. 1 Nr. 3 InsO dar. Wegen einer solchen Verletzung hätte Lena höchstens die Restschuldbefreiung nach § 290 Abs. 1 Nr. 6 InsO im Schlusstermin versagt werden können.

Somit hätte auch die in Lösung b) benannte Vollstreckungsabwehrklage Erfolg.

Lösungsvorschlag Fall 81

Der Buchautor kann den Antrag auf Erlass einer einstweiligen Verfügung gem. § 935 ZPO stellen. Darunter ist zu verstehen, dass der Buchautor die Möglichkeit hat, subjektive Rechte bereits vor einer Entscheidung in einem Hauptsacheverfahren wirksam zu schützen. Es handelt sich dabei um ein Verfahren des vorläufigen Rechtsschutzes, das heißt es wird durch das Gericht nur eine vorläufige – keine endgültige – Entscheidung in einem Eilverfahren, das aber nur der Sicherung eines nicht auf Geld gerichteten Anspruchs bis zur endgültigen Entscheidung dient, getroffen. Der Buchautor kommt daher innerhalb weniger Tage zu einer gerichtlichen Entscheidung. Hierzu muss vom Buchautor ein Verfügungsgesuch bei Gericht eingereicht werden. Ein Verfügungsgrund für den Buchautor besteht, wenn ohne die Verfügung die Durchsetzung des Anspruchs gefährdet wäre oder zur Erhaltung des Rechtsfriedens notwendig erscheint. Der Verfügungsgrund ist der Anlass, aus dem die Verfügung begehrt wird. Die einstweilige Verfügung wird nicht von Amts wegen an Dreamfilms zugestellt, sondern muss vom Buchautor bzw. dessen Prozessbevollmächtigten selbst mittels eines Gerichtsvollziehers innerhalb eines Monats zugestellt werden, um vollstreckbar zu werden, § 929 Abs. 2 i.V.m. § 936 ZPO.

Da Dreamfilms den Erlass einer einstweiligen Verfügung zu befürchten hat, könnte diese vorab mittels Hinterlegung einer Schutzschrift bei den als zuständig in Frage kommenden Gerichten seinen Standpunkt dem Gericht bereits frühzeitig mitteilen. Die Schutzschrift ist ein Schriftsatz an die Gerichte, der verhindern soll, dass im Rahmen eines einstweiligen Verfügungsverfahrens ein Beschluss ohne mündliche Verhandlung gem. § 944 ZPO erfolgt. Allerdings liegt die Entscheidung, ob eine mündliche Verhandlung angeordnet wird oder ob unmittelbar durch Beschluss entschieden wird, gemäß § 937 Abs. 2 ZPO im Ermessen des Gerichts. Es kann also trotz hinterlegter Schutzschrift eine einstweilige Verfügung durch Beschluss gegen Dreamfilms ergehen, wenn nach freier Überzeugung Richters die Argumente der Schutzschrift nicht durchgreifen.

Wenn die einstweilige Verfügung bereits erlassen worden ist, kann Dreamfilms nur noch mittels Widerspruch gem. § 924 i.V.m. § 936 ZPO erreichen, dass das Gericht über die einstweilige Maßnahme mündlich verhandelt und durch Urteil entscheidet. Der Widerspruch ist an keine Frist gebunden.[57]

57 *Zöller* Kommentar zur ZPO, 32. Auflage 2018, § 924 Rn. 4.

Lösungsvorschlag Fall 82

Nein, denn gem. § 767 Abs. 2 ZPO sind Einwendungen nur insoweit zulässig, als die Gründe, auf denen sie beruhen, erst nach dem Schluss der mündlichen Verhandlung, in der Einwendungen nach den Vorschriften der ZPO spätestens hätten geltend gemacht werden müssen, entstanden sind und durch Einspruch nicht mehr geltend gemacht werden können. Dem Schuldner ist die Gegenforderung bereits seit 1.2. bekannt, somit hätte er diese im Prozess geltend machen können und auch müssen.

Lösungsvorschlag Fall 83

Hier hat Antonio die Möglichkeit, einen dinglichen Arrest §§ 916, 917 ZPO gegen Sorglos zu beantragen. Da Antonio eine Geldforderung hat, liegt gem. § 916 Abs. 1 ZPO auch ein Arrestanspruch vor. Auch ein Arrestgrund ist vorhanden, da Antonio befürchten muss, dass die Zwangsvollstreckung erheblich erschwert bzw. unmöglich wird, wenn Sorglos nach Brasilien zieht, vgl. § 917 Abs. 1, 2 ZPO. Antonio könnte nunmehr beim Gericht der Hauptsache oder bei dem Gericht, in dessen Bezirk er vollstrecken möchte, einen Antrag auf dinglichen Arrest stellen.

Lösungsvorschlag Fall 84

Johann Bauer kann den Pfändungsschutz für Landwirte nach § 851a Abs. 1 ZPO beanspruchen. Die Pfändung von Forderungen, die einem die Landwirtschaft betreibenden Schuldner aus dem Verkauf von landwirtschaftlichen Erzeugnissen zustehen, ist auf seinen Antrag vom Vollstreckungsgericht insoweit aufzuheben, als die Einkünfte zum Unterhalt des Schuldners, seiner Familie und seiner Arbeitnehmer oder zur Aufrechterhaltung einer geordneten Wirtschaftsführung unentbehrlich sind. Der Pfändungsschutzantrag dürfte im vorliegenden Fall Aussicht auf Erfolg haben, nachdem Johann Bauer nach Abzug der Lohnkosten in Höhe von 400 € und der Wartungskosten in Höhe von 300 € lediglich ein Betrag in Höhe von 1.100 € für sich <u>und</u> seine Ehefrau zur Bestreitung seines Lebensunterhalts verbleibt.

Lösungsvorschlag Fall 85

Gemäß § 851c Abs. 1 ZPO dürfen Ansprüche auf Leistungen, die auf Grund von Verträgen gewährt werden, nur wie Arbeitseinkommen gepfändet werden, wenn

1. die Leistung in regelmäßigen Zeitabständen lebenslang und nicht vor Vollendung des 60. Lebensjahres oder nur bei Eintritt der Berufsunfähigkeit gewährt wird,
2. über die Ansprüche aus dem Vertrag nicht verfügt werden darf,
3. die Bestimmung von Dritten mit Ausnahme von Hinterbliebenen als Berechtigte ausgeschlossen ist und
4. die Zahlung einer Kapitalleistung, ausgenommen eine Zahlung für den Todesfall, nicht vereinbart wurde.

Da die Voraussetzungen des § 851c Abs. 1 ZPO vorliegen, ist Rentenzahlung von Karl wie Arbeitseinkommen vor einer Pfändung geschützt. Da die Rentenzahlung mit 985 € unterhalb der Pfändungsgrenze (derzeit 1.133,80 €) liegt, hat Karl keine Abzüge zu befürchten. Nachdem Karl über keine anderweitigen monatlichen Einkünfte (z.B. eine Altersrente durch die gesetzliche Rentenversicherung) verfügt, scheidet im vorliegenden Fall auch eine Zusammenrechnung der Einkünfte nach § 850e Nr. 2 ZPO aus.

Lösungsvorschlag Fall 86

Wird Revision gegen ein für vorläufig vollstreckbar erklärtes Urteil eingelegt, so ordnet das Revisionsgericht auf Antrag an, dass die Zwangsvollstreckung einstweilen eingestellt wird, wenn die Vollstreckung dem Schuldner einen nicht zu ersetzenden Nachteil bringen würde und nicht ein überwiegendes Interesse des Gläubigers entgegensteht; § 719 Abs. 2 ZPO. Aus dem Sachverhalt ergibt sich bereits, dass die Zahlung des Urteilsbetrages – erst Recht die Vollstreckung desselben – den wirtschaftlichen Ruin von Ahrens bedeuten würde. Die Voraussetzung des „nicht zu ersetzenden Nachteils" wäre daher erfüllt. Für ein entgegenstehendes Gläubigerinteresse gibt der Sachverhalt nichts her, so dass ein solches auch nicht angenommen wird.

Allerdings hat der *BGH*[58] bereits im Jahr 2008 entschieden, dass eine Einstellung der Zwangsvollstreckung durch das Revisionsgericht im Verfahren über die Revision oder die Nichtzulassungsbeschwerde nicht in Betracht kommt, wenn der Schuldner es versäumt hat, im Berufungsrechtszug einen Schutzantrag nach § 712 ZPO zu stellen, obwohl ihm ein solcher Antrag zumutbar und möglich gewesen wäre. Weil der Vollstreckungsschutz durch das Revisionsgericht nach § 719 ZPO grundsätzlich einen Schutzantrag nach § 712 ZPO im Berufungsverfahren voraussetzt, darf das Berufungsgericht den Schutzantrag nicht mit der pauschalen Begründung zurückweisen, die Möglichkeit einer einstweiligen Anordnung nach den §§ 707, 719 ZPO verdränge regelmäßig den Vollstreckungsschutz nach § 712 ZPO.

RA Hansen hätte daher bereits im Rahmen eines Berufungsverfahrens prüfen müssen, ob die Voraussetzungen eines Antrags nach § 712 ZPO vorliegen und hätte sodann einen entsprechenden Schutzantrag für Ahrens vor Schluss der mündlichen Verhandlung (§ 714 ZPO) stellen müssen. Zur Frage, ob bereits in zweiter Instanz Vollstreckungsschutzanträge durch RA Hansen gestellt wurden, gibt der Sachverhalt nichts her, so dass davon auszugehen ist, dass dies nicht geschehen ist. Es ist anzunehmen, dass die Voraussetzungen für einen Antrag nach § 712 ZPO schon während des Berufungsverfahrens vorgelegen haben, nachdem sich aus dem Sachverhalt ergibt, dass die Geschäfte von Heinz Ahrens bereits „seit geraumer Zeit" schlecht laufen würden. Da eine rechtzeitige Antragstellung im Berufungsverfahren durch RA Hansen versäumt wurde, kann im Revisionsverfahren eine einstweilige Einstellung der Zwangsvollstreckung nicht mehr oder nur unter äußerst erschwerten Bedingungen erreicht werden. Der Antrag auf einstweilige Einstellung der Zwangsvollstreckung durch den BGH wird daher im hier vorliegenden Fall wohl keine Aussicht auf Erfolg haben.

Prüfungstipp: Sie müssen nicht alle Entscheidungen des BGH kennen, dennoch sollten Sie zumindest in der Praxis häufig vorkommende Entscheidungen, die sehr relevant in der täglichen Arbeit sind, kennen. Entscheidungen des Bundgerichtshofs können auf der Seite: www.bundesgerichtshof.de direkt abgerufen, gelesen und ausgedruckt werden.

58 *BGH* Beschl. v. 4.6.2008, Az. XII ZR 55/05 = NJW-RR 2008, S. 1038.

C. Übungsfälle im Gutachtenstil

I. Übungsfälle

Fall 1

Der Gläubiger Glaubrecht hat nachstehendes Urteil gegen die Schuldnerin Wilma Wildinski OHG „Hutmanufaktur" erwirkt. Am 15.4.2018 beauftragt er unter Vorlage der vollstreckbaren Ausfertigung des Urteils – unter Benutzung des amtlichen Vordrucks – den Gerichtsvollzieher mit der Pfändung und Verwertung körperlicher Sachen nach §§ 754, 802a Abs. 2 Nr. 4 ZPO.

VOLLSTRECKBARE AUSFERTIGUNG

Amtsgericht Tiergarten — Verkündet am 4.3.2018
– 3 C 567/16 – — Klick, JOS als UdG

IM NAMEN DES VOLKES
Urteil

In dem Rechtsstreit
des Kaufmanns Günther Glaubrecht, Stresemannstr. 9, 10963 Berlin,

Klägers,

Prozessbevollmächtigter:
Rechtsanwalt Dr. Klaus Schiller, Stresemannstr. 15, 10963 Berlin

g e g e n

die Wilma Wildinski OHG „Hutmanufaktur", Bochumer Str. 12, 10555 Berlin, vertreten durch die Gesellschafter Wilma Wildinski und Ricardo Hut, ebenda,

Beklagte,

Prozessbevollmächtigte:
Rechtsanwältin Gabi Möller, Krefelder Str. 3, 10554 Berlin

hat das Amtsgericht Tiergarten auf die mündliche Verhandlung vom 2.3.2018 durch den Richter am Amtsgericht Wollert für Recht erkannt:

1. Die Beklagte wird verurteilt, an den Kläger 4.000 € nebst 4 % Zinsen seit dem 1.12.2017 zu zahlen, Zug um Zug gegen Abgabe der Zustimmungserklärung zur Verlängerung des Pachtvertrages um ein Jahr über den 1.12.2018 hinaus. 1.000 € sind sofort fällig, der Rest jeweils in monatlichen Raten von 1.000 € beginnend ab 11.3.2018. Kommt der Beklagte mit einer Rate in Verzug, ist der gesamte Restbetrag fällig.
2. Die Beklagte hat die Kosten des Rechtsstreits zu tragen.
3. Das Urteil ist gegen Sicherheitsleistung in Höhe des jeweilig zu vollstreckenden Betrages zuzüglich 20 % davon vorläufig vollstreckbar.

Ausgefertigt — Gerichtssiegel — Wollert
Klick, JOS als UdG

Vorstehende Ausfertigung des dem Gesellschafter Ricardo Hut am 11.3.2018 persönlich zugestellten Urteils in vollständiger Form wird dem Kläger zum Zwecke der Zwangsvollstreckung erteilt.

Berlin, den 15.3.2018 — Gerichtssiegel — Sommer JS als UdG

Sind alle Voraussetzungen erfüllt, um aus dem Urteil vollstrecken zu können?

Soweit Ihres Erachtens einzelne Voraussetzungen nicht erfüllt sind, geben Sie an, welche Möglichkeiten bestehen, sie zu schaffen. Sämtliche Punkte sind **gutachtlich** zu erörtern.

Fall 2

Im Büro des Rechtsanwalts Robert Winkelzug erscheint am **15.5.2018** Frau Hilde Plötzlich, Breite Straße 137, 13597 Berlin (Spandau) und erklärt:

„Ich habe als gesetzliche Vertreterin meines minderjährigen Sohnes Nepomuk Plötzlich beim Amtsgericht Spandau in Sachen Nepomuk Plötzlich, wohnhaft bei mir, gegen Herrn Eberhard Innocent, wohnhaft Altstädter Ring 27, 13597 Berlin (Spandau) am ***23.4.2018*** *einen Pfändungs- und Überweisungsbeschluss gem. § 850d ZPO wegen Unterhalts erwirkt, der der Drittschuldnerin (Firma Schwiegershaisen & Schenk – Lohnbüro) am* ***28.4.2018*** *zugestellt wurde. Der Freibetrag gem. § 850d ZPO wurde vom Vollstreckungsgericht ohne nähere Begründung auf 1.000 € für den Schuldner, für seine Frau auf 500,00 € und den in Göttingen studierenden Sohn auf 400,00 €, also insgesamt 1.900 € festgesetzt.*

Laut Mitteilung der Drittschuldnerin, der Firma Schwiegershausen & Schenk – Lohnbüro – vom ***4.5.2018*** *ist das Nettogehalt des Schuldners Innocent in Höhe von* ***2.100 €*** *bereits durch einen dem Lohnbüro* ***am 21.4.2018*** *zugestellten* ***PfÜb vom 17.4.2018*** *gem. § 850c ZPO für den Gläubiger Gerhard Schneller gepfändet worden. Dabei seien zwei Unterhaltsberechtigte, nämlich die Ehefrau (nicht berufstätig) und das volljährige Kind (Student) ohne festes eigenes Einkommen berücksichtigt. Bei 2.100 € Nettoeinkommen seien für Gerhard Schneller somit bei zwei Unterhaltsberechtigten gem. § 850c ZPO 120,70 € pfändbar. Mir sind von der Drittschuldnerin vom April-Gehalt des Schuldners daher nur 79,30 € überwiesen worden (Freibetrag gem. § 850d 1.900 € + 120,70 € + 79,30 € = 2.100 €). So erhalte ich nicht einmal den laufenden monatlichen Unterhalt von 450 €.*

Das erscheint mir zu wenig, da doch wohl bei der vorgehenden Pfändung gem. § 850c ZPO ***auch mein Sohn, der Gläubiger, als Unterhaltsberechtigter gem. § 850c ZPO neben dem volljährigen Kind und der Ehefrau des Schuldners zu berücksichtigen ist.*** *Bei Unterhaltspflichten für 3 Personen müsste gem. § 850c ZPO für Herrn Schneller dann nicht 120,70 €, sondern nur 19,21 € pfändbare Beträge abgezogen werden (1.900 € Freibetrag für den Schuldner zuzüglich 19,21 € für den Gläubiger Schneller = 1.919,21 € + 180,79 € = 2.100 €. Ich erhielte somit statt 79,30 € = 180,79 €). Das ist aber auch zu wenig.*

Ich bitte daher um Prüfung, ob die vom Drittschuldner und Vollstreckungsgericht berechneten bzw. festgesetzten Beträge den gesetzlichen Regeln entsprechen.

Schließlich beanspruchen wir, d.h. mein Sohn, vertreten durch mich, noch 9.000 € Unterhaltsrückstände vom Schuldner (lfd. Unterhalt 450 € = 20 Monate Rückstand).

Herr Schneller hat mir auf Anfrage mitgeteilt, dass die Berechnung des pfändbaren Betrages dem Drittschuldner obläge und er sich in die Sache nicht einmische. Der Abzug erfolge nach der gesetzlichen Tabelle und ***er sei mit dem Betrag einverstanden,*** *der ihm nach dem Gesetz gebühre; siehe die Erklärung von Herrn Schneller vom 7.5.2018, die ich hiermit übergebe.*

Da die Firma Schwiegershausen den Sachverhalt offensichtlich nicht richtig beurteilt und mir auf meine Vorhaltung mit Schreiben vom 5.5.2018 mitgeteilt hat, dass sie bei der nächsten Gehaltsabrechnung Ende Mai 2018 nicht anders verfahren wird als zuletzt, bitte ich Sie geeignete Maßnahmen zu ergreifen."

Die Erklärung von Herrn Schneller hat folgenden Wortlaut:

> ***Erklärung:*** *Hiermit erkläre ich, dass ich mit jedem Betrag einverstanden bin, den der Drittschuldner nach der gesetzlichen Tabelle errechnet oder den das Vollstreckungsgericht bestimmt.*
>
> *Berlin, den 7.5.2018*
> *gez. Gerhard Schneller*

Nehmen Sie **gutachtlich** Stellung.

Eventuelle Anträge sind lediglich inhaltlich zu beschreiben, nicht auszuformulieren. Gehen Sie von der Richtigkeit der Angaben und dem Vorliegen der nötigen Belege aus.

Der beim AG Spandau geltende Sockelbetrag gem. § 850d Abs. 1 S. 2 ZPO beträgt:

1.000 € für den Schuldner
500 € für die Ehefrau
400 € für ein volljähriges Kind

Fall 3

Im Büro des **Rechtsanwalts Klaus Zügig** erscheint am **13.3.2018** der Mandant **Karl Hoffnung,** nimmt gegenüber der Bürovorsteherin **Abastanza Clever** auf das dem Büro vorliegende Urteil gegen **Mario Debitori** Bezug und erklärt:

„Ich bitte, einen Pfändungs- und Überweisungsbeschluss zu beantragen. Laut Titel steht mir gegen den Schuldner eine Forderung aus vorsätzlich begangener unerlaubter Handlung in Höhe von 8.000 € zu.

Der Schuldner wohnt in Spandau (siehe Anschrift im Titel) und arbeitet bei der Firma Otto Zement-Baumaterialien und -ausführungen in der Binger Straße 51, 14197 Berlin (Wilmersdorf/Schmargendorf) als Bauleiter. Er ist verheiratet und hat 2 eheliche Kinder im Alter von 8 und 11 Jahren. Die Ehefrau ist Hausfrau, die aber als Haushaltshilfe bei verschiedenen Nachbarn ca. 1.000 € netto monatlich hinzuverdient. Ferner bezieht der Schuldner Kindergeld von der zuständigen Familienkasse Berlin als Dienststelle der Bundesagentur für Arbeit.

Schließlich soll er den pfändbaren Teil seines Gehaltes, das 3.000 € netto monatlich beträgt, an die Berliner Commerzbank AG zur Tilgung eines ihm gewährten Darlehns abgetreten haben.

Den Schuldner habe ich von der beabsichtigten Pfändung unterrichtet. Er hat mir daraufhin den beigefügten Brief geschrieben.

Ich bitte, ***alle*** *Pfändungsmöglichkeiten auszuschöpfen."*

Verkündet am 11.2.2018
gez. Hubert, JHS als UdG des LG Berlin

IM NAMEN DES VOLKES

In dem Rechtsstreit
des Schneidermeisters Karl Hoffnung
Ringstraße 47
13591 Berlin **Klägers**

Prozessbevollmächtigter:
Rechtsanwalt Klaus Zügig
Breite Str. 27
13597 Berlin

gegen

den Bauleiter Mario Debitori
Pappendorfstraße 27
13597 Berlin **Beklagten**

Prozessbevollmächtigter:
Rechtsanwalt Kurt Schnell, Schlüterstraße 17, 10625 Berlin

hat das Landgericht Berlin

auf die mündliche Verhandlung vom 26.1.2018 unter Mitwirkung des Vorsitzenden Richters am Landgericht *Meyer* und der Richter am Landgericht *Müller* und *Lang* für Recht erkannt:

1. Der Beklagte wird verurteilt, an den Kläger 8.000 € nebst 5 % über dem jeweiligen Basiszinssatz seit dem 1.1.2018 zu zahlen.
2. Der Beklagte hat die Kosten des Rechtsstreits zu tragen.
3. Das Urteil ist gegen Sicherheitsleistung in Höhe von 10.000 € vorläufig vollstreckbar.
   Meyer *Müller* *Lang*
   Vorstehende Ausfertigung wird dem Kläger zu Händen von Rechtsanwalt Zügig zum Zwecke der Zwangsvollstreckung erteilt.

Berlin, den 11.2.2018
Hubert, Justizhauptsekretär
als Urkundsbeamter der Geschäftsstelle

Vermerk für den Bearbeiter
Angeheftet ist eine Zustellungsurkunde, aus der sich ergibt, dass eine beglaubigte Abschrift dieser Ausfertigung dem Schuldner persönlich am 26.2.2018 durch den Obergerichtsvollzieher Nimm zugestellt worden ist.

Schreiben des Mario Debitori vom 7.3.2018 – eingegangen am 9.3.2018

Herrn
Karl Hoffnung
Ringstraße 47
13591 Berlin

Sehr geehrter Herr Hoffnung,

wie Sie mir mitgeteilt haben, beabsichtigen Sie – falls ich keine Ratenzahlungen anbiete – gegen mich einen Pfändungs- und Überweisungsbeschluss auszubringen.

Ratenzahlungen kann ich nicht leisten. Ich bitte trotzdem von der Pfändung abzusehen, da ich bisher nicht einmal das vollständige Urteil erhalten habe, es soll noch zur Ausfertigung in der Gerichtskanzlei sein. Auch mein Rechtsanwalt hat nichts erhalten. Er hat nur von mir am 27.2.2018 die begl. Abschrift der vollstreckbaren kurzen Urteilsausfertigung erhalten, die mir am 26.2.2018 von Herrn OGV Nimm zugestellt wurde.

Zwar handelt es sich richtig um eine Verurteilung wegen vorsätzlich begangener unerlaubter Handlung, – wie sich auch aus den Urteilsgründen im Verkündungstermin und demnach auch aus den Urteilsgründen in der vollständigen Urteilsausfertigung ergibt – der Schadensersatzbetrag ist aber viel zu hoch ausgefallen.

Außerdem stehen der Vollstreckung noch erheblich andere Hindernisse entgegen:

1. Ich habe ein „nichteheliches" Kind (14 Jahre), für das ich mich in einer Urkunde des Jugendamtes verpflichtet habe, 240 € monatlich zu zahlen.
2. Von meinem Lohn, der z.Zt. 3.000 € netto beträgt, habe ich schon vor 6 Monaten den pfändbaren Teil an die Commerzbank AG zur Tilgung eines Darlehns abgetreten. Von dem Darlehn sind noch 10.000 € offen. Mir verbleibt jeweils nur der unpfändbare Betrag.
3. Das Kindergeld benötige ich dringend für die Kinder. Sie dürfen doch nicht darunter leiden, dass mir einmal die Hand ausgerutscht ist.
4. Der „Zuverdienst" meiner Ehefrau von 1.000 € dürfte doch keine Rolle spielen, da ich Alleinmieter der Wohnung bin und **ich** und nicht meine Ehefrau Schuldner in dieser Vollstreckungssache bin.

Mit freundliche Grüßen
gez. Mario Debitori

Nehmen Sie zu dem Pfändungsbegehren gutachtlich Stellung. Eventuelle Anträge sind lediglich zu skizzieren. Gehen Sie von der Richtigkeit der Angaben und dem Vorliegen der nötigen Belege aus. Soweit der Schuldner auf mögliche Einwände hinweist, ist auch darauf gutachtlich einzugehen.

Die beim AG Spandau geltenden Pauschalsätze gem. § 850d Abs. 1 S. 2 ZPO sollen betragen:

1.000 € für den Schuldner
500 € für den Ehegatten
400 € für ein Kind

Fall 4

Der Kaufmann Paul Gläubig, Grunewaldstraße 59, 10825 Berlin (Schöneberg), hat in einem Schadensersatzprozess **wegen vorsätzlich begangener unerlaubter Handlung** gegen den Kirchen- und Bestattungsmusiker Tristan Schuricke, Reichsstraße 177, 14052 Berlin 19 (AG Charlottenburg), ein ohne Sicherheitsleistung für vorläufig vollstreckbar erklärtes Urteil des Landgerichts Berlin über 8.000 € am 9.2.2018 (Verkündung) erwirkt. Dem Beklagten ist nachgelassen, die Vollstreckung durch Sicherheitsleistung in Höhe des zu vollstreckenden Betrages zuzüglich 20 % abzuwenden.

Herr Gläubig erscheint am 10.3.2018 in der Kanzlei des Rechtsanwalts Exorbitante Presto und bittet die Bürovorsteherin Clara Potenza um Durchführung der Zwangsvollstreckung. Er legt die ihm am 9.2.2018 erteilte vollstreckbare Ausfertigung des o.g. Urteils vor und erklärt:

„Mein Anwalt schickt mich zu Ihnen, da er sich in klinische Behandlung begeben muss und er sich zudem – wie sein Vertreter – in der Vollstreckung nicht auskennt. Der Schuldner lehnt trotz mehrfacher schriftlicher wie telefonischer Mahnungen jede Zahlung ab, da ihm bzw. seinem Anwalt das vollständige Urteil bisher noch nicht zugegangen sei, obwohl nunmehr über ein Monat seit Urteilsverkündung vergangen sei.

Der Schuldner besitzt bzw. verfügt über:

1. Eine wertvolle Chippendale-Anrichte (gewöhnlicher Verkaufswert 14.000 €) hat der Schuldner dem Emil Drittberner zur Sicherheit eines ihm gewährten Darlehns in Höhe von 12.000 € unter der auflösenden Bedingung des Wiedererwerbs bei Darlehenstilgung zu Eigentum übertragen. Die Anrichte ist aber im Besitz des Schuldners geblieben. Auf das Darlehn sind bisher 10.000 € zurückgezahlt worden, 2.000 € sind noch offen.
2. Der Schuldner hat bei der Stuttgarter Lebensversicherung AG 20 einzelne Kleinstlebensversicherungen, die ausschließlich mit dem Todesfall fällig werden, über je 3.500 € abgeschlossen (Vers.-Nr. 28-317-A 1 bis 28-317-A 20).
3. Weiter hat der Schuldner bei der Berliner COMMERZBANK, Filiale Maison de France, ein Stahlschließfach (Nr. 2060333 B), in dem sich Inhaberaktien, Goldbarren und für den Schuldner ausgestellte Wechsel befinden sollen. Die Bank und der Schuldner besitzen jeweils einen Schlüssel zu diesem Schließfach.
4. Tristan Schuricke ist bei der Firma Grieneisen beschäftigt und hat ca. 2.200 € monatliches Nettoeinkommen, das aber bereits von mehreren Gläubigern gem. § 850c ZPO für Forderungen in Höhe von insgesamt 20.000 € über Jahre vorrangig gepfändet ist. Außerdem ist es erstrangig an die Firma Radio-Müller für eine hohe Kaufpreisforderung sicherungshalber für längere Zeit abgetreten. Der Schuldner ist verheiratet und hat ein Kind im Alter von 6 Jahren. Seine Ehefrau ist nicht berufstätig. Er erhält im Übrigen Kindergeld von der Familienkasse.

   Schließlich erhält der Schuldner noch Wohngeld in Höhe von 150 € vom Sozialamt Charlottenburg, Kindergeld und Wohngeld sind ungepfändet.
5. Ein Sparguthaben bei der Berliner Sparkasse in Höhe von 6.000 € – Filiale Brandenburgische Straße, Berlin-Wilmersdorf, Konto-Nr. 182 375 A.

6. Eine spartanisch eingerichtete Mietwohnung. Der einzige Gegenstand von Wert – eine Heimorgel –, die er für 8.000 € gekauft hatte, befindet sich bei Karl Klang, Müllerstraße 30, 13353 Berlin (Wedding) zur Reparatur.

a) Prüfen Sie zunächst gutachtlich den vorliegenden Titel im Hinblick auf die Voraussetzungen der Vollstreckung und erörtern Sie die eventuell noch zu erfüllenden Voraussetzungen sowie die Besonderheiten der Vollstreckung.

b) Danach erörtern Sie bitte zu jedem Punkt einzeln, **unabhängig voneinander,** die Möglichkeiten der Zwangsvollstreckung und geben Sie bitte dabei die einschlägigen Vorschriften genau an.

Gehen Sie bitte bei §§ 850d, 850f Abs. 2 ZPO von folgenden Pauschalfreibeträgen aus:

Notbedarf Schuldner	1.000 €
Unterhalt Ehegatte	500 €
Unterhalt Kind	400 €

Fall 5

In Ihrem Büro erscheint der persönlich haftende Gesellschafter Walter Berg der nachstehenden Klägerin und trägt Ihnen folgenden Sachverhalt vor:

In dem Rechtsstreit
der Walter Berg OHG „Landhandel",
Hagentorwall 14, 31135 Hildesheim

– Klägerin –

gegen

den Industriekaufmann Ernst Steglitz,
Hansastraße 5, 31137 Hildesheim

– Beklagter –

hat das Amtsgericht Hildesheim in der mündlichen Verhandlung vom 4. August 2017 für Recht erkannt:

1. Der Beklagte wird verurteilt, an die Klägerin Zug um Zug gegen Herausgabe des LKW „Mercedes 610", Baujahr 2013, Fahrgestellnummer 123 H 456 0789 KK, 4.000 € zu zahlen.
2. Der Beklagte hat die Kosten des Rechtsstreits zu tragen.
3. Das Urteil ist gegen Sicherheitsleistung in Höhe des jeweilig zu vollstreckenden Betrages zuzüglich 20 % davon vorläufig vollstreckbar.

Ich überreiche die rechtskräftige und vollstreckbare Ausfertigung des Urteils des Amtsgerichts Hildesheim vom 22. August 2017 – 11 C 13/16 – nebst Nachweis des Annahmeverzugs durch den Schuldner, erteilt vom Gerichtsvollziehers Gschwind, am 17. September 2017. Da nunmehr alle Zwangsvollstreckungsvoraussetzungen vorliegen, bitte ich in das nachstehende Vermögen des Schuldners zu vollstrecken. Dazu kann ich Ihnen folgendes mitteilen:

1. Ernst Steglitz ist bei der Firma Erich Graumann in Groß Himstedt beschäftigt und hat ein monatliches Nettoeinkommen in Höhe von 2.620 €, das jedoch bereits von mehreren Gläubigern für Kaufpreisforderungen in Höhe von 20.000 € vorab gepfändet ist. Zusätzlich ist sicherungshalber der pfändbare Teil des Arbeitseinkommens zeitlich bereits vor allen Pfändungsbeschlüssen an die Sparkasse Hildesheim in Hildesheim für eine Darlehnsforderung in Höhe von 18.000 € noch auf Jahre hinaus abgetreten worden.

   Der Schuldner Ernst Steglitz ist verheiratet und hat zwei Kinder im Alter von neun und dreizehn Jahren.

   Der Schuldner erhält zusätzlich von der Agentur für Arbeit in Hildesheim Kindergeld in Höhe von mtl. 388 €. Die Ehefrau des Schuldners ist berufstätig ist und hat ein monatliches Nettoeinkommen in Höhe von ca. 1.000 €.

2. Der Schuldner Ernst Steglitz hat bei der Firma „Gebrüder Hans und Peter Bamm GbR“ gemeinsam mit seinem Nachbarn, dem Posthauptsekretär Oskar Leiter, einen Rasenmähertraktor der Marke „Rasant 2000“ zum Preis von 4.200 € gekauft. Jeder Miteigentümer hat den hälftigen Kaufpreis in Höhe von 2.100 € bar gezahlt. Beide, Steglitz und Leiter, haben die Benutzung, Lasten- und Kostentragung schriftlich geregelt und dabei zusätzlich vereinbart, dass die Aufhebung der Bruchteilsgemeinschaft auf Dauer ausgeschlossen ist.

3. Der Schuldner ist Eigentümer eines Grundstücks, eingetragen im Grundbuch von Hildesheim Band 180 Blatt 4711, das mit einem älteren Einfamilienhaus bebaut ist. In Abteilung III Nr. 1 ist im Jahre 1997 eine Briefgrundschuld für die Deutsche Bank, Filiale Hildesheim, in Höhe von jetzt 100.000 € nebst 15 % Jahreszinsen eingetragen. Die Darlehnsforderung ist von Ernst Steglitz vor einem Jahr bereits zurückgezahlt worden. Eine Berichtigung des Grundbuchs ist jedoch bisher nicht erfolgt.

   Aus den Vertragsunterlagen ergibt sich, dass die Grundschuld nach Wahl des Schuldners nach Tilgung der Forderung zurückzugeben sei.

Aufgaben:

1. Nehmen Sie kurz Stellung zu dem Urteil (Vollstreckbarkeit, Sicherheitsleistung, Zug um Zug).

2. Erörtern sie bitte gutachtlich zu jedem Sachverhalt einzeln und unabhängig voneinander, welche Möglichkeiten der Vollstreckung gegeben sind und welche Anträge hier zu stellen sind. Eine Skizzierung der Anträge ist ausreichend.

Hinweis: Zum Sachverhalt 1. berechnen Sie bitte die Höhe des pfändbaren Betrages. Nehmen Sie, falls erforderlich, die Aufteilung des pfändbaren Betrages/Abtretungsbetrages vor.

Gehen Sie davon aus, dass alle Angaben zutreffend sind.

Fall 6

Sie sind als Rechtsfachwirtin bei Rechtsanwalt Dr. Hans Meyer in Hildesheim zuständig für die Bearbeitung von Zwangsvollstreckungsangelegenheiten. Am 5. Februar 2018 werden Ihnen folgende Unterlagen zur weiteren Erledigung und Prüfung vorgelegt.

1. Schreiben der Frau Ernestine Müller (Anlage 1).
2. Urkunde des Notars Dr. Hurtig in Hildesheim vom 5. Januar 2010 – UR-Nr. 12/2010 (Anlage 2).
3. Zusammenfassung der Auskunft der Rechtspflegerin beim AG Hildesheim vom 1.2.2018

(Anlage 3).

Prüfen Sie gutachtlich, ob der amtliche Vordruck (Unterhaltspfändung) dem Vollstreckungsgericht Hildesheim übersandt werden kann. Die Prüfung hat sich auf alle möglichen Mängel zu erstrecken. Sollte ein Mangel festgestellt werden oder sollten sonst Bedenken bestehen, so hat sich die Prüfung auf alle Aspekte, insbesondere eventuelle Behebungsmöglichkeiten und das dabei zu beachtende Verfahren zu erstrecken.

Hinweis: Die Richtigkeit des Vortrages in Anlage 1 ist zu unterstellen.

Die Daten wurden aus übungstechnischen Gründen gewählt. Alle angegebenen Daten sollen Werktage sein.

Anlage 1

Ernestine Müller
Goschenstrasse 10
31134 Hildesheim 4.2.2018

Herrn
Rechtsanwalt Dr. Hans Meyer
Kaiserstrasse 69 Eingang 5.2.2018
31134 Hildesheim

Werter Herr Rechtsanwalt,

der Vater meiner Tochter Gaby hat den Kindesunterhalt immer unpünktlich oder absichtlich überhaupt nicht gezahlt.
Wie ich jetzt herausgefunden habe, hat das Amtsgericht in Hildesheim vor zwei Monaten am 1.12.2017 das Insolvenzverfahren über sein Vermögen eröffnet.
Seitdem erhalte ich überhaupt keinen Unterhalt mehr für Gaby. Das geht so nicht weiter. Ich will, dass jetzt sein Arbeitseinkommen gepfändet wird. Über einen Bekannten habe ich erfahren, dass der Kindesvater 2.580 € netto verdient.
Der Vater meines Kindes hat inzwischen geheiratet und den Namen seiner Frau angenommen. Aus dieser Ehe ist ein jetzt 2 Jahre altes Kind hervorgegangen. Weitere Kinder hat er meines Wissens nicht.
Von der notariellen Urkunde habe ich eine Kopie gemacht und diese beigefügt. Das Original verwahre ich sicher zu Hause.
Ich bitte Sie, alles Notwendige unverzüglich zu veranlassen!

Hochachtungsvoll
Ernestine Müller

Anlage 2

Kopie
Vollstreckbare Ausfertigung

Nummer 12 der Urkundenrolle für 2010
Verhandelt zu Hildesheim am 5. Januar 2010
Vor mir, dem Notar
Dr. Joseph Hurtig
in Hildesheim
erschien
der Fliesenleger Fred Sauerfleisch, geboren am 8. Mai 1980, wohnhaft
Schafsgrund 6 in 30113 Hildesheim
– ausgewiesen durch Bundespersonalausweis Nr. 1386773034D, ausgestellt von der Stadt Hildesheim am 2.3.2009 –

und erklärt:

Vaterschaftsanerkenntnis und Unterhaltsverpflichtung nebst Zwangsvollstreckungsunterwerfung

§ 1

Hiermit erkenne ich an, der Vater des von Frau Ernestine Müller am 24. Dezember 2009 geborenen Kindes mit dem Namen Gaby Müller zu sein.

§ 2

Ich erkenne mit Wirkung vom 24. Dezember 2009 an, einen monatlichen Kindesunterhalt in Höhe von 350 € zu schulden. Die Zahlung des Kindesunterhaltes hat monatlich im Voraus jeweils zum 1. des Monates zu erfolgen.

§ 3

Wegen aller gegenwärtigen und zukünftigen Unterhaltsansprüche gemäß § 2 dieser Urkunde unterwerfe ich mich der sofortigen Zwangsvollstreckung aus dieser Urkunde in mein gesamtes Vermögen.

§ 4

Da ich nicht möchte, dass meine Freundin Kenntnis von meiner Vaterschaft erlangt, verzichte ich für den Fall einer Zwangsvollstreckung auf die vorherige Zustellung dieser Urkunde.

Es folgen Belehrungen etc., vom Abdruck wurde abgesehen.

Vorstehende Niederschrift wurde vom Notar vorgelesen, von dem Erschienenen genehmigt und unterschrieben.

Fred Sauerfleisch *Dr. Joseph Hurtig*
– Dienstsiegel – Notar

Vorstehende Ausfertigung stimmt mit der Urschrift wörtlich überein und wird hiermit der Gaby Müller vertreten durch ihre Mutter Ernestine Müller zum Zwecke der Zwangsvollstreckung erteilt.

Hannover, den 10. Februar 2010

Dr. Joseph Hurtig
– Dienstsiegel – Notar

Anlage 3

Zusammenfassung nach dem Gespräch mit der zuständigen Rechtspflegerin des Vollstreckungsgerichts Hildesheim am 1.2.2018

Nach der vollstreckbaren Urkunde des Notars Dr. Joseph Hurtig in Hildesheim vom 5. Januar 2010, UR-Nr.: 12/2010 kann die Gläubigerin von dem Schuldner beanspruchen:

1. Rückständiger Kindesunterhalt für die Zeit vom Juli 2017 bis zum Februar 2018 in Höhe von 2.800 €.
   – Die Berechnung ergibt sich aus der Forderungsaufstellung, die als Anlage beigefügt ist. –
2. Laufender monatlicher Kindesunterhalt in Höhe von 350 € ab dem 1. März 2018

Wegen dieser Ansprüche werden gepfändet:
Der angebliche Anspruch des Schuldners auf Zahlung des gesamten gegenwärtigen und zukünftigen pfändbaren Arbeitseinkommens einschließlich des Geldwertes von Sachbezügen gegenüber der

Firma Klaus-Maria Siebenkäs, Torfstich 4, 30234 Hannover

– Drittschuldner –

Die Ermittlung des pfändbaren Teiles des Arbeitseinkommens ergibt sich in erster Linie aus den §§ 850a und 850d ZPO.
Der dem Schuldner zu belassende pfandfreie Selbstbehalt wird auf monatlich 1.000 € festgesetzt.
Der Drittschuldner darf, soweit die Forderung gepfändet ist, an den Schuldner nicht mehr zahlen – weiter siehe amtlicher Vordruck.

Hinweis: Für den Antrag auf Erlass eines Pfändungs- und Überweisungsbeschlusses nach § 829 der Zivilprozessordnung werden folgende Formulare eingeführt:

1. das in der Anlage 3 bestimmte Formular, wenn die Pfändung wegen eines gesetzlichen Unterhaltsanspruchs nach § 850d der Zivilprozessordnung erfolgen soll,
2. in allen anderen Fällen das in der Anlage 2 bestimmte Formulare für den Antrag auf Erlass eines Pfändungs- und Überweisungsbeschlusses

Sie können davon ausgehen, dass Frau Ernestine Müller gut aufgepasst hat.

Hinweis: Die Forderungsaufstellung ist beigefügt und gibt zu Beanstandungen keinen Anlass.

Fall 7

Sie sind Rechtsfachwirt/in bei Rechtsanwalt Dr. Eckstein in Hildesheim und leiten die Zwangsvollstreckungsabteilung.

Am 11.4.2018 um 11:30 Uhr erscheint völlig verzweifelt der Bäckermeister Meier aus Hildesheim und erklärt:

„Als ich eben Geld von meinem Girokonto bei der Sparkasse am Geldautomaten abheben wollte, wurde meine Bank-Karte eingezogen. Ein Schaltermitarbeiter erklärte mir auf Nachfrage barsch, dass das Girokonto durch Beschluss des Amtsgerichts für einen meiner Gläubiger gepfändet wurde.

Der Beschluss sei der Bank heute um 9:00 Uhr zugestellt worden. Auf meinem Konto befinden sich noch 2.750,00 €. Mein Nettogehalt in Höhe von 2.500,00 € wurde mir wie jeden Monat am 1. des Monats gutgeschrieben. Ich bin verheiratet und habe 2 Kinder im Alter von 1 und 3 Jahren.

Kontoauszüge der letzten 6 Monate, eine Verdienstabrechnung von Januar 2018, eine Heiratsurkunde, 2 Geburtsurkunden und meinen Mietvertrag habe ich dabei. Wir haben keinerlei Ersparnisse oder andere Einkünfte und sind dringend auf das Geld angewiesen. Außerdem muss die Miete in Höhe von 750,00 € auch gezahlt werden. Ich durfte noch nicht einmal das Kindergeld, das auch am 1. gutgeschrieben wurde, abheben.

Ich bin völlig verzweifelt. Bitte helfen Sie mir!!"

Aufgabe

1. Äußern Sie sich gutachtlich zu dem Vortrag des Schuldners und schildern Sie dessen Pfändungsschutzmöglichkeiten unter der Voraussetzung, dass es sich bei dem Girokonto um ein Pfändungsschutzkonto handelt.

II. Lösungsvorschläge

Lösungsvorschlag Fall 1

Zu prüfen ist, ob sämtliche Voraussetzungen für den Beginn der Zwangsvollstreckung gegeben sind.

1. Allgemeine Zwangsvollstreckungsvoraussetzungen

a) Titel

Es liegt ein Endurteil des Amtsgerichts Tiergarten vor, das gem. § 704 Abs. 1 ZPO einen zur Zwangsvollstreckung geeigneten Titel darstellt. Gem. § 709 S. 2 ZPO wurde das Urteil gegen Sicherheitsleistung für vorläufig vollstreckbar erklärt. Dieses Urteil ist gem. § 124 Abs. 2 HGB zur Vollstreckung in das Gesellschaftsvermögen der Schuldnerin geeignet.

b) Klausel

Gem. §§ 724, 725 ZPO kann die Vollstreckung nur aus einer mit einer Vollstreckungsklausel versehenen Ausfertigung des Urteils erfolgen. Im vorliegenden Fall wurde die Klausel wirksam durch den Urkundsbeamten der Geschäftsstelle des Prozessgerichts gem. § 724 Abs. 2 ZPO erteilt. Die unter Nr. 1 des Tenors formulierte „Verfallklausel" stellt keine Bedingung im Sinne des § 726 Abs. 1 ZPO dar, es liegt kein Fall einer qualifizierten Klausel vor.

c) Zustellung

Vor Beginn der Vollstreckung ist der Titel gem. § 750 Abs. 1 ZPO der Schuldnerin zuzustellen. Auf dem Urteil befindet sich eine Zustellungsbescheinigung gem. § 169 Abs. 1 ZPO, woraus sich ergibt, dass einem Gesellschafter der Schuldnerin das Urteil am 11.8.2018 zugestellt wurde. Die Zustellung erfolgte im vorliegenden Fall mithin von Amts wegen, §§ 317 Abs. 1, 166 Abs. 2 ZPO, was als Voraussetzung für den Beginn der Zwangsvollstreckung ausreichend ist, § 750 Abs. 1 ZPO.

Zu prüfen ist, ob die Zustellung wirksam vorgenommen wurde. Die Zustellung erfolgte an einen Gesellschafter als gesetzlichen Vertreter der Schuldnerin. Diese ist jedoch anwaltlich vertreten und das Verfahren noch anhängig, so dass gem. § 172 ZPO die Zustellung an die Prozessbevollmächtigte der Schuldnerin hätte erfolgen müssen. **Die Amtszustellung des vollständigen Urteils ist nicht ordnungsgemäß vollzogen worden.** Die Voraussetzung gem. § 750 Abs. 1 ZPO ist noch nicht erfüllt. Der Gerichtsvollzieher könnte vom Gläubiger beauftragt werden, vor Beginn der Zwangsvollstreckung die Zustellung der kurzen vollstreckbaren Ausfertigung an die Prozessbevollmächtigte im Parteibetrieb durchzuführen. Auch eine Zustellung gem. § 195 ZPO (von Anwalt zu Anwalt) wäre möglich. Hier auch Heilungsmöglichkeit nach § 189 ZPO prüfen.

2. Besondere Zwangsvollstreckungsvoraussetzungen

a) Sicherheitsleistung

Der der Vollstreckung zugrunde liegende Titel wurde gegen Sicherheitsleistung für vorläufig vollstreckbar erklärt, § 709 S. 2 ZPO.

Das Gericht hat von der variablen Möglichkeit der Sicherheitsleistung je nach Höhe des zu vollstreckenden Betrages Gebrauch gemacht, § 709 S. 2 ZPO. Da der Gläubiger in voller Höhe vollstrecken will, beträgt die Sicherheitsleistung 4.000 € + 20 % = 4.800 €.

Achtung!

BGB §§ 195, 199, 212 Abs. 1, Nr. 1, 765 Abs. 1, ZPO § 720a Abs. 3.

a) Die Forderung aus einer zur Abwendung der Sicherungsvollstreckung geleisteten Prozessbürgschaft wird mit der Rechtskraft des Urteils, dessen Vollstreckung abgewendet werden soll, fällig, ohne dass es einer Leistungsaufforderung durch den Titelgläubiger bedarf (Fortführung von Senatsurteil vom 29.1.2008 – XI ZR 160/07, BGHZ 175, 161 ff.).

b) Die Ansprüche aus einer zur Abwendung der Sicherungsvollstreckung geleisteten Prozessbürgschaft unterliegen der dreijährigen Regelverjährung der §§ 195, 199 BGB.

c) Ein Neubeginn der Verjährung durch ein Anerkenntnis des Schuldners ist nicht mehr möglich, wenn die Verjährungsfrist bereits abgelaufen ist.[59]

Gemäß § 720a Abs. 1 S. 1 Buchst. a ZPO kann der Gerichtsvollzieher bewegliche Sachen nach §§ 808 ff. ZPO pfänden.

Seit seiner Entscheidung aus dem Jahr 2014 hat der BGH es Gläubigern erschwert, Sicherheit zu leisten. Denn das Vollstreckungsorgan muss nun von Amts wegen prüfen, ob die Sicherheit ausreicht. Gläubiger müssen also präzise vorgehen und Fehler vermeiden.

ZPO § 720a

Der auf Grund des Urteils vollstreckbare Betrag, der die Bemessungsgrundlage für die Sicherheit nach § 711 Satz 2 in Verbindung mit § 709 Satz 2 ZPO ist, umfasst neben der Hauptforderung auch Nebenforderungen, insbesondere bereits aufgelaufene Zinsen, die bis zur Vollstreckung angefallen sind, oder auch die Kosten des Rechtsstreits, soweit sie bereits durch einen Kostenfestsetzungsbeschluss beziffert sind.[60]

Hinweis: Aufgrund der o.g. Entscheidung (BGH VE 15, 23) muss der Gläubiger bei seinem Vollstreckungsantrag Folgendes errechnen:

- konkrete zu diesem Zeitpunkt vollstreckbare Gesamtsumme,
- einschließlich etwaiger Nebenforderungen (z.B. bisher aufgelaufene titulierte Zinsen) oder
- Kosten des Rechtsstreits, soweit sie bereits durch einen Kostenfestsetzungsbeschluss beziffert sind.

Die Summe dieser Positionen bildet dann die Bemessungsgrundlage für die Sicherheit nach § 711 S. 2 i.V.m. § 709 S. 2 ZPO.

59 *BGH* Urt. v. 11.11.2014, XI ZR 265/13, NJW 5,2015, 351.
60 *BGH* Beschl. v. 13.11.2014, VII ZB 16/13.

Grundsätzlich ist gem. § 751 Abs. 2 ZPO vom Gläubiger die Sicherheitsleistung durch öffentliche oder öffentlich beglaubigte Urkunde nachzuweisen und eine Abschrift dieser Urkunde dem Schuldner zuzustellen.

Da das Gericht die Art der Sicherheitsleistung nicht bestimmt hat, kann der Gläubiger gem. § 108 Abs. 1 S. 2 ZPO wählen, ob er den Betrag hinterlegt und eine Abschrift der Hinterlegungsquittung zustellt (hier an die Rechtsanwältin des Schuldners) oder ob er die Bankbürgschaft wählt. Im letzteren Fall muss er den Nachweis der Sicherheitsleistung gegenüber dem Vollstreckungsorgan durch Vorlage einer entsprechenden Bürgschaftserklärung erbringen. Die Vollstreckung darf jedoch erst beginnen, wenn das Zustandekommen des Bürgschaftsvertrages nachgewiesen ist.[61] Der Bürgschaftsvertrag kommt durch den Zugang des **Originals der Bürgschaftserklärung** an die Sicherungsberechtigte (hier: Schuldnerin) und die Annahme der Bürgschaft durch diese zustande. Im Rahmen der Zwangsvollstreckung ist die Schuldnerin jedoch zur Annahme der Bürgschaftserklärung verpflichtet („Zwangsvertrag"[62]). Zur Entstehung des Bürgschaftsvertrages bedarf es des Zuganges der Bürgschaftserklärung bei der Schuldnerin. Die Bürgschaftserklärung gilt auch dann als zugegangen, wenn sie durch den Gerichtsvollzieher an die Schuldnerin zugestellt wurde, § 132 Abs. 1 BGB.[63] **Die Zustellung an die Prozessbevollmächtigte gem. § 172 ZPO ist nicht zwingend, aber zulässig.** Auch könnte eine Zustellung gem. § 195 ZPO erfolgen. Ein Nachweis über die Sicherheitsleistung durch Bankbürgschaft und den Zugang der Erklärung an die Schuldnerin wurde im vorliegenden Fall bisher nicht erbracht. Ebenso fehlt es am Nachweis der möglichen Hinterlegung.

Die Voraussetzung des § 751 Abs. 2 ZPO ist bisher nicht erfüllt.

Die Nichterbringung der Sicherheitsleistung wäre unschädlich, wenn das Urteil bereits rechtskräftig wäre. Aus dem Sachverhalt ergibt sich, dass die Amtszustellung des vollständigen Urteils, welche grundsätzlich gem. § 517 ZPO die Rechtsmittelfrist in Lauf setzt, am 11.3.2018 erfolgt ist. Da diese – wie dargestellt – mangelhaft war, ist die Rechtsmittelfrist noch nicht in Lauf gesetzt worden, das Urteil noch nicht rechtskräftig.

Zu prüfen ist, ob der Gläubiger ohne Leistung der Sicherheit die Vollstreckung im Rahmen der Sicherungsvollstreckung gem. § 720a ZPO betreiben kann.

Gemäß § 720a ZPO darf der Gläubiger die Zwangsvollstreckung aus einem gegen Sicherheitsleistung vorläufig vollstreckbar erklärten Zahlungsurteil in das bewegliche Vermögen des Schuldners auch ohne Erbringung der Sicherheitsleistung insoweit betreiben, als lediglich gepfändet, nicht aber verwertet wird. Jedoch müssen die Voraussetzungen des § 750 Abs. 3 ZPO erfüllt sein, d.h. die vollständige Urteilsausfertigung (im Amtsbetrieb) oder die kurze vollstreckbare Ausfertigung des Titels muss zwei Wochen vor Beginn der Zwangsvollstreckung im Parteibetrieb zugestellt worden sein. Im vorliegenden Fall ist keine von beiden ordnungsgemäß erfolgt. Die Voraussetzungen für die Sicherungsvollstreckung liegen daher derzeit nicht vor und müssten erst geschaffen werden. Der BGH hat sich für die Alternative Amts- oder Parteizustellung als Voraussetzung für die Sicherungsvollstreckung entschieden.[64] Zuzustellen ist die Klausel nur in den Fällen des § 750 Abs. 2 ZPO.

---

61 Vgl. *Zöller/Stöber* ZPO, 25. Auflage, § 751 Rn. 6.

62 Vgl. hierzu *Kotzur* DGVZ 1990, S. 65 m.w.N.

63 *Behr* JurBüro 1995, S. 568, 569.

64 *BGH* Beschl. v. 5.7.2005, Az. VII ZB 14/05, = Rpfleger 2005, S. 547 = DGVZ 2005, S. 138.

b) Fälligkeit

Gem. § 751 Abs. 1 ZPO ist die Fälligkeit der Zahlung zu prüfen. Der Anspruch ist in Höhe von 4.000 € nebst 4 % Zinsen seit dem 1.12.2017 fällig, da die Schuldnerin weder die erste Rate (sofort) noch die Folgeraten ab 11.3.2018 gezahlt hat. Somit ist der gesamte Betrag fällig. Der Ablauf des Kalendertages i.S.v. § 751 Abs. 1 ZPO ist der 11.3.2018.

c) Zug-um-Zug Leistung

Gem. § 756 ZPO ist vor Beginn der Zwangsvollstreckung durch den Gerichtsvollzieher zu prüfen, ob die Schuldnerin bereits befriedigt oder im Verzug der Annahme ist. Ein entsprechender Nachweis des Annahmeverzuges oder der Befriedigung durch öffentliche oder öffentlich beglaubigte Urkunde wurde vom Gläubiger bisher nicht geführt.

Grundsätzlich möglich wäre gem. § 756 Abs. 1 ZPO die Beauftragung des Gerichtsvollziehers mit dem wörtlichen oder tatsächlichen Angebot, um die Schuldnerin vor Beginn der Zwangsvollstreckung in Annahmeverzug zu setzen, (§§ 293 ff. BGB). Im vorliegenden Fall besteht die vom Gläubiger zu erbringende Leistung in der Abgabe einer Willenserklärung (Zustimmung zur Verlängerung des Pachtvertrages), so dass es sinnvoll wäre, den Gerichtsvollzieher mit der Zustellung der Zustimmungserklärung zu beauftragen. Mit der Zustellung gilt die Willenserklärung als zugegangen, § 132 Abs. 1 BGB, die Voraussetzung gem. § 756 Abs. 1 ZPO wäre sodann erfüllt.

Will der Gläubiger nicht „vorleisten", kann er den Gerichtsvollzieher mit dem tatsächlichen Angebot („Anbietungsvorzeigen" der Zustimmungserklärung bei Vollstreckungsbeginn) gem. § 294 BGB beauftragen.

Ein wörtliches Angebot durch den Gerichtsvollzieher gem. § 756 Abs. 2 ZPO wäre hier wohl nicht erfolgreich, weil der Schuldner wahrscheinlich erklären wird, dass er gerne annimmt (und nicht das Gegenteil).

Lösungsvorschlag Fall 2

1. Verfahrensrechtliche Einordnung

Mit dem PfÜb vom **17.4.2018 (Gerhard Schneller ./. Eberhard Innocent) –** an die Drittschuldnerin **zugestellt am 21.4.2018** – hat Gerhard Schneller als gewöhnlicher Gläubiger das gem. § 850c ZPO pfändbare Arbeitseinkommen **zuerst** gepfändet, § 804 Abs. 3 ZPO. Die Drittschuldnerin ist bei der Berechnung des pfändbaren Betrages **nach der Tabelle zu § 850c ZPO** offensichtlich nur von **zwei** unterhaltsberechtigten Personen, nämlich der nicht berufstätigen Ehefrau des Schuldners und seinem volljährigen Kind (Student), ausgegangen.

Danach war der allgemein pfändbare Teil des Arbeitseinkommens in Höhe von **120,70 €** belegt (ab 1.7.2017) soll ab 1.7.2019 erneut erhöht werden). Dem mit PfÜb vom **23.4.2018** gem. § 850d ZPO – **zugestellt am 28.4.2018 – später pfändenden privilegierten Unterhaltsgläubiger Nepomuk Plötzlich blieb nur der Zugriff in die Differenz zwischen dem gem. § 850c ZPO vorrangig bereits gepfändeten und dem gem. § 850d ZPO** dem Schuldner zu verbleibenden Betrag. Da im PfÜb vom 23.4.2018 gem. § 850d ZPO der unpfändbare Betrag auf 1.900 € festgesetzt wurde, konnte der Unterhaltsgläubiger nur noch 79,30 € (2.100 ./. 1.900 ./. 120,70 ./. 97,30 €) erhalten.

2. Antragsanalyse

a) Falschberechnung durch Drittschuldner

Der Unterhaltsgläubiger, das nichteheliche Kind Nepomuk Plötzlich, gesetzlich vertreten durch seine Mutter Hilde Plötzlich, begehrt Maßnahmen die sicherstellen sollen, dass die Drittschuldnerin bei der Berechnung des pfändbaren Betrages aufgrund des PfÜb vom **17.4.2018 in Sachen Schneller ./. Innocent gem. § 850c ZPO von drei und nicht von zwei unterhaltsberechtigten Personen,** also neben der Ehefrau und dem ehelichen volljährigen Kind des Schuldners auch von ihm als nichteheliches Kind ausgeht. Dieses Begehren rügt nicht die Art und Weise der Zwangsvollstreckung durch das Vollstreckungsgericht, sondern das Verhalten der Drittschuldnerin bei der Berechnung gem. § 850c ZPO. Die Drittschuldnerklage vor dem Arbeitsgericht wäre daher das richtige Instrument für dieses Begehren.

Gleichwohl wird in diesen Fällen nach h.M. die Erinnerung **gem. § 766 ZPO mit dem Ziel eines klarstellenden Beschlusses** durch das Vollstreckungsgericht zugelassen.

Es ist nicht nur ein Gebot der Prozessökonomie, sondern noch mehr der Funktionsteilung zwischen Vollstreckungsgericht und Prozessgericht, wenn auch bei Blankettbeschlüssen gem. § 850c ZPO den Beteiligten und dem nachpfändenden Gläubiger, also einem **Dritten**, das Recht eingeräumt wird, im Wege der Erinnerung gem. § 766 ZPO eine **klarstellende Entscheidung** des Vollstreckungsgerichts herbeizuführen, die auf Erweiterung des Pfändungszugriffs zugunsten des Dritten abzielt. **Dabei kann der Erinnerungsantrag eine bestimmte Entscheidung verlangen oder – wie hier – allgemein darauf zielen, durch Entscheidung der streitigen Fragen dem PfÜb als Staatsakt die notwendige Bestimmtheit zu geben.**

b) Fehlerhafte Festsetzung der Freibeträge gem. § 850d Abs. 1 S. 2 ZPO durch das Vollstreckungsgericht

Das Vollstreckungsgericht hat im PfÜb vom 23.4.2018 in Sachen Plötzlich ./. Innocent übersehen, dass Nepomuk Plötzlich als minderjähriger Unterhaltsgläubiger gegenüber dem volljährigen Sohn (Student) des Schuldners gem. § 850d Abs. 1 S. 2 i.V.m. Abs. 2 ZPO, den besseren Rang hat.

Das gilt nach dem ab **1.1.2008 geänderten Unterhaltsrecht** auch für die Ehefrau. Die Neufassung des § 850d Abs. 2 ZPO verweist auf die Neufassung von § 1609 BGB. Danach haben Minderjährige den ersten Rang; Volljährige nur, wenn sie das 21. Lebensjahr noch nicht vollendet haben und sich in der Berufsausbildung befinden und im Haushalt der Eltern leben, § 1603 Abs. 2 S. 2 BGB.

In unserem Fall haben Ehefrau und volljähriges Kind gegenüber dem Unterhaltsgläubiger Nepomuk Plötzlich Nachrang und haben daher keinen Freibetrag zu beanspruchen. Damit erweitert sich der Pfändungszugriff für Nepomuk Plötzlich. Er erhält insgesamt also (2.100 € ./.Gläubiger Schneller 19,21 € und ./. Schuldner 1.000 €) = 1.080,79 €. Diesen Betrag aber nur solange, bis die Rückstände getilgt sind. Danach nur noch den mtl. Unterhalt von 450 €. Das Ergebnis ist durch **Erinnerung gem. § 766 ZPO zu begehren.**

3. Zuständigkeit

Während die Erinnerung (= Begehr eines klarstellenden Beschlusses) in der Sache Schneller ./. Innocent einzulegen ist und sich gegen den Drittschuldner richtet, rügt die

Erinnerung in Sachen Plötzlich ./. Innocent einen Fehler des Vollstreckungsgerichts bezüglich der Rangfolge gem. § 850d Abs. 1 S. 2, Abs. 2 ZPO.

Für die Entscheidung über die Erinnerungen gem. § 766 ZPO ist zwar der Richter gem. § 20 Nr. 17 S. 2 RPflG funktionell zuständig, dem Rechtspfleger steht aber ein Abhilferecht entsprechend § 572 Abs. 1 ZPO zu. Sachlich und örtlich ist das Vollstreckungsgericht (Amtsgericht Spandau in Berlin) zuständig. Das folgt für das Erinnerungsverfahren aus §§ 766, 764 Abs. 2, 828 Abs. 2 ZPO.

4. Allgemeine Verfahrens- und Vollstreckungsvoraussetzungen

Mängel sind weder in den allgemeinen Verfahrensvoraussetzungen, noch in den Vollstreckungsvoraussetzungen erkennbar. Die gesetzliche Vertretung des Nepomuk Plötzlich durch seine Mutter beruht auf § 1626a Abs. 2 BGB und dürfte sich laut Sachverhalt aus den Vollstreckungsunterlagen ergeben. Verfahrenslegitimation und Rechtsschutzinteresse liegen vor. Da die Pfändungen gem. § 832 ZPO auch die zukünftigen Gehaltsforderungen des Schuldners erfassen und der Unterhaltsgläubiger auch wegen der zukünftig fällig werdenden laufenden Unterhaltsbeträge gem. § 850d Abs. 3 ZPO die Vorratspfändung betreibt, wirken die Zwangsvollstreckungsmaßnahmen fort. Der Unterhaltsgläubiger ist durch die Vollstreckungsmaßnahmen in seinen Rechten beeinträchtigt.

5. Antragserhebliche Überlegungen

Der Berechnung des pfändbaren Betrages gem. § 850c ZPO im ersten PfÜb (Gerhard Schneller ./. Eberhard Innocent) **müssen tatsächlich 3 Unterhaltsberechtigte zugrunde gelegt werden.** Neben der Ehefrau und dem ehelichen Kind hat der Schuldner auch für den Unterhalt des nichtehelichen Nepomuk aufzukommen. Damit verringert sich der für normale Gläubiger gem. § 850c ZPO pfändbare Betrag bei drei Unterhaltsberechtigten auf 19,21 €.

Beim zweiten PfÜb gem. § 850d ZPO (Plötzlich ./. Innocent) entfallen 400 € Freibetrag für den volljährigen Sohn des Schuldners ebenfalls zugunsten des minderjährigen Plötzlich. Ferner entfallen 500 € Freibetrag für die Ehefrau. Insgesamt fallen somit 900 € Freibetrag zugunsten von Nepomuk weg.

Im Vorgang Plötzlich ./. Innocent ist eine Erinnerung gem. § 766 ZPO auf Änderung (Wegfall) der erwähnten Freibeträge zu formulieren.

6. Antragsentwürfe (nur inhaltlich, nicht ausformuliert)

Im Vorgang Schneller ./. Innocent ist eine **Erinnerung gem. § 766 ZPO** mit dem **Antrag auf Erlass eines klarstellenden Beschlusses** zu formulieren. In dem Erinnerungsschriftsatz ist zu beantragen, dass *„das Gericht klarstellt, dass die Drittschuldnerin bei der Berechnung des pfändbaren Betrages gem. § 850c ZPO von drei Unterhaltsberechtigten auszugehen hat."*

Im Vorgang Plötzlich ./. Innocent ist eine Erinnerung gem. § 766 ZPO zu formulieren. Es ist zu beantragen, *„dass der Pfändungsfreibetrag dahin geändert wird, dass 800 € Pfändungsfreibetrag wegfallen."*

Lösungsvorschlag Fall 3

1. Antragsanalyse

Antragsbegehr

Antrag auf Erlass eines PfÜb gem. §§ 828, 829 ZPO:

a) Verschärfte Pfändung von Arbeitseinkommen gem. §§ 850f Abs. 2, 850d ZPO mit Wegfall des Notbedarfs der Ehefrau gem. **§ 850d Abs. 1 S. 2 ZPO**, also Wegfall des für den Ehegatten bestimmten „Pauschalbetrag" von 500 €.

b) Pfändung von Kindergeld.

Zuständigkeit

a) funktionell der Rechtspfleger gem. § 20 Nr. 17 RPflG

b) sachlich das Vollstreckungsgericht gem. §§ 828 Abs. 1, 802 ZPO

c) örtlich das AG Spandau gem. § 828 Abs. 2 ZPO

2. Allgemeine Vollstreckungsvoraussetzungen

a) Titel: § 704 ZPO, Endurteil, verkündet am 11.2.2018; Rechtskraft – falls nicht ordnungsgemäß zugestellt – am 11.8.2018 (§ 517 ZPO).

b) Klausel: Erteilt am Verkündungstag gem. §§ 317 Abs. 2 S. 2, 724, 725 ZPO (Eilklausel).

c) Zustellung: Bisher ist keine Amtszustellung des vollständigen Urteils erfolgt. Es erfolgte lediglich eine Parteizustellung gem. § 750 Abs. 1 S. 2 ZPO durch OGV Nimm am 26.2.2018. Diese war aber fehlerhaft (§ 172 ZPO).

Die Zustellung hätte an den Prozessbevollmächtigten erfolgen müssen. Durch Zugang der kurzen vollstreckbaren Ausfertigung an den Rechtsanwalt am 27.2.2018 ist der Mangel gem. § 189 ZPO hinsichtlich der Zustellungsvoraussetzung gem. § 750 Abs. 1 ZPO geheilt worden.

3. Besondere Vollstreckungsvoraussetzungen

Sicherheitsleistung gem. § 751 Abs. 2 ZPO, da Urteil noch nicht rechtskräftig. Die Sicherheitsleistung ist aber nicht erbracht worden, so dass **Sicherungsvollstreckung** gem. § 720a ZPO in Frage kommt, d.h. nur **Pfändungs-** nicht Überweisungsbeschluss. Die Voraussetzungen des § 750 Abs. 3 ZPO sind erfüllt, die 2-Wochenfrist ist abgelaufen (27.2.2018 – 13.3.2018).

4. Entscheidungserhebliche Überlegungen

Schlüssigkeitsprüfung

Unter Verwertung aller vorliegenden Angaben muss – die Richtigkeit der Angaben unterstellt – die Pfändung u.a. gem. § 851 ZPO zulässig sein.

Da der Schuldner auf Aufforderung durch den Gläubiger sich geäußert hat (Anhörung), hat der Gläubiger praktisch auf § 834 ZPO verzichtet.

a) Pfändung von Arbeitseinkommen

Da das Gehalt nur im Umfang des pfändbaren Teils (§ 400 BGB) abgetreten ist, steht es bezüglich dieses Teils nicht mehr dem Schuldner zu. Soweit abgetreten wurde, ginge ein Pfändungsbeschluss ins Leere, es fehlte damit am Rechtsschutzbedürfnis.

Aber:

Abgetreten ist nur der **gem. § 850c ZPO pfändbare Teil** des Arbeitseinkommens:

3.000 € (4 Personen = Ehefrau, 2 eheliche Kinder und „1 nichteheliches Kind") = **145,26 € = Restgehalt 2.854,74 € ist gem. § 850c ZPO unpfändbar.**

Der Wegfall der Ehefrau wegen eigenen Einkommens ist seitens des Arbeitgebers **bei der Abtretung** nur zu beachten, wenn das vom Zessionar ausdrücklich begehrt wird und ggf. im Klagewege einer Klärung zugeführt wird.[65] Für das Vollstreckungsgericht und die Gläubigerüberlegungen bei der verschärften Pfändung gem. §§ 850f Abs. 2, 850d ZPO ist nur vom vorstehend berechneten Abzug im Rahmen des § 850c ZPO, also von 145,26 € auszugehen.

Die Herabsetzung des unpfändbaren Betrages erfolgt nur auf Antrag des Gläubigers, ohne Anhörung (§ 834 ZPO), wenn er zugleich mit dem Pfändungsantrag gestellt ist. Die Herabsetzung darf nicht unter dem Sozialhilfesatz liegen.

Vorliegen muss:

- unerlaubte Handlung, entspricht den §§ 823 ff. BGB
- Ausmaß wie § 850d ZPO, also SGB II, XII
- Rechtsgrund muss sich aus dem Urteil ergeben, Vollstreckungsbescheid nicht ausreichend.

Bei verschärfter Pfändung gem. §§ 850d, 850f Abs. 2 ZPO wären unpfändbar:

Schuldner	1.000 €	
2 eheliche Kinder	800 €	(2 × 400 €)
1 nichtehel. Kind	240 €	
	2.040 €	

Für die Ehefrau war kein Freibetrag einzusetzen, da sie mit den zugegebenen 1.000 € Nebenverdienst die pauschalen Notbedarfssätze von 500 € übersteigt. **Bei §§ 850f Abs. 2, 850d Abs. 1 S. 2 ZPO realisiert sich der Wegfall durch Nichtberücksichtigung von Freibeträgen.**

Für das nichteheliche Kind war der genaue Betrag, nicht der Pauschalbetrag einzusetzen. Somit bleiben für den Deliktsgläubiger die 1.540 € übersteigenden Beträge des Arbeitseinkommens abzüglich der abgetretenen Bezüge i.H. von 169,29 € pfändbar:

bis 30.6.2019:	3.000,00 €	Nettoeinkommen
	– 145,26 €	Abtretungsbetrag
	2.854,74 €	
	– 2.040,00 €	unpfändbarer Notbedarf
Ergebnis:	**814,74 €**	bleiben für den Deliktsgläubiger pfändbar

65 Siehe dazu *BGH* Urt. v. 19.5.2009, Az. IX ZR 37/06.

b) Pfändung des Kindergeldes

Nach § 76 EStG kann ein Anspruch des Leistungsberechtigten auf Geldleistungen für Kinder nur noch wegen gesetzlicher Unterhaltsansprüche eines Kindes gepfändet werden, das bei der Festsetzung der Leistung berücksichtigt wird. Da die Geldleistung für Kinder im Übrigen nicht gepfändet werden kann, kommt auch eine Anrechnung auf den unpfändbaren Betrag bei der verschärften Pfändung nicht in Frage. Siehe auch § 54 Abs. 5 SGB I.

Ergebnis:

Antrag auf Erlass eines Pfändungsbeschlusses in Arbeitseinkommen (nicht Kindergeld) gem. § 850f Abs. 2 ZPO in Verb. mit § 850d ZPO wegen privilegierter Deliktsforderung. Beim Freibetrag gem. § 850d Abs. 1 S. 2 ZPO muss beantragt werden, die Ehefrau wegen ausreichend eigenem Einkommens unberücksichtigt zu lassen, d.h. ihr keinen pauschalen Freibetrag einzuräumen:

Schuldner	1.000 €	
2 ehel. Kinder	800 €	(2 × 400 €)
1 nichtehel. Kind	240 €	
Ehefrau	0 €	
ab 1.7.2017:	**2.040,00 €**	**= verbleiben dem Schuldner**
	145,26 €	= verbleiben dem Zessionar
	814,74 €	= verbleiben dem Deliktsgläubiger
	3.000,00 €	

Lösungsvorschlag Fall 4

a) Sicherheitsleistung und Zustellung

Die vorläufige Vollstreckbarkeit beruht auf §§ 709, 710, 712 Abs. 1 S. 1 2.

Mangels Amtszustellung des vollständigen Urteils (§ 517 ZPO) ist die Rechtsmittelfrist noch nicht in Lauf gesetzt worden. Das Urteil ist also noch nicht rechtskräftig! Gleichwohl keine Sicherheitsleistung, da der Klägervertreter offensichtlich einen erfolgreichen Antrag gem. § 710 ZPO gestellt hat.

Bis zur Rechtskraft Pfändung und Verwertung, aber keine Erlösauskehrung gem. §§ 720, 839 ZPO wegen § 712 Abs. 1 S. 1 ZPO (Abwendungsbefugnis).

Wegen vorsätzlich begangener unerlaubter Handlung ist der Deliktsgläubiger bevorrechtigt gem. §§ 850f Abs. 2, 850d ZPO. Auch eine eventuelle Billigkeitsprüfung (z.B. § 850b Abs. 2 ZPO) bringt ihm dadurch Pluspunkte.

Vollstreckbare Ausfertigung ist gem. § 317 Abs. 2 S. 2 ZPO (Eilklausel) erteilt worden. (Ob z. Hd. des Klägers oder Vertreters spielt keine Rolle).

Parteizustellung gem. § 750 Abs. 1 S. 2 ZPO ist noch erforderlich.

Für die Forderungspfändung ist das AG Charlottenburg als Vollstreckungsgericht zuständig, § 828 ZPO.

b) Sach- und Rechtspfändungen

zu 1:

Hier liegt eine auflösend bedingte Sicherungsübereignung im Wege des Besitzkonstitutes (§ 930 BGB) vor. Zur **Sachpfändung** der im Gewahrsam des Schuldners befindlichen Truhe (§ 808 ZPO) durch den GV muss zur Vermeidung einer wirksamen Intervention seitens des Drittberner gem. § 771 ZPO die **Rechtspfändung** durch PfÜb des Vollstreckungsgerichtes gem. § 857 ZPO in das Anwartschaftsrecht auf Wiedererwerb des Eigentums nach Erfüllung des Sicherungszweckes treten.

Prinzip der **Doppelpfändung!**

Der PfÜb berechtigt zur Restzahlung ohne Weigerungsrecht des Schuldners aus § 267 Abs. 2 BGB und inhibiert die Abtretung des Anwartschaftsrechts durch den Schuldner.

Für die **Doppelpfändung** ist eine weitere (2.) vollstreckbare Ausfertigung gem. § 733 ZPO zu beantragen.

Der gezahlte Restbetrag gehört zu den notwendigen Kosten der Zwangsvollstreckung (§ 788 ZPO), wenn er sich im angemessenen Verhältnis zum voraussichtlichen Erlös befindet. Nach verbreiteter Auffassung ist das bei einem Verhältnis 3 : 1 gegeben (1/3 Regelung)[66].

Im vorliegenden Fall sind noch 2.000 € Restdarlehn offen. Der voraussichtliche Erlös beträgt 50 % von 14.000 € = 7.000 € (Mindestgebot § 817a Abs. 1 ZPO). Daher liegt Verhältnismäßigkeit vor. Der Vollstreckungszugriff ist empfehlenswert.

zu 2:

Jede Lebensversicherung auf den Todesfall ist für sich gesehen gem. § 850b Abs. 1 Nr. 4 ZPO unpfändbar. Möglichkeit der Billigkeitsprüfung gem. § 850b Abs. 2, 3 ZPO. Im Gläubigerinteresse ist hier aber Zusammenrechnung und **volle** Pfändbarkeit **oder** Pfändbarkeit, soweit 3.579 € überschritten sind, anzunehmen bzw. entsprechend zu beantragen. Der Rest ist dann ggf. über § 850b Abs. 2, 3 ZPO – wie **Arbeitseinkommen (!) – pfändbar. Für die Billigkeit spricht auch die Deliktsgläubigereigenschaft. Schauen Sie sich bei dieser Gelegenheit auch die §§ 850 Abs. 3 b) und 851 c) und d) an, da für diese andere Voraussetzungen gelten.**

zu 3:

Am Stahlschließfach hat der Schuldner Alleingewahrsam, da Mietvertrag, nicht Verwahrvertrag vorliegt. Es bietet sich daher Sachpfändung durch den Gerichtsvollzieher an, § 808 ZPO. Da die Bank aber eine Mitwirkungsverpflichtung bei der Öffnung und Schließung des Faches hat, wird sie dem GV den Zutritt nicht gestatten.

Es bietet sich hier die Pfändung des Anspruchs des Schuldners an die Bank auf Mitwirkung bei der Öffnung an. Diese Rechtspfändung gem. § 857 ZPO erfolgt durch Pfändungs- und Überweisungsbeschluss des AG Charlottenburg (s.o.). *Stöber* (Rn. 1752 ff.) empfiehlt, folgende Zusatzformulierung in den PfÜb aufzunehmen: *„Einem vom Gläubiger beauftragten GV ist der Zutritt zum Stahlfach zu gewähren."* In den Besitz eines eventuellen Schlüssels gelangt der Gläubiger durch die zu beantragende Herausgabe-

66 Siehe *Behr* Taktik in der Mobiliarvollstreckung II, S. 159 mit N.

anordnung gem. § 836 Abs. 3 S. 3 ZPO, die zur Herausgabevollstreckung gem. §§ 883 ff. ZPO ermächtigt.

Der GV hat dann die Gegenstände durch Wegnahme zu pfänden: § 808 Abs. 2 S. 1 ZPO für die Inhaberpapiere und das Gold, § 831 ZPO für die Wechselurkunde.

Die Inhaberpapiere werden gem. § 821 ZPO, das Gold gem. § 817a Abs. 3 ZPO durch Versteigerung verwertet und die Wechsel durch Überweisungsbeschluss gem. § 835 ZPO.

zu 4:

Das Arbeitseinkommen des Tristan Schuricke in Höhe von 2.200 € netto monatlich ist von mehreren gewöhnlichen Gläubigern gem. § 850c ZPO vorrangig gepfändet (2 Unterhaltsberechtigte = 160,70 €). Da Glaubrecht Deliktsgläubiger ist, kann er in den erweiterten Bereich gem. § 850f Abs. 2, 850d ZPO hinein pfänden.

Freibeträge z.B. **1.000 € (Schuldner), 500 € (Ehefrau), 350 € (Kind) = 1.850 €.**

Pfändbar für Paul Gläubig somit:

ab 30.6.2017:

	2.200,00 €	
–	160,70 €	(§ 850c-Tabellensätze bei zwei Unterhaltsberechtigten)
	2.039,30 €	
–	1.850,00 €	
	189,30 €	

Die Abtretung an die Fa. Radio Müller ändert daran nichts, sie erfasst auch nur gem. § 400 BGB den nach § 850c ZPO pfändbaren Teil (also 160,70 €). Siehe jetzt aber *BGH* v. 19.5.2009, Az. IX ZR 37/06. (Auch Abtretungen erlauben eine entsprechende Anwendung von § 850c Abs. 4 ZPO. Muss sich aber aus der Abtretungserklärung ergeben.

Das Kindergeld ist auch für einen Deliktsgläubiger unpfändbar gem. § 76 EStG. Das Wohngeld ist nach der Neufassung des § 54 Abs. 3 Nr. 2 a SGB I bis auf hier nicht zutreffende Ausnahmen unpfändbar.

zu 5:

PfÜb gem. §§ 829, 835 ZPO mit Herausgabeanordnung gem. § 836 Abs. 3 S. 3 ZPO bezüglich des Sparbuches (bzw. letztes Sparbuchblatt oder Sparkarte); Vollstreckung gem. §§ 883 ff., Herausgabeanordnung = Aufnahme in den PfÜb, der so zum Herausgabetitel wird.

zu 6:

Versuch durch den GV gem. § 809 ZPO beim Dritten Karl Klang zu pfänden; falls erfolglos PfÜb gem. §§ 846, 847 ZPO mit Herausgabeanordnung an einen vom Gläubiger zu beauftragenden GV; § 811 Nr. 1 ZPO zu prüfen; ggf. Austauschpfändung gem. § 811a Abs. 2 ZPO.

Lösungsvorschlag Fall 5

1. Allgemeine Zwangsvollstreckungsvoraussetzungen

Kann sich hier auf wenige Punkte beschränken

a) Vollstreckungstitel

Das Urteil des AG Hildesheim ist rechtskräftig. Es handelt sich um ein zur Zwangsvollstreckung geeignetes Urteil, §§ 704 Abs. 1, 709, 317 Abs. 1 ZPO.

Die Gläubigerin ist als OHG eine Personenhandelsgesellschaft, die gemäß § 124 HGB i.V.m. § 50 ZPO parteifähig ist. Sie ist jedoch nicht prozessfähig und muss sich durch ihre gesetzlichen Vertreter vertreten lassen (§ 125 HGB, §§ 51, 52 ZPO).

b) Vollstreckungsklausel

Gemäß §§ 724, 725 ZPO kann die Vollstreckung nur aus einem mit einer Vollstreckungsklausel versehenen Ausfertigung des Urteils erfolgen. Diese wurde wirksam durch den Urkundsbeamten des Prozessgerichts erstellt. Zug-um-Zug-Leistungen und Sicherheitsleistungen sind keine Bedingungen im Sinne von § 726 ZPO. Diese Voraussetzungen prüft vor Beginn der Vollstreckung das Vollstreckungsorgan (§§ 751 Abs. 2, 765 ZPO).

> ***Achtung!***
>
> *ZPO §§ 167, 170 Abs. 1 Satz 2, § 189*
>
> *a) Die Unwirksamkeit der Zustellung an eine prozessunfähige Person (§ 170 Abs. 1 Satz 2 ZPO) kann gemäß § 189 ZPO dadurch geheilt werden, dass das zuzustellende Schriftstück dem gesetzlichen Vertreter der prozessunfähigen Person tatsächlich zugeht.*
>
> *b) § 167 ZPO erfasst auch die erst durch eine – insgesamt noch „demnächst" erfolgende – Heilung wirksam gewordene Zustellung.*[67]
>
> *ZPO §§ 724, 726 Abs. 1, §§ 732, 766*
>
> *Im Erinnerungsverfahren nach § 766 ZPO ist der Einwand des Schuldners grundsätzlich nicht zu berücksichtigen, der Urkundsbeamte der Geschäftsstelle habe die der Vollstreckung zugrunde liegende Klausel nach §§ 724, 725 ZPO zu Unrecht ohne die gemäß § 726 Abs. 1 ZPO erforderlichen Nachweise erteilt.*[68]

c) Die Zustellung

Die Zwangsvollstreckung darf hier gemäß § 750 Abs. 1 ZPO nur beginnen, wenn das Urteil bereits zugestellt ist. Die Zustellung erfolgte von Amts wegen (§§ 317, 208 ZPO) und wurde an den Beklagten persönlich vorgenommen.

2. Besondere Zwangsvollstreckungsvoraussetzungen

a) Sicherheitsleistung

Der der Vollstreckung zugrunde liegende Titel wurde gegen Sicherheitsleistung für vollstreckbar erklärt, § 709 ZPO. Da das Urteil aber rechtskräftig ist, kann aus dem Urteil ohne Sicherheitsleistung vollstreckt werden.

---

67 *BGH* Urt. v. 12.3.2015, III ZR 207/14.

68 *BGH* Beschl. v. 12.1.2012, VII ZB 71/09.

b) Fälligkeit

Gem. § 751 Abs. 1 ZPO ist die Fälligkeit der Zahlung zu prüfen. Sie liegt hier vor, da Schuldner in Annahmeverzug.

c) Zug-um-Zug-Leistung

Ein Pfändungsbeschluss darf nur erlassen, wenn der Beweis, dass der Schuldner den LKW erhalten hat oder im Verzug der Annahme ist, durch öffentliche oder öffentlich beglaubigte Urkunden geführt wird und eine Abschrift dieser Urkunden zugestellt ist, § 765 ZPO. Liegt hier lt. Sachverhalt vor.

3. Die einzelnen Vollstreckungsanträge

a) Arbeitseinkommen, Sozialleistung

aa) Das Arbeitseinkommen ist von mehreren Gläubigern gemäß § 850c, § 804 ZPO gepfändet. Der pfändbare Betrag ergibt sich aus der Tabelle zu § 850c Abs. 3 ZPO (Unterhaltspflicht für 3 Personen bei 2.620 €) mit 175,21 €. Da die Antragstellerin als Gläubigerin nicht privilegiert ist (weder nach § 850d noch nach § 850f Abs. 2 ZPO), wäre eine Vollstreckung auf lange Sicht aussichtslos (§ 804 Abs. 3 ZPO). Da das Arbeitseinkommen zusätzlich gemäß § 400 BGB zeitlich vor den Pfändungen abgetreten wurde, gehen alle Pfändungsbeschlüsse mangels eines Pfandrechts ins Leere. Nach gefestigter Rechtsprechung (*BAG* NJW 1993, S. 2669) gehen die nach der Abtretung erlassenen Pfändungsbeschlüsse wegen § 832 ZPO nicht ins Leere, sondern sind mit ihrem Rang nach Beendigung der Abtretung zu berücksichtigen. Dieser Ansicht ist zuzustimmen, d.h. die Antragstellerin hat den letzten Rang und die beantragte Pfändung führt nicht zur Befriedigung der Gläubigerin.

bb) Die Pfändung des Kindergeldes ist für die Antragstellerin gemäß § 76 EStG und § 54 Abs. 5 SGB nicht möglich.

cc) Bezüglich der mitverdienenden Ehefrau kann der Rechtsanwalt für die OHG einen Antrag auf Nichtberücksichtigung als Unterhaltsberechtigte gemäß § 850c Abs. 4 ZPO stellen und erreicht somit eine Privilegierung gegenüber allen anderen Pfändungsgläubigern, die laut Sachverhalt einen solchen Antrag noch **nicht** gestellt haben und der Sparkasse Hildesheim, die als Abtretungsgläubigerin hierzu nicht antragsberechtigt ist. Es sei denn, sie kann durch Vorlage der Abtretungserklärung nachweisen, dass eine dem § 850c Abs. 4 ZPO entsprechende Vereinbarung mit dem Schuldner getroffen worden ist. Bei einem eigenen Nettoeinkommen der Ehefrau in Höhe von 1.000 € kann von einem erfolgreichen Antrag ausgegangen werden. Zu berücksichtigen sind dann nur für diesen Gläubiger nicht drei sondern nur zwei unterhaltsberechtigte Personen.

> ***Achtung!***
>
> *BGB § 400, ZPO § 850c Abs. 4, ZPO § 850e, AnfG § 3 Abs. 1, AnfG § 8 Abs. 1 (Abtretung von laufenden Rentenbezügen)*
>
> *a) Die vollstreckungsrechtliche Vorschrift über die Zusammenrechnung von Arbeitseinkommen und Ansprüchen auf Leistungen nach dem Sozialgesetzbuch ist bei der*

69 *BGH* Urt. v. 19.5.2009, IX ZR 37/06.

Bestimmung des pfändbaren Betrages im Rahmen der Abtretung derartiger Forderungen entsprechend anzuwenden.

b) Ob die Parteien der Abtretungsvereinbarung die Zusammenrechnung von Arbeitseinkommen und Ansprüchen auf Leistungen nach dem Sozialgesetzbuch gewollt haben, ob diese der Billigkeit entspricht und ob ein Unterhaltsberechtigter, der selbst über eigene Einkünfte verfügt, bei der Bestimmung des pfändbaren Einkommens im Rahmen einer Abtretung zu berücksichtigen ist, hat das Prozessgericht zu prüfen.

c) Anfechtungsrechtlich gilt die Abtretung von laufenden Rentenbezügen durch einen Rentenberechtigten, der das Rentenalter bereits erreicht hat, mit dem Wirksamwerden der Abtretung als vorgenommen, auf die späteren einzelnen Bezugszeitpunkte kommt es für die Anfechtbarkeit nicht mehr an.[69]

dd) Berechnung der vom Drittschuldner – unter Berücksichtigung von cc) – abzuführenden Beträge:

bis voraussichtlich 30.6.2019

1. Sparkasse Hildesheim	175,21 €
2. Walter Berg OHG	153,49 €
	328,70 €

b) Miteigentumsanteil

Der Schuldner kann jederzeit die Aufhebung der Gemeinschaft sowie die Versteigerung des Traktors verlangen und die Zustimmung zu einer den Miteigentumsanteilen entsprechenden Teilung des Erlöses fordern (§§ 749, 753 BGB). Die Pfändung des Miteigentumsanteils und Teilung des Erlöses erfolgt gemäß §§ 857 Abs. 1, 829 ZPO. Drittschuldner ist der weitere Miteigentümer der Bruchteilsgemeinschaft. Die ausdrückliche Vereinbarung über den Ausschluss des Aufhebungsanspruchs steht der Pfändung gemäß § 751 S. 2 BGB nicht mehr im Wege, da der Schuldtitel rechtskräftig ist. Amtlichen Vordruck benutzen.

c) Rückgewährsanspruch

Durch Rückzahlung der durch die Grundschuld gesicherten Forderung entsteht für den Schuldner keine Eigentümergrundschuld, sondern lediglich ein Anspruch auf Rückgewähr der Sicherungsgrundschuld, der durch Aufhebung, Verzicht oder Übertragung erfüllt werden kann. Bei Rückgewähr durch Abtretung oder Verzicht entsteht eine Eigentümergrundschuld, die der Gläubigerin als Vollstreckungsobjekt dienen kann.

Der schuldrechtliche Rückgewährsanspruch selbst ist gemäß §§ 857 Abs. 1, 829 ZPO pfändbar. Die Pfändung wird wirksam durch Zustellung an den Grundschuldgläubiger gemäß § 829 Abs. 3 ZPO. Bei Rückgewähr durch Abtretung (dies sollte die Gläubigerin wählen!) wandelt sich in entsprechender Anwendung zu § 1287 BGB das Pfandrecht am Rückgewährsanspruch in ein Pfandrecht an der Eigentümergrundschuld um. Zur Überweisung gemäß § 837 ZPO bedarf es eines rechtskräftigen Titels. Dieser liegt vor. Bei Überweisung an Zahlungs Statt würde die Gläubigerin dann einen direkten Übergang der Sicherungsgrundschuld auf sich als Fremdgrundschuld erreichen. Amtlichen Vordruck benutzen.

Lösungsvorschlag Fall 6

Gefordert ist die Prüfung, ob der gewünschte Pfändungs- und Überweisungsbeschluss erlassen werden kann.

Antragsvoraussetzungen

- Der Antrag ist in Schriftform zu stellen, § 496 ZPO § 126 BGB. Nach § 3 der Verordnung über Formulare für die Zwangsvollstreckung (Zwangsvollstreckungsformular-Verordnung – ZVFV) vom 23. August 2012 (BGBl. I S. 1822) sind die gem. §§ 1 und 2 eingeführten Formulare verbindlich **ab 1.3.2013** zu nutzen – siehe jedoch Änderung durch Artikel 1 der Verordnung vom 16. Juni 2014 (BGBl. I S. 754) auch im Hinblick auf die Entscheidungen des BGH v. 13.2.2014 – VII ZB 39/13 und 20.2.2014 – VII ZB 4413.
- Sachlich zuständig für den Erlass des PFÜB ist das Amtsgericht, §§ 764 I, 828 I, 802 ZPO.
- Örtlich zuständig ist das Amtsgericht in Hildesheim, da der Schuldner hier seinen allgemeinen Gerichtsstand hat; §§ 828 Abs. 2, 802, 12, 13 ZPO und § 7 Abs. 1 BGB.
- Funktionell zuständig ist der Rechtspfleger, § 20 Nr. 17 RPflG.
- Rechtsschutzbedürfnis liegt vor.
- Gaby Müller ist als natürliche Person rechtsfähig, § 1 BGB und daher auch parteifähig.
- jedoch nicht prozessfähig, § 52 I ZPO, die Mutter Ernestine Müller, § 1626a II BGB, daher ist diese auch zur Vertretung der Gläubigerin berechtigt, § 1629 I 3 BGB.
- Der Schuldner ist als natürliche Person rechtsfähig, § 1 BGB, damit parteifähig § 50 ZPO und auf Grund der Volljährigkeit § 2 BGB auch prozessfähig § 52 ZPO.
- Prozessführungsbefugnis liegt ebenfalls vor, da die Gläubigerin eigene Rechte geltend macht.
- keine Vertretung durch Anwälte geboten, § 13 RPflG, aber möglich

Allgemeine Zwangsvollstreckungsvoraussetzungen

- **Titel:** Vorgelegt wurde eine Kopie des Titels. Dies genügt nicht. Vorzulegen ist die Urschrift der vollstreckbaren Ausfertigung.
- Bei dem Titel handelt es sich um eine notarielle Urkunde, § 794 Abs. 1 Nr. 5 ZPO.
- Titelgläubigerin ist als Anspruchsinhaberin Gaby Müller. Nur diese kann auch Vollstreckungsgläubigerin sein – hier also „Gaby Müller vertreten durch die Mutter Ernestine Müller", § 750 Abs. 1 ZPO.
- Namensänderung des Schuldners (Sauerfleisch = Rastermann) Personenidentität, § 750 Abs. 1 ZPO. Durch die Änderung des Nachnamens gibt es eine Diskrepanz. Trotz Personenidentität gibt es keine Namensidentität, § 750 Abs. 1 ZPO.
- Keine Rechtsnachfolge; § 727 ZPO scheidet aus. Möglich wäre, §§ 727, 795, 797 Abs. 2 S. 1 ZPO analog anzuwenden. In diesem Fall müsste § 750 Abs. 2 ZPO noch problematisiert werden.

- Vertreten werden könnte auch, auf dem Titel lediglich einen Klarstellungsvermerk anzubringen. Vorlage der Heiratsurkunde des Schuldners reicht.
- Hinweis auf § 792 ZPO.
- Ergebnis hier: Mängel, die zu beheben sind.

Vollstreckungsklausel

- Die Vollstreckungsreife des Titels ist durch die Vollstreckungsklausel nachzuweisen,
- §§ 724 Abs. 1, 795 S. 1 ZPO.
- Die Vollstreckungsklausel wurde zulässigerweise durch den Notar erteilt, § 797 Abs. 2 S. 1 ZPO. Beurkundungsrechtliche Mängel sind nicht erkennbar, §§ 52, 49 Abs. 1, 2 BeurkG.

Zustellung

- Zustellung des Titels notwendig, §§ 750 Abs. 1 S. 1, 795 S. 1 ZPO.
- hier: Eine Zustellung ist offenbar noch nicht erfolgt, die vollstreckbare Ausfertigung wurde auch erst am 10.2.2010 erteilt. Wohl erster Vollstreckungsversuch der Gläubigerseite. Problematisch ist die Erklärung des Schuldners in § 4 der Urkunde, wo er auf die Zustellung verzichtet.
- Verzicht möglich? – streitig – Die Rechtsauffassungen dazu sind nicht einheitlich.
- Vertretbar wäre, auf das Zustellungserfordernis zu verzichten, da der Schuldner nicht sozialhilfebedürftig werden würde – also nicht so schwerwiegende Schutzvorschrift wie z.B. § 811 ZPO. Außerdem wurde der Schuldner vom Notar über die Tragweite des Verzichts belehrt.
- Andererseits hat der Schuldner am 5.1.2010 auf die Zustellung verzichtet, dies liegt 8 Jahre zurück. Ob seine jetzige Ehefrau, mit der er ein 2-jähriges Kind hat, seine damalige Freundin war, ist auch nicht klar.

Besonderen Vollstreckungsvoraussetzungen

- Keine Sicherheitsleistung, § 751 II ZPO nötig.
- keine Zug um Zug Problematik des § 765 ZPO.
- Kalenderfälligkeit des § 751 Abs. 1 ZPO ist zu bemerken, hier Dauerpfändung, § 832 ZPO, und zwar im Rahmen des § 850d ZPO als Vorratspfändung.
- Wartefrist: des § 798 ZPO hier problematisch, da diese 2 Wochenfrist mangels Zustellung nicht beginnen konnte, da bislang keine Zustellung erfolgte. Also nachholen.

Eröffnetes Insolvenzverfahren

- grundsätzlich ein Vollstreckungshindernis dar, § 89 Abs. 1, 2 S. 1 InsO. Siehe aber § 89 Abs. 2 S. 2 InsO wegen laufender Unterhaltsansprüche.
- Hinsichtlich der Unterhaltsrückstände ist Gaby Müller Insolvenzgläubigerin, § 38 InsO. Insoweit Vollstreckungsverbot des § 89 Abs. 1 InsO.

- Diese Rückstände sind bei dem Insolvenzverwalter zur Tabelle anzumelden, §§ 174, 175 InsO.

Zu bedenken, ob nicht auch eine vorsätzlich unerlaubte Handlung mit anzumelden ist.

- Im zu erlassenden PFÜB können daher nur die Unterhaltsrückstände von Dezember 2017 bis Februar 2018 in Höhe von 1.050 € sowie der laufende Unterhalt in Höhe von 350 € ab März 2018 Berücksichtigung finden Neugläubiger).

Pfändbarkeit nach Maßgabe des § 850d ZPO – Berechnung –

- Bei einem Netto-Einkommen des Schuldners in Höhe von 2.580 € sind für die Normal-Gläubiger nach § 850c ZPO = 163,21 € pfändbar; dabei sind 3 Unterhaltsberechtigte berücksichtigt. Der darüber hinaus pfändbare Teil der Bezüge ließe sich wie folgt ermitteln:

	bis 30.6.2019
Netto	2.580,00 €
abzüglich Selbstbehalt	1.000,00 €
ergibt	**1.580,00 €**
davon 1/2	**790,00 €**

Dieser Betrag von 1.580 € ist durch 2 zu teilen, da 2 minderjährige unverheiratete Kinder zu berücksichtigen sind. Diese haben den 1. Rang, § 850d Abs. 2 ZPO i.V.m. § 1609 Nr. 1 BGB. Für Gaby Müller stünden **deshalb 790** € zur Verfügung. Von diesem Betrag ist der nach § 850c ZPO pfändbare Betrag in Abzug zu bringen, da nur in das insolvenzfreie Vermögen nach Insolvenzeröffnung vollstreckt werden darf. So kann noch auf 626,79 € zugegriffen werden, § 89 II 2 InsO. Dieser Betrag ist bis zur Deckung der Rückstände an die Gläubigerin auszukehren, danach nur noch der laufende Unterhalt in Höhe von 350 €.

- Vermittlungsantrag an Drittschuldner, § 133 BGB, 829 Abs. 1 S. 1 ZPO.

Prüfung

- Gläubiger- und Schuldnerbezeichnung wurde bereits behandelt.
- Die Höhe und der Zeitraum des Unterhaltsrückstandes muss, wie oben dargelegt, korrigiert werden.
- Erklärung der Gläubigerin nach § 850d Abs. 1 S. 4 ZPO (Rückstände älter als ein Jahr prüfen).
- Arbeitseinkommen ist als übertragbare Forderung pfändbar, § 398 BGB, § 851 Abs. 1 ZPO.
- Zulässig ist auch die Pfändung künftig fällig werdenden Arbeitseinkommens, § 832 ZPO (Vorratspfändung).
- Die Drittschuldnerbezeichnung dürfte durch die Nennung des Vor- und Nachnamens des Inhabers ausreichend bestimmt und zustellungsfähig sein.
- Verweis auf die Ermittlung des pfändbaren Teiles, §§ 850a, 850d ZPO.
- Der Pfändungszugriff der Gaby Müller übersteigt auch, wie oben berechnet, denjenigen der Normal-Gläubiger, § 850d Abs. 1 S. 3 ZPO.

- Zutreffend ist der Selbstbehalt für den Schuldner genannt, 1.000 € dürften als zunächst ausreichend angesehen werden, § 850d Abs. 1 S. 2 1. HS ZPO.
- Jedoch gibt es noch ein weiteres Kind, das der Gläubigerin im Range gleichsteht.
- Insoweit ist der Selbstbehalt wie folgt zu bezeichnen: 1.000 € zuzüglich der Hälfte des Netto-Mehrbetrages.
- Die aufgezeigten Mängel sind zu beheben.
- Sonja Schön ist auf die Mängel hinzuweisen.

Lösungsvorschlag Fall 7

Empfehlenswert ist die Umwandlung des Kontos in ein Pfändungsschutzkonto, § 850k ZPO. Dies kann innerhalb der ersten 4 Wochen nach wirksamer Pfändung und Überweisung noch rückwirkend in ein Pfändungsschutzkonto umgewandelt werden. Der Schuldner ist insoweit geschützt (§ 835 Abs. 3 ZPO).

Nach rechtzeitiger Umwandlung in ein Pfändungsschutzkonto ist hier außerdem der Nachweis für weitere unterhaltsberechtigte Personen durch eine in § 850k Abs. 5 Satz 2 ZPO genannte Stelle zu führen.

Wenn es sich die dem gepfändeten Konto um ein Pfändungsschutzkonto handelt, wären gemäß § 850k I ZPO ab 1.7.2017 pfändungsfrei

1) Für den Schuldner	1.133,80 €
Zusätzlich wären gemäß § 850k II ZPO pfändungsfrei	
2) Für die 1. weitere Person	426,71 €
3) für jede weitere Person (hier zwei) 237,73 € × 2	547,46 €
insgesamt somit	2.107,91 €
Pfändungsfrei wäre weiter das für die 2 Kinder gezahlte Kindergeld, § 850k Abs. 2 Ziff. 3 2 × 194,00	388,00 €
	2.495,91 €

Hinsichtlich eines weiteren benötigten Betrages müsste der Schuldner einen gesonderten Freigabeantrag beim Vollstreckungsgericht stellen (§ 850k IV ZPO). Es sei denn, es handelt sich um einen Betrag aus dem Vormonat nach § 850k Abs. 1 Satz 2 ZPO, den das Kreditinstitut selbst zu berücksichtigen hätte.

D. Fragen und Antworten

I. Fragen

Frage 1

In welchen Fällen besteht bei einem Urteil die Ausnahme von der Verpflichtung zur zahlenmäßigen Bezifferung der Forderung?

Frage 2

Ihnen wird ein Titel vorgelegt, bei dem die Vollstreckung von einer Zug um Zug zu bewirkenden Leistung des Gläubigers an den Schuldner abhängt, auf dem nicht der Urkundsbeamte, sondern der Rechtspfleger die Vollstreckungsklausel erteilt hat. Was ist zu tun? Begründen Sie Ihre Antwort.

Frage 3

Nennen Sie weitere Vollstreckungstitel außer dem Urteil unter Angabe der gesetzlichen Vorschriften!

Frage 4

Erläutern Sie kurz den Unterschied zwischen einem „Und-Konto" und einem „Oder-Konto".

Frage 5

Der Gläubiger berichtet Ihnen, dass der Schuldner eine Kaufpreiszahlung auf einem Notaranderkonto hinterlegt hat. Welche Maßnahmen ergreifen Sie und wer ist Drittschuldner?

Frage 6

Ordnen Sie den folgenden Zwangsvollstreckungsmaßnahmen das jeweils dafür zuständige Vollstreckungsorgan zu. Begründen Sie Ihre Entscheidung kurz unter Angabe der gesetzlichen Vorschrift.

a) Eintragung einer Zwangssicherungshypothek
b) Eintragung einer Schiffshypothek
c) Abnahme der Vermögensauskunft
d) Herausgabe einer Versicherungspolice aufgrund eines Pfändungs- und Überweisungsbeschlusses
e) Pfändung von Arbeitseinkommen
f) Arrestverfahren
g) Räumungsvollstreckung
h) Einholung von Auskünften Dritter über das Vermögen des Schuldners
i) Vollstreckung einer vertretbaren bzw. nicht vertretbaren Handlung
j) Verhaftung des Schuldners (Erzwingungshaft)

Frage 7

Welchen Sinn hat die Sicherheitsleistung?

Frage 8

Der Gerichtsvollzieher Pitz ist wegen einer Geldforderung in Höhe von 500.000 € mit der Zwangsvollstreckung beim Schuldner Reich beauftragt. Im Rahmen des Vollstreckungsversuches, entdeckt er auf dem großen Grundstück einen Hubschrauber. Darf der Gerichtsvollzieher diesen pfänden? Begründen Sie Ihre Antwort.

Frage 9

Der Gerichtsvollzieher findet bei einem Vollstreckungsversuch bei Schuldner Schlau einen Blankowechsel in einer Schublade. Darf der Gerichtsvollzieher diesen pfänden? Wie können Sie als Gläubiger diesen verwerten?

Frage 10

Frau Doreen Leicht hat 2016 vor ihrer Eheschließung im Jahre 2017 unter ihrem Geburtsnamen Schwer einen erfolgreichen Prozess gegen Herrn Dünn geführt. Sie will im Jahr 2018 aus dem Urteil vollstrecken. Was ist zu veranlassen?

Frage 11

Was ist zu veranlassen, wenn der Schuldner zu den üblichen Vollstreckungszeiten in seiner Wohnung nicht anzutreffen ist?

Frage 12

Ein Mandant kommt zu Ihnen ins Büro und trägt folgendes Anliegen vor: *„Ich habe eine einstweilige Verfügung bekommen, dagegen will ich eigentlich nichts unternehmen. Ist die Sache damit für mich erledigt?"* Wie beantworten Sie die Frage?

Frage 13

Was ist der Unterschied zwischen einstweiliger Anordnung und einstweiliger Verfügung?

Frage 14

Der Unternehmer Fleißig möchte seine Geschäftsbeziehungen mit seinen ausländischen Geschäftspartnern in der EU ausbauen.

Er erscheint bei ihnen im Büro und erkundigt sich nach den Zwangsvollstreckungsmöglichkeiten innerhalb der EU in Bankkonten.

Zeigen Sie eine Möglichkeit auf.

Frage 15

Sie sind beauftragt, einen Miterbenanteil zu pfänden. Welche Wirkung hat diese Pfändung?

Frage 16

Wann ist eine Geldforderung bereits vor Fälligkeit pfändbar?

Frage 17

Welche Wirkungen hat ein Pfändungs- und Überweisungsbeschluss?

Frage 18

Warum heißt das Pfandsiegel „Kuckuck"?

Frage 19

Was ist eine kassatorische Klausel und welche Bedeutung kommt ihr bei einer Ratenzahlungsvereinbarung zu?

Frage 20

Wann verjähren die Vollstreckungskosten? Geben Sie die gesetzliche Vorschrift hierzu an.

Frage 21

Wie lange ist die Vollziehung eines Haftbefehls statthaft?

Frage 22

Was versteht man unter einem beschränkten Vollstreckungsauftrag?

Frage 23

Ist der Zwangsverwalter befugt, von dem Eigentümer die Überlassung einer vor der Beschlagnahme von einem Mieter des Objekts geleisteten Mietkaution zu verlangen?

Frage 24

Nennen Sie 11 Aufgaben, mit denen der Gerichtsvollzieher betraut ist.

Frage 25

Wofür ist das Prozessgericht der ersten Instanz im Rahmen der Zwangsvollstreckung zuständig?

Frage 26

Was versteht man unter Verstrickung?

Frage 27

Was ist eine Grundschuld?

Frage 28

Was ist der Unterschied zwischen Einzelzwangsvollstreckungsverfahren und Gesamtvollstreckungsverfahren?

Frage 29

Die Klage der Erna Schuldig gegen Jutta Trost ist abgewiesen worden. Die Kosten sind Erna Schuldig auferlegt worden. Der selbständige Kostenfestsetzungsbeschluss über 925,30 € vom 2.10.2017 wurde Erna Schuldig am 8.10.2017 zugestellt. Kann am 17.10.2017 aus diesem Kostenfestsetzungsbeschluss vollstreckt werden? Begründen Sie Ihre Antwort kurz.

Frage 30

Der Gläubiger Jakob ist in Gera wohnhaft und hat gegen Schuldner Schwind der in Potsdam wohnt ein rechtskräftiges Urteil auf Zahlung von 5.000 € erwirkt. Jakob hat nun herausgefunden, dass Schwind in Berlin-Lichtenberg arbeitet. Nun möchte er den Arbeitslohn pfänden. Welches Vollstreckungsorgan ist sachlich und örtlich zuständig?

Frage 31

Der Gerichtsvollzieher Zügig hat beim Schuldner Faul einen wertvollen Sekretär gepfändet. Diesen versieht er mit einem Pfandsiegel und belehrt den Schuldner entsprechend. Faul jedoch entfernt das Siegel gleich nachdem der Gerichtsvollzieher weg ist und verkauft den Sekretär an den Antiquitätenlieber Anton. Welche Folgen könnte das für Faul haben?

Frage 32

Wann ist die Zwangsvollstreckung während des Insolvenzverfahrens zulässig?

Frage 33

In dem Rechtsstreit Hurtig ./. Langsam ist folgendes Urteil verkündet worden: „Der Beklagte wird kostenpflichtig verurteilt, an den Kläger 4.500 € nebst Zinsen in Höhe von 5 Prozentpunkten über dem Basiszinssatz seit dem 2.12.2017 zu zahlen. Das Urteil ist gegen Sicherheitsleistung in Höhe von 5.300 € vorläufig vollstreckbar". Der mittellose Kläger ist nicht in der Lage, die Sicherheit zu leisten, hat aber beweiskräftige Anhaltspunkte dafür, dass der Beklagte seine Vermögensgegenstände beiseiteschafft und sich ins Ausland absetzen will. Gibt es eine Möglichkeit, ohne Verzögerung die Vermögensgegenstände zu sichern?

Frage 34

Auf wessen Veranlassung und an wen wird der Pfändungs- und Überweisungsbeschluss zugestellt?

Frage 35

Was muss der Gläubiger im Verhältnis zum Schuldner beachten, wenn er gegen den Drittschuldner auf Zahlung klagt?

Frage 36

Welchen Inhalt muss ein Zwangsversteigerungsantrag haben?

Frage 37

Nennen Sie die drei Gründe für die Eröffnung eines Insolvenzverfahrens.

Frage 38

Wonach bestimmt sich der Streitwert einer Klage auf Feststellung einer Forderung, deren Bestand vom Insolvenzverwalter oder von einem Insolvenzgläubiger bestritten worden ist?

Frage 39

Aus welchen Gründen kann die Restschuldbefreiung versagt werden?

Frage 40

Nennen Sie bitte 6 Beispiele (stichwortartig), wann eine Erinnerung nach § 766 ZPO begründet sein kann.

Frage 41

Sie haben einen Titel gegen den Zeitsoldaten Pohlers erwirkt und sollen nun den Sold pfänden. Welches Gericht ist sachlich und örtlich zuständig?

Frage 42

In einer Patentstreitsache wurde die Beklagte zur Rechnungslegung verurteilt. Gleichzeitig wurde ihr geboten, die Nutzung des Patents zu unterlassen. Da die Beklagte weder Rechnung legt, noch das Unterlassungsgebot beachtet, sollen Sie nun die Zwangsvollstreckung einleiten.

a) Welche Maßnahmen werden Sie beantragen?

b) Welches Gericht ist dafür zuständig?

Frage 43

Ein Schuldner hat sich geweigert, die Vermögensauskunft abzugeben. Aufgrund des beantragten Haftbefehls, der vollstreckt wurde, sitzt der Schuldner nun ein. Nach drei Tagen überlegt sich der Schuldner, dass er nun doch gerne die Vermögensauskunft abgeben würde, weil das Essen in der JVA nicht so gut schmeckt. Der Gerichtsvollzieher weigert sich, die Vermögensauskunft kurzfristig abzunehmen, da der Schuldner einsitzt. Wie ist die Rechtslage?

Frage 44

Welche Forderungen bzw. Rechte können Sie mit einem Pfändungs- und Überweisungsbeschluss pfänden? Nennen Sie bitte 8 Beispiele.

Frage 45

Schuldner Hatnix hat eine Lebensversicherung abgeschlossen. Was müssen Sie pfänden, damit Sie den Rückkaufswert aus der Versicherung geltend machen können?

Frage 46

Gläubiger Nagel hat am 1.8. das Arbeitseinkommen des Schuldners Maurer bei der Firma Bau-Stopp gepfändet. Schuldner Maurer, Saisonarbeiter, wird am 1.12. entlassen und am 1.5. des nächsten Jahres wieder eingestellt. Muss Gläubiger Nagel erneut pfänden?

Frage 47

Der Gerichtsvollzieher pfändet eine Massivholz-Kommode und möchte diese versteigern lassen. Als Wert nimmt er 450 € an. Der Schuldner behauptet, dass es sich bei der Kommode um einen echten Biedermeierschrank mit einem Wert von 2.500 € handelt. Der Gerichtsvollzieher hält die Behauptung des Schuldners für Quatsch. Welche rechtliche Möglichkeit hat der Schuldner?

Frage 48

Was versteht man unter Lohnverschleierung?

Frage 49

Welche Arten von Forderungen sind grundsätzlich pfändbar?

Frage 50

Kann ein Pflichtteilsanspruch gepfändet werden?

Frage 51

Wie nennt man es, wenn der Arbeitslohn des Schuldners an Dritte ausgezahlt wird?

Frage 52

Der Gerichtsvollzieher erscheint beim Schuldner, um die Zwangsvollstreckung in dessen Wohnräumen durchzuführen. Der Schuldner versichert, dass er die Schuld in Teilbeträgen tilgen möchte. Wie wird der Gerichtsvollzieher reagieren?

Frage 53

Wie erfolgt die Verwertung gepfändeter Sachen?

Frage 54

Gegen Bauer Petersen wird vollstreckt. Unter anderem pfändet der Gerichtsvollzieher 4 ha Raps, der auf dem Feld steht. Wie erfolgt die Verwertung des gepfändeten Raps?

Frage 55

Nennen Sie fünf Möglichkeiten, die dem Gerichtsvollzieher zur Verwertung gepfändeter Gegenstände zur Verfügung stehen.

Frage 56

Wo sind die Regelbefugnisse des Gerichtsvollziehers in der ZPO geregelt und wie lauten diese?

Frage 57

Wer haftet für Beschädigungen des Pfandgegenstandes durch den Gerichtsvollzieher oder Verlust von gepfändeten und vom Gerichtsvollzieher aufbewahrten Sachen?

Frage 58

Welche unterschiedlichen eidesstattlichen Versicherungen und Vermögensauskünfte sind Ihnen bei der Vollstreckung bekannt?

Frage 59

Unter welchen Voraussetzungen wird der Schuldner in das Schuldnerverzeichnis eingetragen?

Frage 60

Wie erfolgt die Vollstreckung eines Freistellungsanspruchs? (Kurze Antwort)

II. Antworten

Antwort Frage 1

a) Wenn zur Berechnung/Bezifferung der Forderung Gesetzesblätter oder ähnliche allgemeinzugängliche Daten herangezogen werden können, wie z.B. „Verzugszinsen in Höhe von 5 Prozentpunkten über dem Basiszinssatz“[70] (§ 288 BGB).

b) Wenn im Titel eine Wertsicherungsklausel[71] enthalten ist, die auf einen vom statistischen Bundesamt erstellten und im Bundesanzeiger veröffentlichten Preisindex für die Lebenshaltungskosten Bezug nimmt.

c) Bei Dynamisierung des zu zahlenden Unterhaltsbetrages gem. § 1612a Abs. 1 BGB auf der Grundlage des Mindestunterhalts.

Antwort Frage 2

Nichts, denn gem. § 8 Abs. 5 RPflG wird die Wirksamkeit des Geschäfts, das der Rechtspfleger für den Urkundsbeamten wahrgenommen hat, nicht berührt.

Antwort Frage 3

- § 794 Abs. 1 Nr. 1 ZPO, der Prozessvergleich,
- § 794 Abs. 1 Nr. 2 ZPO, Kostenfestsetzungsbeschlüsse,
- § 794 Abs. 1 Nr. 3 ZPO, Entscheidungen, gegen die das Rechtsmittel der Beschwerde stattfindet,
- § 794 Abs. 1 Nr. 4 ZPO, Vollstreckungsbescheide,
- § 794 Abs. 1 Nr. 4a ZPO, Schiedssprüche, -vergleiche; die durch Beschluss für vollstreckbar erklärt werden,
- § 794 Abs. 1 Nr. 4b ZPO, Anwaltsvergleiche, die vom Gericht oder Notar für vollstreckbar erklärt werden,
- § 794 Abs. 1 Nr. 5 ZPO, für vollstreckbar erklärte Urkunden,
- § 794 Abs. 1 Nr. 6 ZPO, für vollstreckbar erklärte Europäische Zahlungsbefehle,
- § 794 Abs. 2 ZPO, Duldungstitel (neben einem Leistungstitel),
- § 928 ZPO, Arrestbefehl,
- § 936 ZPO, einstweilige Verfügung,
- §§ 59, 60 SGB VIII, Urkunde des Jugendamts,
- §§ 93, 132 ZVG, Zuschlagsbeschluss in der Zwangsversteigerung,
- § 201 Abs. 2 InsO, vollstreckbarer Auszug aus Insolvenztabelle,
- ausländische Vollstreckungstitel, die gemäß EuGVO, EuGÜ oder EuVTVO im Inland anerkannt und für vollstreckbar erklärt wurden,
- § 86 FamFG, verfahrensabschließende Entscheidungen.

---

70 *OLG Hamm* JurBüro 2005, S. 442.
71 *BGH* Beschl. v. 1.12.2004, Az. IXa 73/04.

Antwort Frage 4

Bei beiden Kontenarten handelt es sich um ein Gemeinschaftskonto mit mindestens zwei Kontoinhabern. Mit der Bezeichnung „Und-Konto" bzw. „Oder-Konto" wird die Verfügungsberechtigung dieser Kontoinhaber umschrieben.

Beim „Oder-Konto" besitzt jeder Kontoinhaber eine Einzelverfügungsberechtigung und kann somit unabhängig vom anderen Kontoinhaber über das Konto verfügen. Häufigster Anwendungsfall eines „Oder-Kontos" ist bei einem Gemeinschaftskonto von Eheleuten, bei dem jeder unabhängig vom anderen über das Guthaben auf dem Konto verfügen kann.

Beim „Und-Konto" können die Inhaber nur gemeinsam über das Kontoguthaben verfügen, das heißt, dass beispielsweise Aufträge gemeinsam von beiden Kontoinhabern unterzeichnet werden müssen. Häufige Anwendungsfälle für ein „Und-Konto" sind zum Beispiel das Konto einer Erbengemeinschaft oder eines Vereins, der durch zwei Unterschriften einen Missbrauch der Vereinsgelder vermeiden will.

> **Prüfungstipp:** Beachten Sie, dass Sie sich in Ihren Gesetzestexten gerade solche Querverweise zu anderen Paragraphen neben die betroffenen Paragraphen schreiben sollten. Hier sollte also neben § 731 ZPO noch der § 795 ZPO an den Rand als Zahl geschrieben werden. Nicht zulässig bei Prüfungen sind hingegen ausführliche handschriftliche Vermerke, Kommentierungen oder Stichpunkte aus Skripten.

Antwort Frage 5

Da nicht sicher ist, ob im vorliegenden Fall bereits Erfüllung eingetreten ist, wäre sowohl der „Auskehrungsanspruch" des Verkäufers gegen den Notar als auch sein Kaufpreisanspruch gegen den Käufer zu pfänden.[72] Die Pfändungen werden dadurch bewirkt, dass gem. § 829 ZPO sowohl dem Käufer als auch dem Notar jeweils als Drittschuldner verboten wird, sich jeder Verfügung über die Forderung, insbesondere ihrer Einziehung, zu enthalten. Ist bereits Erfüllung eingetreten, bleibt nur das Verbot an den Verkäufer, sich der Verfügung über die „Forderung" zu enthalten (§ 829 Abs. 1 S. 2 ZPO).[73]

Antwort Frage 6

a) Für die Eintragung der Zwangssicherungshypothek nach § 867 ZPO ist das Grundbuchamt und funktionell gem. § 3 Nr. 1h RPflG der Rechtspfleger zuständig.

b) Für die Eintragung der Schiffshypothek nach § 870a ZPO ist die Schiffsregisterbehörde und funktionell gem. § 3 Nr. 1h RPflG der Rechtspfleger zuständig.

c) Für die Abgabe der Vermögensauskunft nach § 802c ZPO ist der Gerichtsvollzieher zuständig.

d) Bei einer derartigen Herausgabe handelt es sich um eine Hilfspfändung nach § 836 Abs. 3 ZPO und somit ist der Gerichtsvollzieher zuständig.

---

72 BGHZ 105, S. 60 = DNotZ 1989, S. 235 = NJW 1989, S. 230.

73 *Stöber* Forderungspfändung, 16. Auflage 2013, Anm. 1781a.

e) Zuständig für die Pfändung von Geldforderungen ist gem. § 829 ZPO das Vollstreckungsgericht, funktionell gem. § 20 Nr. 17 RPflG der Rechtspfleger.

f) Das Arrestverfahren einschließlich der Arrestvollziehung dient nur der Sicherung der künftigen Vollstreckung und ist somit keine eigentliche Vollstreckung. Zuständig ist nach § 919 ZPO sowohl das Gericht der Hauptsache, als auch das Amtsgericht, in dessen Bezirk die der mit Arrest zu belegende Gegenstand oder die in ihrer persönlichen Freiheit zu beschränkenden Person sich befindet. Die Entscheidung über ein Arrestgesuch ist grundsätzlich dem Richter vorbehalten.

g) Die Räumungsvollstreckung (Herausgabe einer unbeweglichen Sache) nach §§ 885 Abs. 1, 885a ZPO wird durch den Gerichtsvollzieher durchgeführt.

h) Zuständig für die Einholung von Auskünften Dritter über das Vermögen des Schuldners nach § 802l Abs. 1 ZPO ist der Gerichtsvollzieher.

i) Über Anträge nach §§ 887 Abs. 1, 888 ZPO zur zwangsweisen Durchsetzung einer vertretbaren bzw. nicht vertretbaren Handlung entscheidet das Prozessgericht des ersten Rechtszuges als Vollstreckungsorgan. Das Prozessgericht erster Instanz entscheidet in der Besetzung, in der es auch den zu vollstreckenden Titel erlassen hatte (beim LG: Einzelrichter oder Vollkammer).

j) Die Verhaftung des Schuldners erfolgt gem. § 802g ZPO durch den Gerichtsvollzieher.

Antwort Frage 7

Vorläufig vollstreckbare Urteile können in der Rechtsmittelinstanz aufgehoben oder abgeändert werden, sodass die vorläufige Vollstreckbarkeit außer Kraft tritt § 717 Abs. 1 ZPO. Wenn das Urteil aufgehoben oder abgeändert wird, ist der Kläger verpflichtet, dem Beklagten den Schaden zu ersetzen, der aus der Vollstreckung aus dem für vorläufig vollstreckbar erklärten Urteil entstanden ist, § 717 Abs. 2 ZPO. Dieser Schadensersatzanspruch soll ggf. aus der Sicherheitsleistung befriedigt werden können.

Antwort Frage 8

Ja, gemäß § 808 ZPO darf der Gerichtsvollzieher den Hubschrauber pfänden, sofern der Hubschrauber nicht in der Luftfahrzeugrolle (beim Amtsgericht) oder beim Pfandrechtsregister eingetragen ist. Dies ist vor der Pfändung zu prüfen. Sollte der Hubschrauber jedoch in der Luftfahrzeugrolle oder im Pfandrechtsregister eingetragen sein, erfolgt die Vollstreckung durch Zwangsversteigerung gem. §§ 870a ZPO, 171a ff. ZVG, 99, 100 LuftRG.

Antwort Frage 9

Den Blankowechsel kann der Gerichtsvollzieher gem. §§ 808, 831 ZPO pfänden, indem er diesen in Besitz nimmt. Bei Blankowechseln wird das Ausfüllungsrecht des Inhabers aufgrund der Inbesitznahme mitgepfändet. Eines gesonderten Pfändungsbeschlusses hierzu bedarf es nicht. Allerdings dürfen indossable Papiere nicht durch den Gerichtsvollzieher verwertet werden. Um diesen zu verwerten, muss der Gläubiger einen Antrag auf Erlass eines Überweisungsbeschlusses nach § 835 ZPO stellen. Erst der Überweisungsbeschluss berechtigt den Gläubiger, dass Ausfüllungsrecht des Schuldners Schlau auszuüben. Durch das Ausfüllen entsteht ein Vollwechsel, den der Gläubiger einziehen kann.[74]

Antwort Frage 10

Die Zwangsvollstreckung aus einem Titel ist gemäß § 750 ZPO Abs. 1 S. 1 nur zulässig, wenn die Personen, für oder gegen die Zwangsvollstreckung stattfinden sollen, im Titel bzw. der Vollstreckungsklausel namentlich bezeichnet sind. Deshalb muss Doreen Leicht mit ihrem jetzigen Nachnamen bezeichnet werden. Eine Rechtsnachfolge liegt nicht vor, sodass § 727 ZPO nicht zutrifft. Es genügt, wenn die Vollstreckungsklausel nach Vorlage der Heiratsurkunde entsprechend umgeschrieben wird. Einer Anhörung des Schuldners bedarf es nicht.

Antwort Frage 11

Wenn der Schuldner zu den üblichen Vollstreckungszeiten in seiner Wohnung nicht angetroffen wird, muss eine richterliche Anordnung zur Vollstreckung zur Nachtzeit und an Sonn- und Feiertagen erwirkt werden § 758a Abs. 4 ZPO.

Antwort Frage 12

Nein. Eine einstweilige Verfügung ist nur eine vorläufige Regelung. Um eine Hauptsacheklage zu vermeiden, muss der Mandant, da er die einstweilige Verfügung akzeptiert, binnen einer angemessenen Frist (meist 2 Wochen nach Zustellung[75]), eine sogenannte Abschlusserklärung abgegeben. Die Abschlusserklärung dient somit zur endgültigen Erledigung des Rechtsstreits. Der Mandant erkennt in der Abschlusserklärung die durch die einstweilige Verfügung ergangene Regelung als endgültige Regelung des Rechtsstreits an und verzichtet gleichzeitig auf die Rechte aus §§ 924, 926 und 927 ZPO. Hierdurch entfällt das Rechtschutzinteresse für eine Klage in der Hauptsache, so dass das oft kostspielige Hauptsacheverfahren vermieden werden kann. Die Abschlusserklärung ist gesetzlich nicht geregelt, sondern dient der schnellen und Kosten sparenden Erledigung einstweiliger Verfügungsverfahren.

Antwort Frage 13

Sowohl die einstweilige Anordnung als auch die einstweilige Verfügung sind Beschlüsse, die in einem Eilverfahren erlassen werden. Wird ein Antrag nach dem GewSchG beim Familiengericht gestellt, so muss der Erlass einer einstweiligen Anordnung beantragt werden. Beim allgemeinen Zivilgericht hingegen werden einstweilige Verfügungen erlassen. Der Grund für die unterschiedlichen Bezeichnungen liegt in den jeweils angewandten Verfahrensordnungen, aus denen auch unterschiedliche prozess- bzw. verfahrensrechtliche Vorgaben folgen. So konnte beispielsweise bis zum Inkrafttreten des FamFG am 1.9.2009 ein Antrag auf eine einstweilige Anordnung nur im Zusammenhang mit einem Hauptsacheverfahren gestellt werden, bei der einstweiligen Verfügung war und ist ein solches nicht zwingend erforderlich. Hingegen muss die Antragstellerin selbst veranlassen, dass eine einstweilige Verfügung dem Antragsgegner binnen Monatsfrist zugestellt wird.

---

74 *Zöller* Kommentar zur ZPO, 32. Auflage 2018, § 831 Rn. 5.
75 *OLG Hamburg* Urt. v. 24.6.1999, Az. 3 U 125/98.

Die einstweilige Verfügung ist eine vorläufige Entscheidung des Gerichts im Eilverfahren, die der Sicherung eines nicht auf Geld gerichteten Anspruchs bis zur endgültigen Entscheidung dient. Sie ist in den Paragrafen 935 bis 942 der Zivilprozessordnung (ZPO) geregelt.

Durch eine einstweilige Anordnung kann das Gericht gem. § 49 FamFG eine vorläufige Maßnahme treffen, soweit dies nach den für das Rechtsverhältnis maßgebenden Vorschriften gerechtfertigt ist und ein dringendes Bedürfnis für ein sofortiges Tätigwerden besteht. Die Maßnahme kann einen bestehenden Zustand sichern oder vorläufig regeln. Es gilt wie im Fall der einstweiligen Verfügung das Verbot der Vorwegnahme der Hauptsache.[76] Das Verfahren der einstweiligen Anordnung ist ein selbständiges Verfahren, auch wenn eine Hauptsache anhängig ist (§ 51 Abs. 3 FamFG). Die Einleitung eines Hauptsacheverfahrens ist seit dem 1.9.2009 nicht mehr zwingend erforderlich.

Antwort Frage 14

Am 18.1.2017 ist die Verordnung (EU) Nr. 655/2014 des Europäischen Parlaments zur Einführung eines Verfahrens für einen Europäischen Beschluss zur vorläufigen Kontenpfändung in Kraft getreten.

Die Verordnung (VO) ist in allen Mitgliedsstaaten mit Ausnahme vom Vereinigten Königreich und Dänemark direkt anwendbar und ermöglicht es Gläubigern grenzüberschreitend Kontopfändungen zu erwirken, um damit die Vollstreckung ihrer Forderungen absichern zu können. Die ergänzenden Reglungen im deutschen Recht finden sich in den §§ 946 – 959 ZPO.

Mit dem Beschluss zur vorläufigen Kontenpfändung soll verhindert werden, dass die spätere Vollstreckung dadurch gefährdet wird, dass Gelder auf Bankkonten des Schuldners (in einem anderen Mitgliedstaat) überwiesen oder abgehoben und somit der Vollstreckung durch den Gläubiger entzogen werden.

Von der vorläufigen Kontenpfändung sind auch solche Konten des Schuldners erfasst, die in fremdem Namen für den Schuldner bei einer Bank geführt werden und auf denen Gelder gutgeschrieben sind.

Die VO gilt nur für Geldforderungen in Zivil- und Handelssachen bei grenzüberschreitenden Rechtssachen, d.h. das zu pfändende Bankkonto bzw. die vorläufig zu pfändenden Bankkonten müssen in einem anderen Mitgliedstaat geführt werden,

- als dem Mitgliedstaat des Gerichts, bei dem der Beschluss zur vorläufigen Pfändung beantragt wird, oder
- dem Mitgliedstaat, in dem der Gläubiger seinen Wohnsitz hat.

Bei der zu pfändenden Forderung muss es sich um eine solche

- auf Zahlung eines bestimmten fälligen Geldbetrags oder
- auf Zahlung eines bestimmbaren Geldbetrags, der sich aus einer bereits erfolgten Transaktion oder einem bereits eingetretenen Ereignis ergibt (sofern eine solche Forderung gerichtlich eingeklagt werden kann),

handeln.

76 *Musielak/Borth* FamFG, 5. Auflage 2015, § 49 Rn. 2.

Die vorläufige Kontenpfändung kann der Gläubiger bereits

- vor Einleitung eines Hauptsacheverfahrens,
- während eines laufenden Hauptsacheverfahrens oder
- nach Titulierung

betreiben.

Antwort Frage 15

Der Gläubiger kann alle Rechte des Miterben ausüben, die nicht höchstpersönlicher Natur sind.[77] Hierzu zählen:

- das Recht auf Mitwirkung bei der Auseinandersetzung gem. § 2042 BGB,
- das Nebenrecht auf Rechnungslegung und Auskunft gem. §§ 2027, 2028 BGB,
- den Anspruch auf den anteiligen Erlös gem. § 2047 BGB,
- Verwaltungs- und Verfügungsrechte gem. §§ 2038 ff. BGB.

Er erlangt aber nicht die Stellung eines Miterben.

Antwort Frage 16

Wenn die Geldforderung von einer Gegenleistung abhängt oder ein Zurückbehaltungsrecht an dieser besteht und wenn sie unter einer aufschiebenden oder auflösenden Bedingung steht oder unter einer Zeitbestimmung gem. § 163 BGB geschuldet ist.[78]

Antwort Frage 17

Nach § 829 Abs. 1 ZPO wird durch den Pfändungsbeschluss dem Drittschuldner verboten, an den Schuldner zu zahlen. Dem Schuldner wird durch den Pfändungsbeschluss geboten, sich jeder Verfügung über die Forderung zu enthalten.

Durch den Überweisungsbeschluss wird die Forderung dem Gläubiger, nach seiner Wahl, zur Einziehung oder an Zahlung statt zum Nennwert überwiesen § 835 Abs. 1 ZPO.

Antwort Frage 18

1806 gab es im Rheinland erstmals Gerichtsvollzieher, deren Aufgaben denen der heutigen Gerichtsvollzieher ähnlich waren. Das preußische Pfandsiegel zeigte damals den preußischen Reichsadler. Daher wurde es vom Volksmund Kuckuck und der Gerichtsvollzieher Kuckuckskleber genannt. Heute sind auf dem Siegel das zuständige Amtsgericht, der Aufdruck „Pfandsiegel" und der Name des Gerichtsvollziehers zu lesen.

---

77 *Zöller* Kommentar zur ZPO, 32. Auflage 2018, § 859 Rn. 17.
78 *Stöber* Forderungspfändung, 16. Auflage 2013, Anm. 25.

Antwort Frage 19

Mit kassatorischer Klausel wird eine Verwirkungsklausel bezeichnet. Es ist somit eine Vertragsabrede, nach der der Schuldner bei Nichterfüllung seiner Pflichten auch seiner Ansprüche verlustig geht.

Bei Ratenzahlung wird mit kassatorischer Klausel eine Abrede bezeichnet, die vorsieht, dass bei Zahlungsrückständen mit einzelnen Raten der gesamte Restbetrag fällig wird.

Antwort Frage 20

Vollstreckungskosten verjähren erst nach 30 Jahren, das ergibt sich aus § 197 Abs. 1 Nr. 6 BGB. Dort steht explizit geschrieben, dass Ansprüche auf Erstattung der Zwangsvollstreckungskosten in 30 Jahren verjähren.

Antwort Frage 21

Gemäß § 802h Abs. 1 ZPO ist die Vollziehung des Haftbefehls statthaft, wenn seit dem Tage des Haftbefehlserlasses zwei Jahre noch nicht vergangen sind.

Antwort Frage 22

Die Zwangsräumung kann im Rahmen des § 885a ZPO beschränkt werden, den Schuldner aus dem Besitz zu setzen und den Gläubiger in den Besitz einzuweisen.

Bei einer Räumung gem. § 885a ZPO entfällt der Kostenvorschuss für den Abtransport und die Einlagerung.

Eine Geltendmachung des Vermieterpfandrechts durch den Gläubiger ist nicht Voraussetzung des § 885a ZPO. Sofern der Vermieter sein Vermieterpfandrecht geltend macht, kann er hinsichtlich Verwahrung und Verkauf nach den Pfandrechtsvorschriften an beweglichen Sachen §§ 1204 BGB vorgehen.

Entzog nach bisherigem Recht der Vermieter dem Mieter den Besitz und vernichtete er dessen Mobiliar, so traf ihn nach der Rechtsprechung die Beweislast, dass ein plausibler Vortrag des Mieters zum Umfang und Wert der vernichteten Sachen unzutreffend ist, falls eine Inventarisierung durch den Gläubiger nicht erfolgte.

Diese Beweislastumkehr begründete der BGH mit der Pflicht des Vermieters zur Inventarisierung.

In § 885a Abs. 2 ZPO wird diese Inventarisierungspflicht dem Gerichtsvollzieher zugewiesen. Zudem muss der Gerichtsvollzieher nach § 885a Abs. 6 ZPO auf die rechtlichen Vorgaben zum Umgang mit dem Räumungsgut hingewiesen. Der Hinweis muss schriftlich erfolgen.

Der Schuldner wird daher in die Lage versetzt, Beweise zu seinen Gunsten zu sichern, eine Beweislastumkehr tritt nicht ein.

Nach § 885a Abs. 2 ZPO muss der Gerichtsvollzieher die frei ersichtlichen Sachen dokumentieren. Er kann Bildaufnahmen in elektronischer Form anfertigen. Die Dokumentation erfolgt im Gerichtsvollzieherprotokoll, § 762 ZPO.

Da lediglich frei ersichtliche Sachen dokumentiert werden, ist die Inventarisierung durch den Gerichtsvollzieher kein vollständiges Inventar des Räumungsgutes.

Den Gerichtsvollzieher trifft nicht die Pflicht das Räumungsgut vollständig zu inventarisieren, oder aufwändige Feststellungen über den Zustand der beweglichen Sachen zu treffen, BT-Drucksache 17/10485, 31.

Die Dokumentation soll nur einen zuverlässigen Überblick über den zur Zeit der Räumung wesentlichen Bestand und Zustand der beweglichen Sachen des Schuldners ermöglichen.

Vielmehr hat der Schuldner ein Interesse daran, dass die wertvollen Gegenstände frei ersichtlich sind. Der Mieter kann den Gerichtsvollzieher auf bedeutende Vermögensgegenstände hinweisen.

Werden dem Gerichtsvollzieher durch das Ergreifen einfachster Maßnahmen (Öffnen einer Schublade) wertvolle Sachen bekannt, sind diese ebenfalls zu dokumentieren.

Eine Verpflichtung geschlossene Behältnisse zu öffnen, trifft den Gerichtsvollzieher nicht.

Der Gerichtsvollzieher nach § 885a Abs. 6 ZPO den Gläubiger und den Schuldner bereits bei der Mitteilung des Räumungstermins darauf hinzuweisen, dass (nur) frei ersichtliche Sachen zu dokumentieren sind und mit den vorgefundenen Sachen unmittelbar nach der Räumung nach Abs. 3 bis 5 verfahren werden kann.

Die vorgefundenen beweglichen Sachen kann der Gl. nach Einweisung in den Besitz wegschaffen um sie an einem anderen Ort sicher zu verwahren, oder in den Räumen belassen. Durch das Wegschaffen wird eine sofortige Neuvermietung möglich.

Die Vorschriften über das Vermieterpfandrecht bleiben durch die Bestimmungen über die Beschränkung des Vollstreckungsauftrags unberührt, es sei denn, der Gläubiger macht sein Vermieterpfandrecht geltend.

Verwerten kann der Gl. die Sachen, wenn der Schuldner sie nicht binnen einer Frist von einem Monat nach der erfolgten vereinfachten Räumung abgefordert hat, § 885a Abs. 4 S. 1 ZPO. Die Verwertung erfolgt nach den Vorschriften über die Hinterlegung, Versteigerung und Verkauf, §§ 372 ff. BGB.

Sachen die nicht verwertet werden können, können vernichtet werden. Ein erfolgloser Verwertungsversuch ist nicht erforderlich.

Bewegliche Sachen, an deren Aufbewahrung offensichtlich kein Interesse besteht, können ebenfalls durch den Gläubiger vernichtet werden.

Antwort Frage 23

Ja, denn der Anordnungsbeschluss stellt zusammen mit der Ermächtigung des Zwangsverwalters zur Besitzergreifung einen Vollstreckungstitel dar, aufgrund dessen dieser Anspruch (Herausgabe des Mietkautionssparbuches) nach § 883 ZPO vollstreckt werden kann.[79]

---

79 *BGH* Beschl. v. 14.4.2005, Az. V ZB 6/05.

Antwort Frage 24

- Der Gerichtsvollzieher darf die Zustellung von Titeln und Beschlüssen vornehmen.
- Er ist zuständig für die Zwangsvollstreckung wegen Geldforderungen in bewegliche körperliche Sachen (§ 808 ZPO).
- Er ist mit der Zwangsvollstreckung wegen Geldforderungen in Früchte, die noch nicht vom Boden getrennt sind, betraut (§ 810 ZPO).
- Er darf Wertpapiere pfänden, die durch Indossament übertragen werden können (§§ 808, 831 ZPO).
- Weiter ist er betraut mit der Zwangsvollstreckung zur Räumung und Herausgabe von Grundstücken bzw. Wohnungen oder eingetragenen Schiffen (§§ 885, 885a ZPO).
- Er darf gem. § 802c ZPO das Verfahren zur Abgabe der Vermögensauskunft durchführen.
- Er darf nach Erlass eines Haftbefehls durch das Gericht die Durchführung der Verhaftung des Schuldners zur Erzwingung der Abgabe der Vermögensauskunft vornehmen (§ 802g Abs. 2 ZPO).
- Er ist zuständig für die Verwertung der gepfändeten Sachen, § 802a Abs. 2 S. 1 Nr. 4 ZPO.
- Der Gerichtsvollzieher ist befugt, eine gütliche Erledigung der Sache zu versuchen (§ 802a Abs. 2 S. 1 Nr. 4 ZPO i.V.m. § 802b ZPO).
- Der Gerichtsvollzieher darf Auskünfte Dritter über das Vermögen des Schuldners einholen (§ 802a Abs. 2 S. 1 Nr. 3 ZPO i.V.m. § 802l ZPO).
- Der Gerichtsvollzieher ist befugt, eine Vorpfändung durchzuführen (§ 802a Abs. 2 S. 1 Nr. 5 ZPO i.V.m. § 845 ZPO).

Antwort Frage 25

- Für die Zwangsvollstreckung zur Erwirkung von Handlungen gem. §§ 887, 888 ZPO und zur Erwirkung von Duldungen und Unterlassung gem. § 890 ZPO;
- Für die Klage auf Erteilung der Vollstreckungsklausel gem. § 731 ZPO;
- Für Klagen auf Unzulässigkeit der Vollstreckungsklausel gem. § 768 ZPO;
- Für Anordnung der Einstellung der Zwangsvollstreckung gem. § 769 Abs. 1 ZPO;
- Für Arrest und einstweilige Verfügung gem. §§ 916 ff. ZPO;
- Für Entscheidungen über Vollstreckungsabwehrklage (teilweise auch Vollstreckungsgegenklage genannt) gem. § 767 ZPO;
- Für Entscheidungen über Drittwiderspruchsklagen (auch Interventionsklagen genannt) gem. §§ 771, 772, 773, 774 ZPO;
- Es ist zuständig für die Erteilung des Rechtskraftzeugnisses (§ 706 Abs. 1 ZPO).

Antwort Frage 26

Bei der Verstrickung handelt es sich um eine Form der staatlichen Beschlagnahme, d.h. der Staat erlangt die Verfügungsmacht über den beschlagnahmten Gegenstand. Diese Beschlagnahme ist Grundlage und Voraussetzung für die weitere Vollstreckung, insbesondere die Verwertung. Dem Schuldner ist es durch die Verstrickung verboten, über die gepfändete Sache in welcher Form auch immer zu verfügen (§§ 135, 136 BGB) und damit die Vollstreckung zu vereiteln. Die Verstrickung endet, sobald die Verwertung abgeschlossen ist (Ablieferung des Geldes beim Gläubiger) oder die Vollstreckung durch ein Vollstreckungsorgan aufgehoben worden ist.

Antwort Frage 27

Das Gesetz definiert die Grundschuld in § 1191 Abs. 1 BGB als eine von einer Forderung unabhängige Grundstücksbelastung des Inhalts, *„dass an denjenigen, zu dessen Gunsten die Belastung erfolgt, eine bestimmte Geldsumme aus dem Grundstück zu zahlen ist"*. Gemeint ist damit die Befugnis des Gläubigers der Grundschuld, das belastete Grundstück im Wege der Zwangsverwaltung und Zwangsversteigerung zu verwerten (§§ 1192, 1147 BGB, 866 Abs. 1, 869 ZPO in Verbindung mit den Vorschriften des Zwangsversteigerungsgesetzes). Die Grundschuld wird in Abteilung III des Grundbuchs eingetragen. Vereinfacht gesagt ist eine Grundschuld ein Verwertungsrecht am Grundstück.

Antwort Frage 28

Bei der Einzelzwangsvollstreckung handelt es sich um die Vollstreckung einzelner Gläubiger durch Zugriff auf einzelne Vermögensgegenstände des Schuldners nach den Regelungen der ZPO und des ZVG. Hierbei gilt das Prioritätsprinzip, d.h. der zuerst pfändende Gläubiger wird vor dem später pfändenden Gläubiger befriedigt (§ 804 Abs. 3 ZPO).

Bei der Gesamtvollstreckung erfolgt eine Befriedigung aller Gläubiger durch Verwertung des gesamten Schuldnervermögens. Somit handelt es sich um das Insolvenzverfahren, welches in der Insolvenzordnung geregelt ist. Hierbei gilt das Prioritätsprinzip nicht, sondern alle Gläubiger werden gleichmäßig befriedigt.

Antwort Frage 29

Die Zwangsvollstreckung kann noch nicht am 17.10.2017 beginnen, da für Kostenfestsetzungsbeschlüsse gem. § 798 ZPO vor Beginn der Zwangsvollstreckung eine Wartezeit von zwei Wochen einzuhalten ist. Diese Wartezeit ist am 17.10.2017 noch nicht abgelaufen.

Antwort Frage 30

Die Zuständigkeit des Vollstreckungsgerichts ergibt sich aus § 828 ZPO:

1. *Die gerichtlichen Handlungen, welche die Zwangsvollstreckung in Forderungen und andere Vermögensrechte zum Gegenstand haben, erfolgen durch das Vollstreckungsgericht.*
2. *Als Vollstreckungsgericht ist das Amtsgericht, bei dem der Schuldner im Inland seinen allgemeinen Gerichtsstand hat, und sonst das Amtsgericht zuständig, bei dem nach § 23 gegen den Schuldner Klage erhoben werden kann.*
3. *Ist das angegangene Gericht nicht zuständig, gibt es die Sache auf Antrag des Gläubigers an das zuständige Gericht ab. Die Abgabe ist nicht bindend.*

Somit wäre im vorliegenden Fall das Amtsgericht, Vollstreckungsgericht Potsdam zuständig. Über den Antrag entscheidet der Rechtspfleger gem. § 20 Nr. 17 RPflG.

Antwort Frage 31

Siegelbruch (auch Verstrickungsbruch genannt) ist ein unbefugtes Beschädigen, Ablösen oder eine Unkenntlichmachung eines dienstlichen, zum Verschluss, zur Bezeichnung oder zur Beschlagnahme von Sachen bestimmten Siegels, auch die sonstige Aufhebung des durch ein solches Siegel bewirkten dienstlichen Verschlusses, strafbar nach § 136 StGB mit Freiheitsstrafe bis zu ein Jahr oder Geldstrafe.

Antwort Frage 32

Die Zwangsvollstreckung ist zulässig, wenn der Gläubiger Ansprüche gegen den Schuldner hat, die erst nach Eröffnung des Insolvenzverfahrens entstanden sind, §§ 89 Abs. 1, 38 InsO. Man spricht in diesem Fall vom Neugläubiger. Allerdings kann nur in das nicht zur Insolvenzmasse gehörende Vermögen des Schuldners vollstreckt werden. Die Insolvenzmasse ist in den §§ 35, 36 und 37 InsO definiert.

Grundpfandgläubiger können gem. § 49 InsO ihr Recht auf abgesonderte Befriedigung an dem Grundstück auch während dem Insolvenzverfahren durch Zwangsversteigerung oder Zwangsverwaltung verfolgen.

Eine weitere Möglichkeit bildet die Zwangsvollstreckung wegen Masseverbindlichkeiten in die Insolvenzmasse. Hier bildet jedoch § 90 Abs. 1 InsO die Einschränkung, dass die Zwangsvollstreckung für die Dauer von sechs Monaten seit Verfahrenseröffnung wegen Masseverbindlichkeiten, die nicht durch eine Rechtshandlung des Insolvenzverwalters begründet worden sind, unzulässig ist.

Antwort Frage 33

Da der Kläger (Gläubiger) nicht in der Lage ist, Sicherheit zu leisten, käme hier die Sicherungsvollstreckung nach § 720a ZPO in Betracht. Allerdings darf diese Art Vollstreckung erst zwei Wochen nach Zustellung von Titel und Klausel beginnen (§ 750 Abs. 3 ZPO). Die Klausel muss nur in den Fällen des § 750 Abs. 2 ZPO zugestellt werden.[80]

Somit würde hier eine Verzögerung eintreten und diese Maßnahme nicht geeignet erscheinen. Ohne Verzögerungen kommt zur Sicherung daher nur der Arrest in Betracht, da ein Arrestgrund, nämlich die Beiseiteschaffung von Vermögensgegenständen, vorliegt und dieser glaubhaft gemacht werden könnte.

Antwort Frage 34

Die Zustellung des Pfändungs- und Überweisungsbeschlusses an den Drittschuldner erfolgt gem. §§ 829 Abs. 2 i.V.m. 835 Abs. 3 ZPO nur auf Betreiben des Gläubigers (Parteibetrieb). Der Gläubiger kann den Gerichtsvollzieher entweder direkt selbst beauftragen oder die Geschäftsstelle um Vermittlung bitten (§ 192 Abs. 2 u. 3 ZPO). Dem Schuldner wird der Pfändungs- und Überweisungsbeschluss mit einer Abschrift

80 *BGH* Beschl. v.5.7.2005, Az.VII ZB 14/05 = Rpfleger 2005, S.547 = MDR 2005, S. 1433.

der Zustellungsurkunde sofort nach Zustellung an den (letzten) Drittschuldner ohne weiteren Antrag zugestellt.[81]

Antwort Frage 35

Der Gläubiger ist verpflichtet, dem Schuldner den Streit zu verkünden, § 841 ZPO.

Antwort Frage 36

Der Antrag soll das Grundstück, den Eigentümer, den Anspruch und den vollstreckbaren Titel bezeichnen, § 16 Abs. 1 ZVG. Die für den Beginn der ZV erforderlichen Urkunden sind dem Antrag beizufügen, § 16 Abs. 2 ZVG und gem. § 17 ZVG ist nachzuweisen, dass der Schuldner Eigentümer des Grundstücks ist.

Antwort Frage 37

Zahlungsunfähigkeit, § 17 InsO; drohende Zahlungsunfähigkeit, § 18 InsO; Überschuldung, § 19 InsO.

Antwort Frage 38

Der Wert bestimmt sich nach § 182 InsO, nach dem Betrag, der bei der Verteilung der Insolvenzmasse für die Forderung zu erwarten ist.

Antwort Frage 39

Bei Verstoß gegen die Obliegenheiten gem. § 296 InsO; bei den in § 297 InsO genannten Insolvenzstraftaten (rechtskräftige Verurteilung nach §§ 283 bis 283c StGB); auf Antrag des Treuhänders, wenn die an diesen abgeführten Beträge für das vorangegangene Jahr seiner Tätigkeit die Mindestvergütung nicht decken und der Schuldner den fehlenden Betrag nicht einzahlt, obwohl ihm der Treuhänder eine 2-wöchige Frist aufgegeben und auf die Versagung der Restschuldbefreiung hingewiesen hat, § 298 InsO.

Antwort Frage 40

- Vollstreckungsvoraussetzungen liegen bei Beginn der Vollstreckung nicht vor,
- Vollstreckung aus Kostenfestsetzungsbeschluss vor Ablauf der Wartefrist,
- Vollstreckung zur Unzeit, ohne entsprechenden Beschluss,
- Sicherungsvollstreckung vor Ablauf der Wartefrist,
- zu hoher Kostenansatz des GV,
- GV erledigt Auftrag nicht, wie vom Gläubiger erteilt,
- GV pfändet unpfändbare Gegenstände,
- GV weigert sich, den Auftrag zu übernehmen,
- Überpfändung, etc.

81 *Zöller* Kommentar zur ZPO, 32. Auflage 2018, § 829 Rn. 15a.

Antwort Frage 41

Volljährige Zeit-/Berufssoldaten haben ihren gesetzlichen Wohnsitz gemäß § 9 BGB am Standort, ihres Truppenteils (Garnisonsort), also der regelmäßigen Unterkunft des Truppenteils, dem der Soldat angehört, so dass das für den Standort zuständige Amtsgericht als Vollstreckungsgericht, in diesen Fällen das gemäß § 828 Abs. 2 ZPO i.V.m. § 13 ZPO i.V.m. § 9 BGB örtlich zuständige Vollstreckungsgericht ist. Gehört der Soldat keinem Truppenteil an, ist sein Wohnsitz i.S.d. § 9 Abs. 1 BGB am Ort der militärischen Dienststelle, bei der er tätig ist. Somit ist das dortige Vollstreckungsgericht zuständig.

Antwort Frage 42

a) Erbringt die Schuldnerin die angeordnete Rechnungslegung nicht und begeht zudem noch weitere Verletzungshandlungen, so kann der Schutzrechtsinhaber (Kläger) einen Antrag auf Festsetzung von Zwangsmitteln gem. § 888 Abs. 1 ZPO bzgl. der Rechnungslegung stellen und weiter einen Bestrafungsantrag auf Festsetzung von Ordnungsmitteln wegen Verstoßes gegen die Unterlassungsverpflichtung gem. § 890 Abs. 1 ZPO.

b) Ausschließlich zuständig ist das Prozessgericht der ersten Instanz gem. §§ 888 Abs. 1 S. 1, 890 Abs. 1 S. 1 i.V.m. 802 ZPO. In Patentsachen ist dies üblicherweise ein Landgericht.

Antwort Frage 43

Der verhaftete Schuldner kann nach § 802i Abs. 1 ZPO zu jeder Zeit beim zuständigen Gerichtsvollzieher des Amtsgerichts des Haftortes verlangen, ihm die Vermögensauskunft abzunehmen. Dem Verlangen ist unverzüglich stattzugeben. Dem Gläubiger wird die Teilnahme ermöglicht, wenn er dies beantragt hat und seine Teilnahme nicht zu einer Verzögerung der Abnahme führt. Nach Abgabe der Vermögensauskunft wird der Schuldner aus der Haft entlassen, § 802i Abs. 2 S. 1 ZPO.

Antwort Frage 44

- Lohn/Gehalt,
- Bankkonto,
- Lebensversicherung,
- Rentenversicherung,
- Kaufpreisforderung,
- Leibrente,
- Mietzahlungen,
- Recht auf Auszahlung eines Gewinns,
- Gesellschaftsanteil,
- Recht auf Kündigung,
- Recht auf Gutschrift zwischen den Rechnungsabschlüssen, etc.

Antwort Frage 45

Den Versicherungsschein im Wege der Herausgabe- oder Hilfspfändung (§ 836 Abs. 3 ZPO) sowie das Recht auf Kündigung der Versicherung.

Antwort Frage 46

Die frühere Pfändung erfasst auch die neuen Bezüge, da das Arbeitsverhältnis innerhalb von 9 Monaten fortgesetzt worden ist, § 833 Abs. 2 ZPO.

Antwort Frage 47

Der Schuldner kann beim Vollstreckungsgericht beantragen, dass ein Sachverständiger eine Schätzung der Kommode vornimmt, § 813 Abs. 1 S. 3 ZPO.

Antwort Frage 48

Leistet der Schuldner einem Dritten in einem ständigen Verhältnis Arbeiten oder Dienste, die nach Art und Umfang üblicherweise vergütet werden, unentgeltlich, oder – wie hier – gegen eine unverhältnismäßig geringe Vergütung, so gilt im Verhältnis des Gläubigers eine angemessene Vergütung als geschuldet, § 850h Abs. 2 S. 1 ZPO.

Antwort Frage 49

Eine Forderung ist in Ermangelung besonderer Vorschriften der Pfändung nur insoweit unterworfen, als sie übertragbar ist, § 851 Abs. 1 ZPO.

Antwort Frage 50

Ein Pflichtteilsanspruch ist der Pfändung nur unterworfen, wenn er durch Vertrag anerkannt oder rechtshängig geworden ist, § 852 Abs. 1 ZPO. Vor vertraglicher Anerkennung oder Rechtshängigkeit wird die Pfändung des Pflichtteilsanspruchs als aufschiebend bedingter Anspruch für zulässig erachtet. Dadurch wird die Entscheidungsbefugnis des Pflichtteilsberechtigten gewahrt.[82]

Antwort Frage 51

Dies nennt man Lohnschiebung.

Antwort Frage 52

Der Gerichtsvollzieher soll in jeder Lage des Verfahrens auf eine gütliche Erledigung bedacht sein. Hat der Gläubiger jedoch bereits im Vollstreckungsauftrag ausdrücklich seine Zustimmung zum Abschluss einer Zahlungsvereinbarung verweigert, so wird der Gerichtsvollzieher entsprechend dem jeweiligen Auftrag des Gläubigers vorgehen, d.h. er wird entweder die Sachpfändung durchführen oder sofort einen Termin zur Abgabe der Vermögensauskunft anberaumen.

Hat der Gläubiger eine Zahlungsvereinbarung nicht schon von vornherein ausgeschlossen, kann der Gerichtsvollzieher dem Schuldner entweder eine Zahlungsfrist

82 *BGH* Beschl. v. 26.2.2009, Az. VII ZB 30/08.

einräumen oder eben eine Tilgung durch Teilleistungen (Ratenzahlung) gestatten, sofern der Schuldner glaubhaft darlegt, die nach Höhe und Zeitpunkt festzusetzenden Zahlungen erbringen zu können, § 802b Abs. 2 S. 1 ZPO. Mit Festsetzung eines solchen Zahlungsplans ist die Vollstreckung aufgeschoben. Die Tilgung soll nach § 802b Abs. 2 S. 3 ZPO innerhalb von zwölf Monaten abgeschlossen sein. Widerspricht der Gläubiger dem festgesetzten Zahlungsplan unverzüglich, so wird der Zahlungsplan entsprechend § 802b Abs. 3 S. 2 ZPO mit Unterrichtung an den Schuldner hinfällig und der Vollstreckungsaufschub endet. Dieselben Wirkungen treten ein, wenn der Schuldner ganz oder teilweise länger als zwei Wochen in Rückstand gerät, § 802b Abs. 2 S. 3 ZPO.

Antwort Frage 53

Die Verwertung gepfändeter Sachen erfolgt entweder durch öffentliche Versteigerung vor Ort oder als allgemein zugängliche Versteigerung im Internet über eine Versteigerungsplattform[83] (§ 814 ZPO), durch freihändigen Verkauf (§§ 821, 817a Abs. 3 ZPO) oder durch anderweitige Verwertung nach § 825 ZPO.

Antwort Frage 54

Da es sich beim Raps um nicht vom Boden getrennte Früchte i.S. der ZPO handelt, ist eine Versteigerung erst nach der Reife des Raps zulässig; die Versteigerung kann vor oder nach der Trennung der Früchte erfolgen, § 824 ZPO. Erfolgt die Versteigerung erst nach Trennung, hat der Gerichtsvollzieher die Aberntung zu veranlassen.. Das Feld wird durch den Gerichtsvollzieher mittels Band (Einzäunung) um das gesamte Feld und durch Aufstellen entsprechender Tafeln als gepfändet kenntlich gemacht. Die Verwertung kann aber hier auch sinnvollerweise durch eine andere Verwertungsart (§ 825 ZPO), z.B. durch freihändigen Verkauf, der einen höheren Erlös erwarten lässt, erfolgen.

Antwort Frage 55

- die öffentliche Versteigerung, § 91 Abs. 1 S. 1 GVGA, § 814 ZPO,
- die Ablieferung gepfändeten Geldes, § 89 Abs. 1 GVGA, § 815 ZPO,
- der freie Verkauf von Gold- und Silbersachen, §§ 91 Abs. 1 S. 2 Nr. 1, 97 Nr. 1 GVGA, § 817a Abs. 3 ZPO,
- der freie Verkauf von Wertpapieren, §§ 91 Abs. 1 S. 2 Nr. 1 u. 2, 97 Nr. 2 GVGA, § 821 ZPO,
- Verwertung der Sache in anderer Weise oder an einem anderen Ort, § 91 Abs. 1 GVGA, § 825 ZPO.

Antwort Frage 56

Nach § 802a Abs. 2 ZPO ist der Gerichtsvollzieher unbeschadet weiterer Zuständigkeiten aufgrund eines entsprechenden Vollstreckungsauftrags und Übergabe der vollstreckbaren Ausfertigung befugt,

83 http://www.justiz-auktion.de/index.php.

1. eine gütliche Erledigung der Sache (§ 802b ZPO) zu versuchen,
2. eine Vermögensauskunft des Schuldners (§ 802c ZPO) einzuholen,
3. Auskünfte Dritter über das Vermögen des Schuldners (§ 802l ZPO) einzuholen,
4. die Pfändung und Verwertung körperlicher Sachen zu betreiben,
5. eine Vorpfändung (§ 845 ZPO) durchzuführen; hierfür bedarf es nicht der vorherigen Erteilung einer vollstreckbaren Ausfertigung und der Zustellung des Schuldtitels.

Antwort Frage 57

Bei der Verwahrung gepfändeter Sachen haftet der Staat aus dem Gesichtspunkt der Amtspflichtverletzung für durch den Gerichtsvollzieher verursachte Beschädigungen oder den Verlust von Pfandgegenständen, § 839 BGB, Art. 34 GG.

Antwort Frage 58

- Vermögensauskunft bei Vorliegen der Voraussetzungen des § 807 Abs. 1 ZPO,
- Vermögensauskunft, wenn die Voraussetzungen des § 802c ZPO erfüllt sind,
- die erneute Vermögensauskunft nach § 802d ZPO,
- die eidesstattliche Versicherung im Pfändungsverfahren gemäß § 836 Abs. 3 ZPO,
- die eidesstattliche Versicherung nach § 883 Abs. 2 bis 4 ZPO bei erfolgloser Zwangsvollstreckung wegen eines Herausgabeanspruchs sowie
- die Nachbesserung/Ergänzung bei unleserlichem/unvollständigem oder ungenauem Vermögensverzeichnis.

Antwort Frage 59

Nach § 882c Abs. 1 ZPO ordnet der zuständige Gerichtsvollzieher von Amts wegen die Eintragung des Schuldners in das Schuldnerverzeichnis an, wenn

1. der Schuldner seiner Pflicht zur Abgabe der Vermögensauskunft nicht nachgekommen ist;

2. eine Vollstreckung nach dem Inhalt des Vermögensverzeichnisses offensichtlich nicht geeignet wäre, zu einer vollständigen Befriedigung des Gläubigers zu führen, auf dessen Antrag die Vermögensauskunft erteilt oder dem die erteilte Auskunft zugeleitet wurde, oder

3. der Schuldner dem Gerichtsvollzieher nicht innerhalb eines Monats nach Abgabe der Vermögensauskunft oder Bekanntgabe der Zuleitung nach § 802d Abs. 1 S. 2 ZPO die vollständige Befriedigung des Gläubigers nachweist, auf dessen Antrag die Vermögensauskunft erteilt oder dem die erteilte Auskunft zugeleitet wurde. Dies gilt nicht, solange ein Zahlungsplan nach § 802c ZPO festgesetzt und nicht hinfällig ist.

4. Ferner ordnet das Gericht nach § 26 Abs. 2 InsO die Eintragung des Schuldners, bei dem der Eröffnungsantrag mangels Masse abgewiesen worden ist, in das Schuldnerverzeichnis nach § 882b ZPO an.

Antwort Frage 60

Bei einem Freistellungsanspruch handelt es sich um einen Anspruch auf Befreiung von einer Geldschuld, der als vertretbare Handlung nach § 887 ZPO zu vollstrecken ist.[84]

84 *Zöller Kommentar zur ZPO, 32. Auflage 2018,* § 887 Rn. 3.

E. Musterklausuren

Musterklausur 1

ZWANGSVOLLSTRECKUNG

Erlaubte Hilfsmittel: Schönfelder, Taschenrechner, Gebührentabelle
Zeit: 120 Minuten

I. Aufgaben

Aufgabe 1

In der Familiensache Bea Lange – vertreten durch Rechtanwältin Frodel – gegen Peter Lange – vertreten durch Rechtsanwältin Fröhlich –, hat Frau Lange ihren geschiedenen Ehemann vor dem Familiengericht Gera im Rahmen eines Stufenantrags auf Auskunft und Zahlung von Zugewinnausgleich in Anspruch genommen. Daraufhin wurde von den Eheleuten in der Auskunftsstufe unter dem Aktenzeichen 10 F 130/17 am 10.11. 2017 folgender Vergleich geschlossen:

1. *Der Antragsgegner verpflichtet sich, gegenüber der Antragstellerin Auskunft*
   a) *über die Höhe der von seinem Arbeitgeber gezahlten Abfindung zu erteilen und diese durch Vorlage des Abfindungsvertrages zu belegen.*
   b) *über die Höhe der Steuererstattungen in den Jahren 2015 und 2016 zu erteilen und diese Auskunft zu belegen durch Einkommensteuererklärungen und Bescheide sowie Kontoauszüge.*
2. Die Kosten des Teilvergleichs trägt der Antragsgegner.

Sie arbeiten im Büro der Rechtsanwältin Frodel. Am 15.11.2017 liegt die vollstreckbare Ausfertigung des Vergleiches im Büro vor. Die Akte wird Ihnen nun durch Rechtsanwältin Frodel zur weiteren Bearbeitung übergeben.

Was ist nun von Ihnen zu veranlassen? Formulieren Sie alle notwendigen Schreiben und begründen Sie Ihre weiteren Schritte.

Aufgabe 2

Sachverhalt wie Aufgabe 1, jedoch hat der Schuldner trotz Aufforderung die Auskünfte nicht erteilt.

Was ist nunmehr zu veranlassen? Stellen Sie einen entsprechenden Antrag mit Begründung an das zuständige Gericht.

Aufgabe 3

Was ist der Unterschied zwischen einem „Und"- und einem „Oder"-Konto?

Aufgabe 4

Der Gerichtsvollzieher Fleißig pfändet gleichzeitig für drei Gläubiger. Bei der Pfändung findet er mehrere pfändbare Gegenstände vor und versteigert diese. Der Erlös reicht jedoch nicht für die Befriedigung aller Gläubiger aus.

Wie ist nun zu verteilen?

Aufgabe 5

Der Gläubiger hat einen Titel gegen eine OHG erwirkt. Er will nun gegen einen der Gesellschafter vollstrecken.

Kann er dies tun? Begründen Sie Ihre Antwort kurz.

Aufgabe 6

Frau Flott erfährt vom zuständigen Gerichtsvollzieher, dass keine pfändbare Habe beim Schuldner vorhanden ist. Der Gerichtsvollzieher teilt ihr aber weiter mit, dass Geräte und Maschinen von erheblichem Wert beim Schuldner vorhanden sind, die jedoch zur Zeit noch nicht pfändbar sind, da der Schuldner erst in einem halben Jahr in Rente geht. Bis dahin sind diese Gegenstände unpfändbar, da der Schuldner sie zur Ausübung seines Berufs benötigt.

Was kann Frau Flott tun?

Aufgabe 7

Der Schuldner aus Fall 6 ist über die erfolgte Pfändung so erbost, dass er voller Wut die Geräte und Maschinen mit einer Axt zerstört. Wie ist die Rechtslage?

II. Musterlösung

Lösungsvorschlag Aufgabe 1

Zunächst ist der Vergleich an die Gegenseite zuzustellen. Die Zustellung des Vergleichs erfolgt nicht von Amts wegen. Da beide Parteien durch einen Anwalt vertreten sind, ist im vorliegenden Fall die Zustellung von Anwalt zu Anwalt gem. § 195 ZPO vorzunehmen.

Erläuterung: Zwar ist in § 166 Abs. 2 ZPO die Zustellung von Amts wegen zum Grundsatz erklärt worden. Jedoch gilt das nur für die Dokumente, für welche dies ausdrücklich gesetzlich vorgeschrieben ist. Für gerichtliche Vergleiche ist eine solche Vorschrift jedoch nicht vorhanden, daher wird ein Vergleich nicht von Amts wegen, sondern im Parteibetrieb zugestellt.

Somit ist eine beglaubigte Abschrift des vollstreckbaren Vergleichs zu fertigen und ein Empfangsbekenntnis auszufüllen, welches wie folgt aussehen könnte:

Empfangsbekenntnis
(Zustellung gemäß § 195 ZPO)

Absender:
Rechtsanwältin Frodel
Anschrift

Empfänger:
Rechtsanwältin Fröhlich
Anschrift

Im Wege der Zustellung von Anwalt zu Anwalt zuzustellendes Schriftstück:

Beglaubigte Abschrift der vollstreckbaren Ausfertigung des Vergleichs des Amtsgerichts Gera vom 10.11.2017, Aktenzeichen 10 F 130/17 in der Familiensache Bea Lange gegen Peter Lange

Das vorbezeichnete Schriftstück habe ich heute erhalten. Empfangsbekenntnis vollzogen zurückgesandt.

Ort und Tag:

(Unterschrift und Kanzleistempel)

Rückantwort:

Rechtsanwältin Frodel
Anschrift

per Telefax vorab: (0 12) 34 56 78

Praxistipp: Oft wird die Frage gestellt, ob nicht die Vergleichsausfertigung zugestellt werden muss. Hierzu ist anzumerken, dass die Zustellung einer beglaubigten Abschrift genügt. Im Zustellreformgesetz, welches am 1.7.2002 in Kraft trat, fehlt leider eine Entsprechung zu § 170 Abs. 1 ZPO a.F. die wie folgt lautete: *„Die Zustellung besteht, wenn eine Ausfertigung zugestellt werden soll, in deren Übergabe, in den übrigen Fällen in der Übergabe einer beglaubigten Abschrift des zuzustellenden Schriftstücks."* Jedoch wird in § 169 Abs. 2 ZPO n.F. festgestellt, dass „Schriftstücke" zu beglaubigen sind. Über die Form der „Schriftstücke" wird keine Aussage getätigt. Es gilt nach h.M. daher der Grundsatz, dass die Zustellung einer beglaubigten Abschrift ausreichend ist.[82]

Das Empfangsbekenntnis ist mit nachfolgendem Anschreiben an die Rechtsanwältin Fröhlich zu übermitteln:

Absender:
Rechtsanwältin Frodel
Anschrift

Empfänger:
Rechtsanwältin Fröhlich
Anschrift

Betreff: Verfahren Lange ./. Lange

Sehr geehrte Frau Kollegin Fröhlich,

in vorbezeichneter Angelegenheit überreiche ich anliegend eine beglaubigte Abschrift der vollstreckbaren Ausfertigung des Vergleichs des Amtsgerichts Gera vom 10.11. 2017, Aktenzeichen 10 F 130/17, im Wege der Zustellung von Anwalt zu Anwalt. Das ebenfalls beigefügte Empfangsbekenntnis bitte ich umgehend unterzeichnet an mich zurückzureichen.

Mit freundlichen kollegialen Grüßen

Frodel
Rechtsanwältin

Nachdem die Zustellung im Wege des Parteibetriebes erfolgt ist und das Empfangsbekenntnis vorliegt, ist zu prüfen, ob die Auskünfte erteilt worden sind. Sind die Auskünfte trotz Zustellung des Vergleichs noch immer nicht erfolgt, empfiehlt es sich noch ein Aufforderungsschreiben an die Gegenseite zu fertigen, damit man dieses in einem nachfolgenden Verfahren als Beweis vorlegen kann. Dies kann wie folgt zu formulieren sein:

Absender:
Rechtsanwältin Frodel
Anschrift

Empfänger:
Rechtsanwältin Fröhlich
Anschrift

Betreff: Verfahren Lange ./. Lange

Sehr geehrte Frau Kollegin Fröhlich,

in vorbezeichneter Angelegenheit wurde Ihnen am ... eine beglaubigte Abschrift der vollstreckbaren Ausfertigung des Vergleichs des Amtsgerichts Gera vom 11.11.2017, Aktenzeichen 10 F 130/17, zugestellt. Ihr Mandant ist jedoch bislang der titulierten Auskunftspflicht nicht nachgekommen. Wir haben Ihren Mandanten daher letztmalig aufzufordern, Auskunft zu erteilen:

a) Über die Höhe der von seinem Arbeitgeber gezahlten Abfindung und diese durch Vorlage des Abfindungsvertrages zu belegen.

b) Über die Höhe der Steuererstattungen in den Jahren 2015 und 2016 und diese Auskunft zu belegen durch Einkommensteuererklärungen und Bescheide sowie Kontoauszüge.

Für die Erteilung der Auskunft und die Übermittlung der Belege setzen wir Ihrem Mandanten hiermit eine Frist bis zum

20.12.2017 (hier eingehend).

Sollte bis zu vorgenannter Frist keinerlei Reaktion durch Ihren Mandanten erfolgen, werden wir unserer Mandantin raten, die Vollstreckung des Auskunftsanspruchs durchzuführen.

Mit freundlichen kollegialen Grüßen

Frodel
Rechtsanwältin

Lösungsvorschlag Aufgabe 2

Da der Schuldner die Auskunft noch immer nicht erteilt hat, ist nunmehr ein Antrag auf Festsetzung von Zwangsgeld, respektive Zwangshaft zu stellen. Bei der zu erteilenden Auskunft handelt es sich um eine „nicht vertretbare Handlung". Denn die Auskunft kann nicht durch einen Dritten erteilt werden.

Nachdem die Vollstreckung in einer familienrechtlichen Angelegenheit erfolgen soll, richtet sich diese zunächst nach den Vorschriften des FamFG. Im Falle der Vollstreckung zur Vornahme einer nicht vertretbaren Handlung verweist § 95 Abs. 1 Nr. 3 FamFG auf die Vorschriften der Zivilprozessordnung. Demnach ist für den Antrag nach § 888 ZPO das Prozessgericht der ersten Instanz zuständig, somit das Amtsgericht Gera – Familiengericht –. Somit ist folgender Antrag zu stellen:

An das
Amtsgericht
– Familiengericht –

Gera

Antrag gem. § 95 Abs. 1 Nr. 3 FamFG i.V.m. § 888 ZPO

In der Zwangsvollstreckungssache

Bea Lange
– vertreten durch Rechtanwältin Frodel –

gegen

Peter Lange
– vertreten durch Rechtsanwältin Fröhlich –

stelle ich als Verfahrensbevollmächtigte der Gläubigerin Antrag gemäß § 888 ZPO und beantrage namens und in Vollmacht der Gläubigerin,

1. *gegen den Schuldner wegen Nichtvornahme der Auskunftserteilung*
   a) *über die Höhe der von seinem Arbeitgeber gezahlten Abfindung und Beleg dieser durch Vorlage des Abfindungsvertrages,*
   b) *über die Höhe der Steuererstattungen in den Jahren 2015 und 2016 und Beleg dieser Auskunft durch Einkommensteuererklärungen und -bescheide sowie Kontoauszüge gemäß des gerichtlichen Vergleichs des Amtsgerichts Gera vom 10.11.2017, Aktenzeichen 10 F 130/17, zugestellt am …*

   ein Zwangsgeld, und für den Fall einer nicht möglichen Beitreibung desselben Zwangshaft aufzuerlegen, verbunden mit der Aufforderung, die ihm auferlegte Verpflichtung zur Auskunftserteilung vorzunehmen,
2. *dem Schuldner die Kosten des Verfahrens aufzuerlegen.*

Begründung:

Durch den im Antrag bezeichneten Vergleich ist der Schuldner verpflichtet worden, Auskunft zu erteilen, über die Höhe der von seinem Arbeitgeber gezahlten Abfindung und diese durch Vorlage des Abfindungsvertrages zu belegen, sowie Auskunft über die Höhe der Steuererstattungen in den Jahren 2015 und 2016 zu erteilen und diese Auskunft zu belegen durch Einkommensteuererklärungen und Bescheide sowie Kontoauszüge. Die vollstreckbare Ausfertigung des Vergleichs im Original nebst dazugehörigem Empfangsbekenntnis, welches die Zustellung belegt, ist diesem Antrag beigefügt.

Nach Zustellung des Titels und trotz zusätzlicher Aufforderung durch die Verfahrensbevollmächtigte der Gläubigerin mit Schreiben vom … und mit Fristsetzung zur Auskunftserteilung bis zum 20.12.2017 hat der Schuldner die Auskünfte nicht erteilt.

Beweis: Schreiben der Verfahrensbevollmächtigten vom …, Anlage G 1

Somit sind nunmehr Zwangsmaßnahmen gem. § 888 ZPO geboten.

Frodel
Rechtsanwältin

Lösungsvorschlag Aufgabe 3

Bei einem Und-Konto dürfen Kontoverfügungen nur von allen Kontoinhabern gemeinsam getätigt werden.

Bei einem Oder-Konto kann jeder der Kontoinhaber alleine über das Konto verfügen.

Lösungsvorschlag Aufgabe 4

Die Verteilung des Erlöses hat im Verhältnis der Titelforderungen für die gepfändet wurde zu erfolgen. Die Verteilungsberechnung gestaltet sich dabei nach folgender Formel:

Erlös x Einzelforderung ./. Gesamtforderung

Dabei ist zu berücksichtigen, dass sich die Einzelforderung jeweils aus Hauptforderung, Zinsen und Kosten zusammensetzt. Gemäß § 15 Abs. 1 GvKostG und § 118 Abs. 3 GVGA sind jedoch vor der Berechnung der Erlösverteilung die Verwertungskosten vom Gesamterlös aus der Versteigerung abzuziehen.

Lösungsvorschlag Aufgabe 5

Da ein Titel gegen den OHG-Gesellschafter nicht vorliegt, sondern nur gegen die Gesellschaft, ist die Zwangsvollstreckung also unzulässig. Es haftet zwar jeder OHG-Gesellschafter gem. § 128 S. 1 HGB mit seinem gesamten Vermögen für die Schulden der Gesellschaft. Aus dem Titel gegen die Gesellschaft darf jedoch nur in das Gesellschaftsvermögen vollstreckt werden (§ 124 Abs. 2 HGB), nicht in das Vermögen der Gesellschafter (§ 129 Abs. 4 HGB).

Lösungsvorschlag Aufgabe 6

Frau Flott beauftragt sofort den GV mit der Vorwegpfändung dieser wertvollen Einrichtungsgegenstände, § 811d ZPO. Der GV bringt ein Pfandsiegel an und belässt aber zum weiteren Gebrauch die Sachen noch beim Schuldner.

Lösungsvorschlag Aufgabe 7

Frau Flott fertigt eine Strafanzeige wegen Verdachts des Verstrickungs- und Siegelbruch, § 136 Abs. 1 und Abs. 2 StGB in Tateinheit mit § 288 StGB Vollstreckungsvereitelung. Die Kosten für eine solche Strafanzeige lässt sie ebenfalls nach § 788 ZPO gegen den Schuldner festsetzen.

Musterklausur 2

ZWANGSVOLLSTRECKUNG

Erlaubte Hilfsmittel: Schönfelder, Taschenrechner, Gebührentabelle
Zeit: 120 Minuten

I. Aufgaben

Fall 1

Jana ist 20 Jahre alt. Sie verdient als Friseurin 1.200 € netto im Monat. Da sie im Spanienurlaub einen netten jungen Mann kennengelernt hat, mit dem sie täglich telefoniert, hat sie erhebliche Schulden bei der Firma Mobilfunk. Diese hat gegen Jana daher einen rechtskräftigen Vollstreckungsbescheid über 3.800 € zzgl. Zinsen in Höhe von 5 Prozentpunkten über dem Basiszinssatz seit 4.6.2017 erwirkt und bei Janas Arbeitgeberin, dem Haarstudio B, das Gehalt gepfändet.

Zu allem Übel hat Jana erfahren, dass sie eine Nebenbuhlerin mit Namen Doreen hat, der sie vor Wut Steine in die Fenster wirft. Doreen hat wegen der Reparaturkosten ein Zahlungsurteil aus vorsätzlich unerlaubt begangener Handlung über 1.200 € plus Zinsen erwirkt und den Gerichtsvollzieher mit der kombinierten Zwangsvollstreckung beauftragt. Dem Gerichtsvollzieher hat Jana jedoch den Zutritt zu ihrer Wohnung verweigert. Aus diesem Grund fordert der Gerichtsvollzieher Jana zur sofortigen Abgabe der Vermögensauskunft auf.

Aufgrund dieser finanziellen Misere hat Jana zudem auch noch monatelang – trotz einer Abmahnung – ihre Miete nicht pünktlich bezahlt. Deswegen ist ihr vom Vermieter schon am 20. Juni 2017 fristlos gekündigt worden. Sie ist deshalb vom Amtsgericht zur Räumung und Herausgabe der Wohnung rechtskräftig verurteilt. Ihr wurde allerdings im Urteil noch eine Räumungsfrist bis zum 29. November 2017 eingeräumt. Am 20. November 2017 hat sie leider immer noch keine Wohnung gefunden.

Aufgabe 1

Berechnen Sie unter Angabe der gesetzlichen Vorschrift, wie viel von Janas Gehalt aufgrund der Pfändung monatlich vom Arbeitgeber an die Firma Mobilfunk zu überweisen ist.

Aufgabe 2

a) Erläutern Sie, ob von Jana tatsächlich aufgrund der geschilderten Ereignisse die sofortige Abgabe der Vermögensauskunft verlangt werden kann.

b) Unterstellt der Gerichtvollzieher verlangt zu Recht, die sofortige Abgabe der Vermögensauskunft: Was könnte Jana dagegen unternehmen?

c) Angenommen Jana verweigert unberechtigt die Abgabe der Vermögensauskunft. Welche Möglichkeiten stehen Doreen offen, damit sie die notwendigen Informationen (ggf. welche) für eine eventuell weitere Vollstreckung erhält?

Aufgabe 3

Angenommen, Doreen erfährt durch das Vermögensverzeichnis von Janas Gehaltsansprüchen. Kann sie diese ebenfalls noch pfänden? Mit welchem Erfolg?

Aufgabe 4

Welcher der folgenden Gegenstände in Janas Wohnung ist pfändbar:

a) die bei IKEA kürzlich für 1.200 € neu gekaufte Wohnzimmereinrichtung, bestehend aus Sofa, zwei Sesseln, Couchtisch, Stehlampe und Regal,

b) der nagelneue Plasma-Riesenschirm-Super-Fernseher, den sie zu Weihnachten von ihren Eltern geschenkt bekommen hat,

c) die zwei Jahre alte HiFi-Anlage,

d) ihre Perserkatze „Kuschel", einziger Freund und Mitbewohner?

Aufgabe 5

Muss Jana ab dem 30. November 2017 mit der Zwangsräumung ihrer Wohnung rechnen oder kann sie eine Verlängerung der Räumungsfrist erhalten?

Fall 2

Gustav Reich hat an Anton Arm eine Wohnung in München vermietet. Anton Arm hat sich während des Mietzeitraums in Anna Stress verliebt und sie mit in der Wohnung aufgenommen, ohne Gustav Reich davon zu verständigen. Nach einiger Zeit haben sich Anton Arm und Anna Stress mächtig zerstritten und Anton Arm ist unter Mitnahme aller seiner Sachen aus der Wohnung ausgezogen, hinterließ Anna Stress alle Wohnungsschlüssel und meldete sich bei der zuständigen Behörde für München ab. Sein derzeitiger Wohnsitz ist unbekannt. Anna Stress lebt weiterhin in der Wohnung, hat dort sicherheitshalber ein neues Wohnungstürschloss angebracht und zahlt jetzt die Miete an Gustav Reich, der vom Auszug des Anton Arm gar nichts mitbekam. Allerdings hat Anton Arm in den letzten drei Monaten vor seinem Auszug keine Miete bezahlt, weshalb Gustav Reich nunmehr gegen ihn einen rechtskräftigen Zahlungstitel über 1.500 € erwirkt hat. Als der von Gustav Reich beauftragte Gerichtsvollzieher in der Wohnung der Anna Stress erscheint, wird er von ihr über den Sachverhalt aufgeklärt. Anna kann dem Gerichtsvollzieher sogar eine Kopie der Abmeldebescheinigung des Anton Arm vorlegen. Aufgrund der ihm nun bekannten Umstände, weigert sich der Gerichtsvollzieher, in der Wohnung einen Vollstreckungsversuch zu unternehmen.

Gustav Reich möchte nun wissen, ob er den Gerichtsvollzieher nicht doch irgendwie dazu veranlassen kann, in der Wohnung zu vollstrecken. Erklären Sie Gustav Reich die Lage und führen Sie aus, ob und welches Rechtsmittel/Rechtbehelf zulässig wären.

Fall 3

Stefanie Vogel hat das Gehalt von Günther Fuchs gepfändet. Über dessen Arbeitgeber erfährt sie nach wirksamer Pfändung, dass sich zu ihren Gunsten kein pfändbarer Betrag ergebe, nachdem das monatliche Nettoeinkommen in Höhe von 1.600 € unterhalb der Pfändungsgrenzen liege. Günther Fuchs sei neben seiner Ehefrau auch noch seinem 14-jährigen Sohn zum Unterhalt verpflichtet. Über Dritte erfährt Stefanie Vogel, dass die Ehefrau von Fuchs einer Vollzeittätigkeit nachgeht und selbst über monatliche Nettoeinkünfte in Höhe von 1.200 € verfügt. Was kann Stefanie Vogel tun, damit sich gegebenenfalls doch noch pfändbare Beträge zu ihren Gunsten ergeben (kurze Antwort)?

II. Musterlösung

Fall 1

Lösungsvorschlag Aufgabe 1

Die gesetzliche Vorschrift zur Berechnung der Pfändungsfreigrenzen für das Arbeitseinkommen findet sich in § 850c ZPO. Die pfändbaren Beträge lassen sich anhand der Tabelle zu § 850c ZPO ablesen. Da dem Fall nicht zu entnehmen ist, dass Jana Unterhaltspflichten hat, ist davon auszugehen, dass keine Unterhaltspflichten vorliegen und somit von ihrem Nettogehalt in Höhe von 1.200 € gemäß § 850c ZPO ein Teilbetrag von 46,34 € pfändbar ist. Dieser Betrag wird monatlich vom Arbeitgeber an die Fa. Mobilfunk aufgrund der Pfändung zu überweisen sein.

Lösungsvorschlag Aufgabe 2

a) Nach § 758 ZPO darf ein Gerichtsvollzieher Janas Wohnung durchsuchen, wenn Jana diese nicht verweigert. Einen Durchsuchungsbeschluss benötigt der Gerichtsvollzieher in diesem Fall dann nicht, da dieser nur erforderlich ist, um sich gegen den Willen von Jana zwangsweise Zutritt zur Wohnung zu verschaffen.

   Jedoch kann der Gerichtsvollzieher nach § 807 Abs. 1 S. 1 Nr. 1 ZPO einem Schuldner, der dem Gerichtsvollzieher die Durchsuchung seiner Wohnung verweigert hat, auf Antrag des Gläubigers abweichend von § 802f ZPO die Vermögensauskunft sofort abnehmen. Das ist hier der Fall. Somit kann der Gerichtsvollzieher von Jana aufgrund der Verweigerung der Wohnungsdurchsuchung die sofortige Abgabe der Vermögensauskunft verlangen.

b) Jana kann einer sofortigen Abnahme der Vermögensauskunft widersprechen, § 807 Abs. 2 S. 1 ZPO. In diesem Fall verfährt der Gerichtsvollzieher nach § 802f ZPO und bestimmt einen gesonderten Termin zur Abgabe der Vermögensauskunft. Die in § 802f Abs. 1 S. 1 ZPO vorgesehene Zahlungsfrist von 2 Wochen braucht in diesem Fall nicht gesetzt zu werden.

c) Doreen könnte zur Erzwingung der Abgabe beim Vollstreckungsgericht einen Haftbefehl nach § 802g ZPO beantragen, da Jana die Abgabe der Vermögensauskunft grundlos verweigert.

   Alternativ oder auch parallel hierzu könnte Doreen den Gerichtsvollzieher mit der Einholung von Auskünften Dritter über das Vermögen von Jana beauftragen. Im Rahmen der Auskunftsrechte des § 802l ZPO darf der Gerichtsvollzieher

   1. bei den Trägern der gesetzlichen Rentenversicherung den Namen, die Vornamen oder die Firma sowie die Anschriften der derzeitigen Arbeitgeber eines versicherungspflichtigen Beschäftigungsverhältnisses des Schuldners erheben;
   2. das Bundeszentralamt für Steuern ersuchen, bei den Kreditinstituten die in § 93b Abs. 1 der AO bezeichneten Daten abzurufen (§ 93 Abs. 8 AO);

3. beim Kraftfahrt-Bundesamt die Fahrzeug- und Halterdaten nach § 33 Abs. 1 des Straßenverkehrsgesetzes zu einem Fahrzeug, als dessen Halter der Schuldner eingetragen ist, erheben.

Lösungsvorschlag Aufgabe 3

Ein- und derselbe Vermögensgegenstand und somit auch das Arbeitseinkommen kann beliebig oft gepfändet werden. Unter den Pfandgläubigern gilt dann das Prioritätsprinzip, das heißt, wer zuerst pfändet, wird zuerst befriedigt. Da die Firma Mobilfunk in diesem Fall zuerst gepfändet hat, wird auch zuerst deren Forderung befriedigt, das heißt erst wenn die Forderung der Firma Mobilfunk durch die in Lösung 1 berechneten monatlichen Raten beglichen ist, wird die Forderung von Doreen beglichen werden.

Jedoch ist zu berücksichtigen, dass der titulierte Anspruch von Doreen aus einer vorsätzlich begangenen unerlaubten Handlung herrührt, genauer: einer vorsätzlichen Beschädigung ihres Eigentums (§ 823 Abs. 1 BGB). Daher kann Doreen, wenn sie das Gehalt pfändet, zugleich einen Antrag nach § 850f Abs. 2 ZPO auf Erhöhung des pfändbaren Betrages stellen und somit die verschärfte Pfändung durchführen. Dann erhält sie die Differenz zwischen dem, was das Gericht ihr gegenüber für pfändbar erklärt und den 46,34 €, die an die Mobilfunk ausgezahlt werden und kann somit früher als mit der normalen Pfändung eine Forderungsbefriedigung erlangen.

Lösungsvorschlag Aufgabe 4

a) Ein eingerichtetes Wohnzimmer ist für eine „bescheidene Lebensführung" notwendig. Somit sind die Möbel nach § 811 Abs. 1 Nr. 1 ZPO unpfändbar.

b) Auch ein Fernseher gehört zur „bescheidenen Lebensführung" und ist damit nach § 811 Abs. 1 Nr. 1 ZPO unpfändbar. Der vollstreckende Gläubiger kann jedoch einen Antrag auf Zulassung der Austauschpfändung nach § 811a ZPO stellen. Dann kann er den wertvollen Plasma-Fernseher im Tausch gegen ein bescheidenes Gerät (oder nach Zurverfügungstellung eines für die Anschaffung eines solchen Geräts erforderlichen Geldbetrags vor der Pfändung bzw. aus dem Vollstreckungserlös entnommen) pfänden lassen.

c) Die zwei Jahre alte HiFi-Anlage fällt nicht unter § 811 Abs. 1 Nr. 1 ZPO, denn da Jana schon einen Fernseher hat, gehört eine HiFi-Anlage nicht mehr zu ihrer „bescheidenen Lebensführung". Vermutlich ist die Anlage aber wegen § 812 ZPO unpfändbar, denn zwei Jahre alte Elektronik-Unterhaltungsgeräte erzielen für gewöhnlich keinen Preis mehr, der noch in einem einigermaßen sinnvollen Verhältnis zu dem Nutzen stünde, den sie für den Schuldner bieten. Dies muss jedoch der Gerichtsvollzieher im Einzelfall abwägen, da mittlerweile auch die Versteigerung über das Internet auf der Homepage www.justiz-auktion.de möglich ist und somit die Kosten für die Versteigerung geringer sind und hierdurch ein möglichst hoher Erlös zu erzielen ist.

d) Die Katze ist nach § 811c Abs. 1 ZPO unpfändbar, da Jana sie nicht zu Erwerbszwecken hält. Ein Antrag nach § 811c Abs. 2 ZPO dürfte nicht in Frage kommen.

Lösungsvorschlag Aufgabe 5

Nach Ablauf der nach § 721 ZPO angeordneten Räumungsfrist – also ab dem 30. November 2017 – kann aus dem Räumungsurteil vollstreckt werden. Jana hätte nach § 721 Abs. 3 S. 1 ZPO einen Antrag stellen können, die Räumungsfrist zu verlängern. Dies ist aber nach § 721 Abs. 3 S. 2 ZPO nur bis zu zwei Wochen vor Ablauf der Frist, hier also bis zum 15. November 2017, möglich. Da dieser bereits verstrichen ist, ist es dafür zu spät. Eine Wiedereinsetzung in den vorigen Stand wegen Versäumung dieser Frist ist nach §§ 721 Abs. 3 S. 3, 233 ZPO zwar theoretisch möglich, jedoch ergibt sich aus dem Sachverhalt keinerlei Anhaltspunkt dafür, dass Jana die Frist schuldlos versäumt hat. Auch ist nicht ersichtlich, dass die Zwangsräumung für sie eine mit den guten Sitten nicht zu vereinbarende Härte i.S.v. § 765a Abs. 1 S. 1 ZPO darstellen würde. Somit wird im vorliegenden Fall die Zwangsräumung durchgeführt werden. (Als alleinstehende Frau wird sie wahrscheinlich ein Zimmer in einer Obdachlosenunterkunft angeboten bekommen.)

Fall 2

Lösungsvorschlag

Sofern der Gerichtsvollzieher den Vollstreckungsantrag ablehnt, kann Gustav Reich gegen dieses Verhalten Erinnerung gem. § 766 Abs. 2 ZPO einlegen. Zuständig ist das Vollstreckungsgericht, in dessen Bezirk die Vollstreckung stattfinden soll, hier also gem. § 764 ZPO das Amtsgericht in München.

Die Erinnerung kann formfrei entweder schriftlich oder zu Protokoll der Geschäftsstelle des Vollstreckungsgerichts erhoben werden. Anwaltszwang besteht für eine solche nicht. Ein konkreter Antrag oder eine Begründung der Erinnerung ist ebenfalls nicht erforderlich. Es muss jedoch erkennbar sein, wer Erinnerungsführer ist und welche Vollstreckungsmaßnahme bzw. welcher Vollstreckungsauftrag einer gerichtlichen Überprüfung unterzogen werden soll.

Die Einlegung der Erinnerung unterliegt keiner Frist. Sie ist daher bis zur Beendigung der Zwangsvollstreckung möglich.

Die Erinnerung könnte Erfolg haben, wenn der Gerichtsvollzieher den Auftrag des Gustav Reich zu Unrecht abgelehnt hätte, wenn also die allgemeinen und besonderen Vollstreckungsvoraussetzungen zur Durchführung der beantragten Zwangsvollstreckung vorliegen und dieser keine Vollstreckungshindernisse entgegenstehen.

Gemäß § 808 Abs. 1 ZPO kann der Gerichtsvollzieher aus einem Zahlungstitel gegen Anton Arm nur in bewegliche Sachen vollstrecken, die sich im Gewahrsam des Anton Arm befinden. Da Anton Arm jedoch unter Mitnahme all seiner Sachen keinen Gewahrsam mehr an den nun noch in der Wohnung befindlichen Sachen hat, kann der Gerichtsvollzieher dort befindliche Sachen nur pfänden, wenn Anna Stress, die inzwischen nachdem sie auch ein neues Schloss angebracht hat und nun Alleingewahrsam an den Sachen hat, einer Pfändung gem. § 809 ZPO zustimmt.

Auch § 739 ZPO ist ebenfalls nicht einschlägig, da dieser nur für die Vollstreckung in der ehelichen Wohnung bzw. der Wohnung einer eingetragenen Lebenspartnerschaft gilt. Eine analoge Anwendung der Norm auf die Wohnung eines Paares in nichtehelicher Lebensgemeinschaft scheidet aus.[85] Selbst wenn Anton Arm mit Anna Stress verheiratet gewesen wäre, würde § 739 ZPO nicht greifen, da die Norm nur für Wohnungen gilt, die noch von den beiden Ehegatten gemeinsam bewohnt werden, denn die weitere Voraussetzung zur Anwendung des § 739 ZPO ist ein gemeinsam geführter Hausstand.

Die Erinnerung des Gustav Reich wird also keinen Erfolg haben und er müsste auf die Zwangsvollstreckung direkt gegen Anton Arm verwiesen werden. Um diese durchführen zu können, müsste nunmehr der Aufenthalt des Anton Arm ermittelt werden. Den Aufenthaltsort des Anton Arm kann Gustav Reich entweder selbst in Erfahrung bringen oder aber den Gerichtsvollzieher mit der Ermittlung des Aufenthaltsorts nach § 755 ZPO und der anschließenden Weiterleitung des Vollstreckungsauftrages an den sodann zuständigen Gerichtsvollzieher beauftragen.

Fall 3

Lösungsvorschlag

Stefanie Vogel kann beim zuständigen Vollstreckungsgericht einen Nichtberücksichtigungsantrag, bezüglich der Ehefrau des Günther Fuchs, nach § 850c Abs. 4 ZPO stellen. Hat eine Person, welcher der Schuldner auf Grund gesetzlicher Verpflichtung Unterhalt gewährt, eigene Einkünfte, so kann das Vollstreckungsgericht auf Antrag des Gläubigers nach billigem Ermessen bestimmen, dass diese Person bei der Berechnung des unpfändbaren Teils des Arbeitseinkommens ganz oder teilweise unberücksichtigt bleibt.

Die Angaben sind jedoch glaubhaft zu machen. Stefanie Vogel könnte über eine Vermögensauskunft des Schuldners bzw. über § 836 Abs. 3 ZPO vom Schuldner die erforderlichen Auskünfte erhalten, damit sie gegenüber dem Vollstreckungsgericht glaubhaft gemacht werden können.

Da die Ehefrau selbst über monatliche Einnahmen verfügt, das etwa dem Pfändungsfreibetrag von derzeit 1.133,80 € entspricht und mehr als doppelt so hoch ist wie der Hartz IV-Satz (416 €), ist die Ehefrau bei Ermittlung des pfändbaren Einkommens gänzlich unberücksichtigt zu lassen. Der Sohn ist jedoch weiterhin unterhaltsberechtige Person zu berücksichtigen, so dass sich ein monatlich pfändbarer Betrag in Höhe von 19,75 € ergibt.

85 *BGH* Urt. v. 14.12.2006, IX ZR 92/05, Rpfleger 2007, 21.

Musterklausur 3

ZWANGSVOLLSTRECKUNG

Erlaubte Hilfsmittel: Schönfelder, Taschenrechner, Gebührentabelle
Zeit: 120 Minuten

I. Aufgaben

Fall 1

Michael Klein hat bei Gernot Groß eine 3-Zimmer-Wohnung in Augsburg angemietet und wohnt dort seither mit seiner Ehefrau Gabi und den beiden minderjährigen Kindern. Als Klein völlig unerwartet arbeitslos wird, gerät er zunehmend in finanzielle Schwierigkeiten und kann die Miete an Groß nicht mehr bezahlen. Groß kündigt das Mietverhältnis fristgerecht und fordert Klein und dessen Familie auf, die rückständigen Mieten zu bezahlen und die Wohnung bis zum 30.6.2017 zu räumen. Dieser Aufforderung kommt Klein nicht nach, so dass Klein im folgenden Zahlungs- und Räumungsrechtsstreit rechtskräftig verurteilt wird, zum einen die rückständigen Mieten in Höhe von 3.000 € zu bezahlen und zum anderen, zusammen mit Gabi, die ebenfalls im Urteil namentlich bezeichnet ist, die Wohnung unter Gewährung einer Räumungsfrist bis zum 30.11.2017 zu räumen.

Frage 1

Klein macht auch nach Ablauf der Räumungsschutzfrist am 30.11.2017 keinerlei Anstalten, die Wohnung freiwillig zu räumen. Groß befürchtet bei Erteilung eines Räumungsauftrages immense Vollstreckungskosten, die er „vom Schuldner ja sowieso nicht wieder bekommt".

a) Zu welchem Vorgehen ist Groß im vorliegenden Fall im Hinblick auf eine möglichst kostengünstige Vollstreckung zu raten? Ergeben sich eventuell Probleme bei der Räumungsvollstreckung im Hinblick auf die ebenfalls in der Wohnung lebenden Kinder? Schildern Sie kurz den Verlauf einer solchen Vollstreckung unter Angabe der gesetzlichen Vorschriften.

b) Formulieren Sie einen entsprechenden Vollstreckungsantrag.

Frage 2

Der Gerichtsvollzieher wurde mit der Räumungsvollstreckung beauftragt. Als der GV in der Wohnung des Schuldners erscheint, erfährt der GV, dass Gabi Michael und die beiden Kinder verlassen hat und vor einem Monat Gertrud Klein, die Mutter von Michael, bei diesem eingezogen ist, um sich um den Haushalt und die Kinder des völlig überforderten Michael zu kümmern. Von diesem Sachverhalt wusste Gernot Groß bislang nichts. Als der GV mit der Räumungsvollstreckung beginnen will, erklärt Gertrud Klein, dass sie aus der Wohnung nicht freiwillig ausziehen werde.

a) Kann Gernot Groß auf die Durchführung der Räumung bestehen (kurze Antwort)?

b) Sollte eine Räumung der Wohnung nicht möglich sein; welche Möglichkeiten stehen Gernot Groß offen, damit die Wohnung dennoch kurzfristig und möglichst kostengünstig geräumt werden kann (kurze Antwort)?

Frage 3

Situation wie im Ausgangsfall. Michael Klein und seine Familie haben wochenlang auf jede erdenkliche Weise versucht, eine neue Wohnung zum 1.12.2017 zu finden. Bislang jedoch erfolglos. Am 10.11.2017 erscheint Klein bei Ihnen im Büro und schildert seine gegenwärtige Situation. Er teilt Ihnen weiterhin mit, dass er zum 1.2.2018 eine Wohnung in ... beziehen könne, allerdings wisse er nicht, wohin er mit seiner Familie in der Zwischenzeit hin solle.

Was raten Sie ihm? Stellen Sie ggf. den entsprechenden Antrag und begründen Sie diesen.

Fall 2

Heinz Schmidt hat GV Flink mit der Sachpfändung nach § 803 ff. ZPO bei Rüdiger Maßlos wegen einer Geldforderung in Höhe von 1.200 € beauftragt. Flink pfändet bei Maßlos dessen wertvolle Schallplattensammlung, deren Wert Flink auf 2.000 € schätzt. Holger Meier, der Vermieter von Maßlos, erfährt von der geplanten Versteigerung infolge der Pfändung und widerspricht der Auszahlung des Pfändungserlöses an Schmidt, nachdem ihm selbst noch eine Mietforderung gegen Maßlos in Höhe von 2.500 € zusteht. Widerspricht Meier zu Recht? Wie kann er seinen vermeintlichen Anspruch gegebenenfalls geltend machen (kurze Antwort unter Angabe der gesetzlichen Vorschriften)?

Fall 3

Kann ein Räumungstitel erforderlichenfalls auch mehrfach vollstreckt werden?

II. Musterlösung

Fall 1

Lösungsvorschlag Frage 1

a) Zur Vermeidung von enorm hohen Räumungskosten hat sich in der Praxis neben der Möglichkeit der „regulären" Räumungsvollstreckung nach § 885 ZPO zunehmend die sog. „Berliner Räumung" durchgesetzt, d.h. die Beschränkung des Vollstreckungsauftrages lediglich auf die Herausgabe der Wohnung unter gleichzeitiger Geltendmachung des Vermieterpfandrechts.

Seit Inkrafttreten des MietRÄndG am 1.5.2013 besteht die Möglichkeit eines beschränkten Vollstreckungsauftrages nach § 885a ZPO, wonach der Räumungsauftrag auf die Maßnahmen des § 885 Abs. 1 ZPO beschränkt werden kann. Bei dieser Form der Räumung ist es nicht mehr erforderlich, dass der Gläubiger sein Vermieterpfandrecht ausübt. Zur Erteilung eines solchen beschränkten Vollstreckungsauftrages wird Groß zu raten sein.

Bei der „beschränkten" Räumungsvollstreckung hat der Gerichtsvollzieher nach § 885a Abs. 2 ZPO im Vollstreckungsprotokoll die frei ersichtlichen beweglichen Sachen zu dokumentieren, die er bei der Vornahme der Vollstreckungshandlung vorfindet. Er kann bei der Dokumentation Bildaufnahmen in elektronischer Form herstellen. Der Gläubiger kann bewegliche Sachen, die nicht Gegenstand der Zwangsvollstreckung sind, jederzeit wegschaffen und hat sie zu verwahren. Bewegliche Sachen, an deren Aufbewahrung offensichtlich kein Interesse besteht, kann er jederzeit vernichten. Der Gläubiger hat in beiden Fällen nur Vorsatz und grobe Fahrlässigkeit zu vertreten (§ 885a Abs. 3 ZPO).

Werden die Sachen durch den Schuldner beim Gläubiger nicht binnen einer Monatsfrist nach der Einweisung des Gläubigers in den Besitz abgefordert, kann der Gläubiger die Sachen verwerten; § 885a Abs. 4 ZPO. Eine Androhung der Versteigerung findet nicht statt. Sachen, die nicht verwertet werden können, können vernichtet werden. Nach § 885a Abs. 5 ZPO sind unpfändbare Sachen und solche Sachen, bei denen ein Verwertungserlös nicht zu erwarten ist, auf Verlangen des Schuldners jederzeit ohne weiteres herauszugeben.

Da im Räumungstitel beide Eheleute Klein namentlich bezeichnet sind, ergeben sich im Hinblick auf § 750 Abs. 1 ZPO bei der Durchführung der Räumungsvollstreckung keine Probleme. Minderjährige Kinder, die mit ihren Eltern zusammenleben, haben grundsätzlich keinen Mitbesitz an der gemeinsam genutzten Wohnung, so dass ein gegen die Eltern lautender Räumungstitel ausreicht.[86]

b)

> *Herrn Gerichtsvollzieher*
>
> *...*
>
> ***Beschränkter Vollstreckungsauftrag gem. § 885a ZPO***
>
> *In der Vollstreckungssache*
> *Gernot Groß, Anschrift*
> *– Gläubiger –*
>
> *gegen*
>
> *die Eheleute Michael und Gabi Klein, Anschrift*
> *– Schuldner –*
>
> *zeige ich hiermit an, dass ich den Gläubiger anwaltlich vertrete und überreiche anliegend die bereits zugestellte vollstreckbare Ausfertigung des Urteils des ... (Bezeichnung des Räumungstitels).*
> *Namens und in Vollmacht meines Mandanten erteile ich hiermit den Auftrag,*
> *die Wohnung im Anwesen ... (genaue Bezeichnung) gemäß § 885a ZPO zu räumen, so dass die Schuldner aus dem Besitz der Wohnung gesetzt und der Gläubiger in den Besitz eingewiesen wird.*
>
> *Um Anberaumung eines Termins zur Räumung wird gebeten. Die dem Schuldner im Räumungstitel gewährte Räumungsfrist ist bereits abgelaufen.*
> *Ich beantrage die Übersendung einer vollständigen Protokollabschrift zu meinen Händen und bitte darum, die in der Wohnung bei Durchführung der Vollstreckung vorhandenen Gegenstände durch Bildaufnahmen zu dokumentieren (§ 885a Abs. 2 ZPO).*
>
> *gez. Rechtsanwalt*

Für den Antrag gem. § 885a ZPO gilt die Formularpflicht nicht, da es sich um keine Vollstreckung wegen einer Geldforderung handelt.

Lösungsvorschlag Frage 2

a) Gemäß § 750 Abs. 1 ZPO darf die Zwangsvollstreckung nur gegen Personen erfolgen, die in einem Vollstreckungstitel namentlich bezeichnet sind. Da Gertrud Klein im Räumungstitel nicht genannt ist, darf gegen sie auch keine Räumungsvollstreckung betrieben werden. Selbst wenn der Verdacht bestehen würde, dass ihr der Besitz nur eingeräumt worden ist, um die Zwangsräumung zu vereiteln, ist nach einer Entscheidung des BGH[87] ein gesonderter Räumungstitel erforderlich.

b) Aufgrund dieser Rechtslage (vgl. Punkt a.) wurde § 940a ZPO im Zuge des am 1.5.2013 in Kraft getretenen MietRÄndG um einen Absatz 2 ergänzt, wonach die Räumung von Wohnraum durch einstweilige Verfügung auch gegen einen Dritten angeordnet werden darf, der im Besitz der Mietsache ist, wenn gegen den Mieter ein vollstreckbarer Räumungstitel vorliegt und der Vermieter vom Besitzerwerb des Dritten erst nach dem Schluss der mündlichen Verhandlung Kenntnis erlangt hat.

---

86 *BGH* Beschl. v. 19.3.2008, Az. I ZB 56/07 = NJW 2008, S. 1959.
87 *BGH* Beschl. v. 14.8.2008, Az. I ZB 39/08 = JurBüro 2008, S. 661.

Diese Voraussetzungen liegen hier vor, so dass Gernot Groß gegen Gertrud Klein den Erlass einer einstweiligen Verfügung beantragen kann, um so im Wege des einstweiligen Rechtsschutzes einen Räumungstitel gegen die Mitbesitzerin zu erwirken, ohne dass es der Einleitung eines neuen zeitaufwendigen und kostenintensiveren Hauptsacheverfahrens bedarf.

Lösungsvorschlag Frage 3

Michael Klein kann beim Prozessgericht 1. Instanz einen Antrag auf Verlängerung der bereits eingeräumten Räumungsfrist nach § 721 Abs. 3 ZPO stellen, wobei dieser Antrag spätestens zwei Wochen vor Ablauf der Räumungsfrist zu stellen ist. Die Räumungsfrist läuft am 30.11.2017 ab, so dass am 10.11.2017 noch ein fristwahrender Antrag gestellt werden kann.

An das *..., den 10.11.2017*
Amtsgericht Augsburg
...

Antrag auf Verlängerung der Räumungsfrist
nach § 721 Abs. 3 ZPO

Aktenzeichen ...
In der Sache
Gernot Groß, Anschrift

– Gläubiger –

gegen
die Eheleute Michael und Gabi Klein, Anschrift
– Schuldner –

zeige ich hiermit an, dass ich die Schuldner anwaltlich vertrete. Namens und in Vollmacht der Schuldner stelle ich folgenden Antrag:
Die im (Bezeichnung des Räumungstitels) festgesetzte Räumungsfrist zum 30.11.2017 wird bis zum 31.1.2018 verlängert und die Vollstreckung aus vorgenanntem Räumungstitel bis zu diesem Zeitpunkt aufgehoben.

Begründung:

Mit Urteil ... (Bezeichnung des Räumungstitels) wurden die Beklagten und Schuldner zur Räumung der Wohnung im Anwesen ... verurteilt. Ihnen wurde gem. § 721 Abs. 1 ZPO eine Räumungsfrist bewilligt, die am 30.11.2017 abläuft.

Die Schuldner leben gemeinsam mit ihren zwei minderjährigen Kindern in der streitgegenständlichen Wohnung und haben sich seit der Verurteilung intensiv um Ersatzwohnraum bemüht. Aufgrund der ungünstigen Lage auf dem Wohnungsmarkt sind bezahlbare Wohnungen in der von Schuldnerseite benötigten Größe von mindestens ... qm jedoch nur schwer zu finden. Inzwischen ist es den Schuldnern jedoch gelungen, eine geeignete Wohnung zu finden. Diese kann jedoch erst am 1.2.2018 bezogen werden.

Beweis:	*Herr …* *(neuer Vermieter)*

– als Zeuge –
Fotokopie des Mietvertrages

– Anlage Ast 1 –

Für die 4-köpfige Familie stellen die Strapazen und die Kosten zweier Umzüge innerhalb der kurzen Zeit eine unzumutbare Härte dar.

Es wird daher um antragsgemäße Verlängerung der gewährten Räumungsfrist nach § 721 Abs. 3 ZPO gebeten; die 2-wöchige Frist ist gewahrt.

gez. Rechtsanwalt

Fall 2

Lösungsvorschlag

Der Pfändung einer Sache selbst kann ein Dritter, der sich nicht im Besitz der Sache befindet, auf Grund eines Pfand- oder Vorzugsrechts nicht widersprechen. Er kann jedoch seinen Anspruch auf vorzugsweise Befriedigung aus dem Erlös im Wege der Klage geltend machen, ohne Rücksicht darauf, ob seine Forderung fällig ist oder nicht; § 805 Abs. 1 ZPO. Meier macht im vorliegenden Fall sein gesetzliches Vermieterpfandrecht (§§ 562 ff. BGB) geltend. Sollte Schmidt daher einer vorrangigen Auszahlung des Erlöses an Meier nicht zustimmen, hat Meier Klage beim Vollstreckungsgericht und, wenn der Streitgegenstand nicht zur Zuständigkeit der Amtsgerichte gehört, bei dem Landgericht zu erheben, in dessen Bezirk das Vollstreckungsgericht seinen Sitz hat (§ 805 Abs. 2 ZPO). Wird der Anspruch durch Meier glaubhaft gemacht, hat das Gericht nach § 805 Abs. 4 ZPO die Hinterlegung des Erlöses anzuordnen.

Fall 3

Lösungsvorschlag

Ist die Räumung einmal erfolgt, ist der Räumungstitel verbraucht, d.h. eine nochmalige Räumung ist nicht möglich. Für die Vollstreckung von einstweiligen Anordnungen in Gewaltschutz- und Ehewohnungssachen gilt eine Ausnahme. In solchen Fällen kann der Gerichtsvollzieher während der Geltungsdauer dieser Anordnungen den Schuldner mehrfach aus dem Besitz der Wohnung setzen und den Gläubiger in den Besitz einweisen, ohne dass es weiterer Anordnungen oder einer erneuten Zustellung an den inzwischen wieder in die Wohnung eingezogenen Schuldner bedarf (§ 130 Abs. 2 S. 1 GVGA).